21世纪高等院校经济管理类规划教材

财政与金融

□ 袁晓梅　陈宁　主编

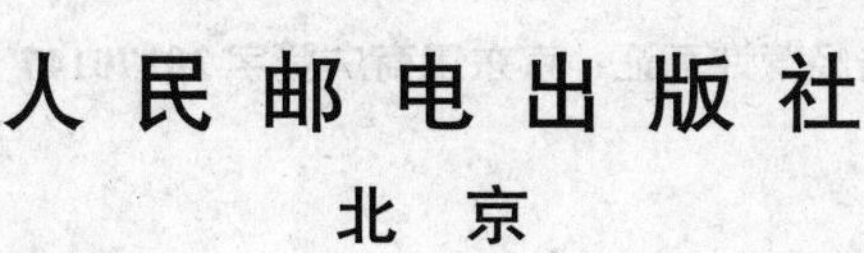

人民邮电出版社

北京

图书在版编目（CIP）数据

财政与金融 / 袁晓梅，陈宁主编. -- 北京 : 人民邮电出版社，2015.11(2020.1重印)
21世纪高等院校经济管理类规划教材
ISBN 978-7-115-40465-7

Ⅰ. ①财… Ⅱ. ①袁… ②陈… Ⅲ. ①财政金融－高等学校－教材 Ⅳ. ①F8

中国版本图书馆CIP数据核字(2015)第241228号

内容提要

本书根据应用型本科教学需求编写，介绍财政与金融领域的基础知识、基本理论和相关实务。本书注重理论与实践的结合，案例追求新颖，以二维码形式给出了更多网络资源链接，方便读者结合社会实际学习。

本书共分12章，包括财政导论、财政收入、税收、国债、财政支出、政府预算、金融导论、金融机构、金融市场、货币供求、国际金融、财政政策与货币政策。

为方便读者学习和教师授课，本书提供电子课件、电子教案、补充教学案例（含文字案例、视频案例）、综合练习参考答案、模拟试卷等配套资料，索取方式参见“配套资料索取说明”。

本书可作为应用型本科教材，还可作为高职高专、成人教育教材。

◆ 主　　编　袁晓梅　陈　宁
责任编辑　万国清
责任印制　沈　蓉　彭志环
◆ 人民邮电出版社出版发行　　北京市丰台区成寿寺路11号
邮编　100164　　电子邮件　315@ptpress.com.cn
网址　http://www.ptpress.com.cn
三河市君旺印务有限公司印刷
◆ 开本：787×1092　1/16
印张：14.25　　2015年11月第1版
字数：347千字　　2020年1月河北第6次印刷

定价：35.00元

读者服务热线：(010)81055256　印装质量热线：(010)81055316
反盗版热线：(010)81055315
广告经营许可证：京东工商广登字20170147号

前言

随着改革开放的不断深入，我国的财政、金融领域发生了深刻的变化，财政和金融在国民经济的运行中发挥着越来越重要的作用。

本书的编写以帮助应用型本科院校非财政和非金融专业培养具有一定财政、金融素质的复合型人才为目标，集中阐述财政与金融领域的基础知识、基本理论和相关实务。

本书在阐述基本理论的同时，突出理论够用和加强实践的实用性特点，章首设目的和要求、内容导入，正文中穿插案例阅读与分析、思考与讨论、即学即练、补充阅读和视野拓展等内容，章后设置本章小结和综合练习，以求培养读者发现问题、分析问题和解决问题的能力。

案例阅读与分析、思考与讨论、即学即练方便读者在阅读（课堂学习）中学练结合，尽可能及时消化所学知识；拓展阅读等栏目给出了丰富的网络学习资源，可供读者学习中和学习后参考；章后综合练习设置了知识巩固型、思考型题目和实训题等，帮助读者巩固所学知识并使其有所提高；附录为常用财政、金融类网站列表，为辅助学习之用。

本书正文内和附录中涉及的网站网址、引文网络来源等均提供了二维码，读者扫描即可登录相关网页，推荐读者多加使用，这样既拓宽视野，又能紧密联系社会现实以帮助理解所学知识；教师也可利用教材内二维码即时查询新信息，增强教学互动，以求提高教学的生动性和教学效果。

为方便读者学习和教师授课，本书提供电子课件、电子教案、补充教学案例（含文字案例、视频案例）、综合练习参考答案、模拟试卷等配套资料，索取方式参见“配套资料索取说明”。

本书由延安大学西安创新学院袁晓梅和陈宁主编。袁晓梅编写财政部分（前6章），陈宁编写金融部分（后6章）。

本书参考并引用了许多相关财政、金融的已有成果，在此向有关作者表示最诚挚的感谢！

鉴于编者理论水平和实践经验有限，难免存在错误和疏漏之处，期待读者批评指正，我们会利用重印、再版的机会加以修订。

编　者

2015年7月

目　录

第一章 财政导论

目的和要求

1. 掌握财政的含义和特征。
2. 能利用财政理论分析现实生活中的财政现象。
3. 了解财政的来历、财政所属范畴及其发展的过程。
4. 能对各种社会形态下的财政收支情况有所比较。
5. 掌握财政的基本职能。
6. 能结合实际综合分析财政的资源配置职能、收入分配职能以及经济稳定职能。

内容导入

伤于财政——李自成为什么会失败

古今中外王朝兴衰大体上都与财政有关。公共财政政策是双刃剑，搞得好就是昌明盛世，搞得不好就是国破家亡。

李自成进北京后失误频频，有三件事最具有代表性：义军劫掠京城；激反吴三桂；错杀李岩。这些事件从直观的角度看，确实属于政治和军事范畴，但却有着深刻的经济背景。“迎闯王，不纳粮”，一句话就断绝了李自成的正规财政来源。起义军的财政来源竟是“吃大户”，这种劫掠型财政，必然演变成为进入北京后的“骄纵”。没有系统的财政建设，地方官吏无法正常运作，只有反叛或降清。部属看不到成功的希望，必然思去，杀李岩实属无奈。李自成真正的问题出自财政，由于不懂经济，最终输掉了政治和军事。

中国历史学家治史太过重视政治与军事，而疏忽了经济问题。

那么一个国家的财政究竟是什么，又具有什么样的重要作用呢？这就是本章将要解决的问题。

第一节 财政概述

在现实社会经济生活中，时时处处都存在着财政现象，从人们的衣食住行到国家的政治活动、经济建设、社会发展，财政渗透到社会的每一个领域，人们总在主动或被动地参与着财政活动。每一个社会成员之所以都要通过各种渠道、以各种方式与财政发生联系，是因为他们时时都要从政府那里享受各种形式的公共服务以满足自己及家庭的需要，同时也要为接受这类服务而支付费用。因此，要知道什么是财政，我们要先从财政现象入手。

名言录

一个民族的精神风貌、文明程度、社会结构，以及政策可能酿成的行为方式，所有这些甚至更多，都记录在它的财政史上。

——奥地利政治经济学家　约瑟夫·熊彼特

一、财政的产生与发展

财政是人类社会发展到一定阶段的产物，是以生产力和生产关系不断发展的产物。它伴随着剩余产品及私有制的出现，以国家出现为前提，是一个历史范畴，也是一个经济范畴。财政的产生需要经济条件和政治条件，即剩余产品的出现和国家的建立。财政的具体产生过程可表示如下：

社会生产力发展→剩余产品出现→私有制产生→阶级产生→国家产生→财政产生

经济条件是财政产生的基本条件。以国家为主体的财政分配，是生产领域之外的分配，它以剩余产品的存在为前提。也就是说，剩余产品是财政产生和存在的物质基础，只有存在剩余产品，财政才有可能产生。

政治条件是财政产生的必要条件。国家是阶级斗争的产物，对经济利益的争夺是阶级斗争的根源。国家实现其政治和经济职能必须有财力保证，能够提供这种财力保证的只能是国家财政。

案例阅读与分析

财政的产生——古代以色列人对国家的认识

据《圣经·旧约全书·撒母耳记》上第9章第8节记载：公元前1030年，以色列部落一直没有建立中央政府。以色列人要求先知撒母耳像其他国家一样为他们立一个王。撒母耳将耶和华的话都传给求他立王的百姓，说，管辖你们的王必这样行，他必派你们的儿子为他赶车、做马僮……为他耕种田地、收割庄稼、打造军器和车上的器械……你们的羊群，他必取十分之一，你们也必做他的仆人。

百姓不肯听撒母耳的话，说我们定要一个王治理我们，使我们像其他国家一样，有王治理我们，统领我们，为我们征战。

问题：你对国家、政府、财政的关系有何理解？

二、财政的含义

日常生活中常常可以遇到一些财政现象和财政问题，可以说国民经济的各个部门、各个企事业单位以及每个人都与财政有着密切关系。要了解什么是财政，必须从我们身边的财政现象入手。

1. 财政现象

财政现象在我们身边比比皆是，例如，为了保证国家的安全稳定，必须有国防、军队、公安、司法等开支；国民经济的一些重要基础设施建设，如邮政、电信、广播、电视、民航、铁路、公路、煤气、电站等都是国家投资修建的；一些机关、学校、科研单位、医院等是靠国家财政拨款来发展的；还有一些满足特定人群需要的开支，如救济金、社会保险基金、价格补贴等是国家财政支出的。为了维持这些开支，国家要依法向企业、个人征税，国有企业要上缴利润，国家收入不足时还要发行政府债券。我们通过财政现象的列举对财政先有一个感性的认识，这些财政现象大部分都伴随着实现国家职能的需要。

思考与讨论

请列举你身边的财政现象

财政支出方面：

有关国家安全稳定，______________________________

有关基础设施建设，______________________________

有关财政供养单位，______________________________

有关民生，______________________________

有关基础科研或高新技术开发，______________________________

有关地区差异补贴或行业差异补贴，______________________________

其他，______________________________

财政收入方面：______________________________

2. 有关财政的概念

上述种种现象，就是与人们生活息息相关的、人们能直接感知的财政现象。透过现象看本质，上述各种活动都是以政府为主体的一种货币收支活动。政府为提供公共服务而出资、拨款以及进行各种支付的过程，表现为政府支出；政府为筹措提供公共服务所需的资金而征税、举债以及收取各种规费和使用费的过程，表现为政府收入。这种由政府进行的收支活动，就是我们通常所说的财政或财政活动。政府的支出和政府的收入也就是我们通常所说的财政支出和财政收入。

我国古代称财政为“国用”“国计”“度支”等，据考证，清光绪二十四年（1898 年）戊戌变法“明定国是”诏书中有“改革财政，实行国家预算”的条文，这是我国历史上国家政府文件中首次使用财政一词，是当时维新派在引进西洋文化思想的指导下，间接从日本引入的。我国传统观点认为，财政就是理财之政，即是一种国家理财活动，这种解释也是从西方 public finance 的翻译而来的。

现代对财政的研究认为，财政就是 public economic、public sector economic economic of the public sector、government economic，即是一种公共经济活动、公共部门经济活动、政府经济活动。

我们认为所谓财政，就是以国家为主体的资金分配活动，即国家为了实现其职能，对部分社会产品的分配和再分配。

思考与讨论

为什么财政的英文一般表述为 public finance，而不是 government 或 national finance？

财政学与经济学有什么关系？

3. 财政的要素

财政的本质是以国家为主体的资金分配活动，因此我们根据财政的含义可以得出财政的要素包括财政的本质、主体、客体、目的和形式，见表 1.1。

表 1.1　　　　　　　　　　　财政的要素

财政	要素	说　明
主体	国家	财政分配的主体必须是国家，其他社会组织、经济组织、文化组织、企事业单位等进行的分配活动均不属于财政分配活动
客体	社会产品	财政分配的客体是部分社会产品，即国家凭借其政治权利能够支配的、属于国内生产总值其中一部分的社会产品
目的	实现国家职能	主要包括经济、政治、社会三大领域
形式	与经济发展阶段相适应	自然经济：实物、力役为主 商品经济：货币为主

思考与讨论

用一种具体的财政现象分析财政的要素，进一步理解财政的概念。

第二节　财政的职能

所谓财政职能，就是财政所固有的功能或潜在能力。一般来说，国家职能规定着财政职能的范围，财政职能是国家职能的主要体现，贯穿于一国政府各部门、各职能之中，是国家职能实现的财力保证。财政的职能是指财政固有的功能，是由财政的本质决定的。其主要表现在资源配置、收入分配和经济稳定三个方面。

补充阅读

国家职能与财政职能

国家具有政治、经济、社会三大职能，其中，政治职能是前提和基础，社会职能是中心和方向，经济职能是过程和保障。根据市场经济条件下政府与市场之间的关系，国家的职能范围主要是弥补市场失灵与市场缺陷，保证市场经济的正常运转，满足国家和社会公共需要。财政属于政府的经济行为，财政职能当然也就是国家经济职能的体现，财政职能导源于国家的经济职能，即资源配置、收入分配、经济稳定。这部分内容可参阅美国著名现代财政经济学家奠基人马斯格雷夫的著作——《财政理论与实践》。

一、资源配置职能

全社会资源不足与人类需求的无限性之间的矛盾是经济学永恒的问题，也是核心问题。怎样将有限的资源尽可能地满足人类需要就是资源配置问题。

（一）资源配置的含义与目标

在市场经济条件下，市场是社会资源的主要配置者，市场调节是自发的，是一只看不见的手。政府干预是市场调节的辅助手段，在“市场失灵”的领域，发挥财政的调节作用是必要的。

财政的资源配置职能是指通过财政收支活动及相应财政政策的制定、调整与实施，对现有的人力、物力、财力等社会经济资源的合理调配，使其在不同用途、不同使用者之间进行配置，实现资源结构的合理化，使资源得到最有效的使用，获得最大的经济效益和社会效益。

对同一种资源的不同配置，其效果必然存在巨大差异。资源配置的最高目标就是实现资源的最优分配，取得最大效益。因此可以说资源配置的目标是追求最大效益，即我们常说的效率。

（二）资源配置的途径

财政对资源的有效配置主要是通过税收、国债、政府投资、国家补贴等具体的财政收支活动实现的。从直观来看，财政配置的资源似乎只涉及财政拥有的资源本身，实际上财政能够发挥调节作用的资源要比这个内容广泛得多。如果把整个社会划分为政府和非政府两个部门，这两个部门支配的资源份额大体上体现了财政支配资源与市场支配资源的份额，那么财政配置资源实际要涉及两方面的内容。

1. 调节资源在地区之间的配置

由于历史的、地理的和自然条件方面的差异，在一个国家内部，各地区之间的经济发展不平衡是一种常见现象，有的地区发达，有的地区落后。而市场配置资源的结果，使得社会资源总是流向经济发达地区，这样会造成发达地区更发达，落后地区更落后，不利于国民经济均衡稳定的发展。而通过税收、财政补贴和国家投资等财政手段的有效配合，可以引导社会经济资源从经济发达地区向经济落后地区流动，从而最终实现资源在不同地区之间的合理配置。

2. 调节资源在产业部门之间的配置

国民经济各部门必须按比例、协调地发展，市场总是把资源配置到那些能给微观经济主体带来丰厚利润的产业部门，从而造成各部门发展不平衡、产业结构不合理。对此国家可以通过两条途径予以解决：一是调整投资结构，通过增加或减少对某些产业的投资，从而加快或延缓其发展；二是调整现有企业的生产方向，即调整资产存量结构，促使一些企业转产。在这两方面，财政都能发挥调节作用。例如，在一国工业化初期阶段，调整国家预算支出中的投资结构，增加能源、交通和原材料等基础工业和基础设施方面的投资，加快其发展，有利于解决国民经济发展中的“瓶颈制约”；在工业化中后期则利用税收优惠或贴息等财政政策引导企业投资方向，鼓励企业向朝阳产业的产业部门流动，改变企业的投资方向。

案例阅读与分析

西藏实现跨越式发展

西藏从1951年和平解放至今，掀起过多次建设浪潮，每一次都使西藏经济实现飞跃。

20世纪50年代，由东向西的川藏公路、由北向南的青藏公路、由拉萨通往南亚的中尼公路相继建成通车及拉萨贡嘎机场建成通航，使西藏交通闭塞的状况有了根本的改观。

1985年，由国家投资、全国9个省市援建的43项工程，揭开了西藏现代化建设的序幕。80年代末至90年代初，由国家投资32亿人民币，兴建了一批特大基础设施项目以及对“一江两河”中部流域综合开发治理，这次建设潮以能源、交通为重点，使西藏基础设施建设得到了较大的改善。

1994年7月，中央人民政府决定再投资23.8亿元人民币，建设62个工程项目。62项工程全部建设完成，实际投资达到41.6亿元人民币。

2001年6月，中共中央、国务院在北京召开的第四次西藏工作座谈会，帮助制定了“十五”期间西藏发展规划，并确定了国家直接投资的建设项目117个，总投资约312亿元。

"十一五"期间，国家对西藏投资超过1 000亿元，在西藏开展了包括青藏铁路延伸线——拉萨至日喀则在内的180个项目。

"十二五"期间国家进一步加大了对西藏基础设施的投入力度，一批重点工程相继开工，国家年度投资将达到260亿元，巨大投资支撑和推动西藏经济社会又好又快地发展。

在中央人民政府的大力扶持和全国各地支援下，西藏经济实现了历史性跨越。据统计，1994年以来，西藏地区生产总值连续18年达到两位数增长，年均增速达12%。"十一五"期间，西藏地区生产总值先后跨上300亿元、400亿元和500亿元三大台阶。2014年，西藏自治区生产总值为920.83亿元，人均生产总值为29 514元。

问题：结合以上案例分析财政的资源配置职能。

本例整理自多篇媒体报道，包括《和平解放后的西藏：五次建设浪潮》等，有兴趣的读者可阅读新华网 2011 年 7 月 11 日刊载的《西藏和平解放 60 年》白皮书全文：http://news.xinhuanet.com/politics/2011-07/11/c_121652482.htm

二、收入分配职能

国民收入的分配过程分为初次分配和再分配。初次分配是在企业内部进行的要素分配，再分配是在初次分配基础上进行的各种分配。财政参与初次分配过程主要表现为国家以国有资产所有者身份参与国有企业的利润分配和以社会管理者身份通过财政取得的各种间接税收入。财政参与再分配过程是通过取得各种直接税、国债和财政支出等进行的。

（一）收入分配职能的含义与目标

财政的收入分配职能，是指政府通过财政收支活动，实现收入在全社会范围内的公平分配。公平分配包括两个层次：一是经济公平，强调要素收入和要素投入相对称，这可以通过在公平竞争的环境下，由市场的等价交换机制来实现；二是社会公平，强调将各阶层之间个人收入的差距维持在社会居民所能接受的合理范围之内，但社会公平不等于社会平均，它只是避免贫富悬殊或贫富差距过大。市场机制是"按要素贡献分配"，人们所提供的资本、能力等生产要素不同，贡献不同，收入也不同。由于市场失灵现象的存在，还会使人们的要素收入与要素投入不对称，这都会拉大人们之间的收入差距。另外，市场机制无法照顾那些无能力或能力较弱的群体，这些群体包括：收入在贫困线以下的个人和家庭、残疾人、失业者、贫病交加者、老年人等，这无疑都会拉大这些群体与其他群体的收入差距。

政府在这方面的作为也可以体现在两个方面，为市场机制作用的充分发挥提供良好的道德、法律等公平环境，同时在市场机制不起作用时发挥调节作用，以实现经济公平；通过财政二次分配的调节作用对弱势群体给予必要的倾斜，缩小人们之间的收入差距，以实现社会公平。财政收入分配职能的目标就是实现社会公平分配，包括经济公平和社会公平两个层次。本书财政收入分配职能主要探讨的是怎样实现社会公平。

（二）收入分配职能的途径

财政对收入分配的调节主要是通过税收、财政支出（包括财政补贴）、政府管制、国债等措施实现的。

1. 通过税收实现对收入的调节

最重要的税收工具是累进所得税，意在通过对高收入者征收较高税率的税收来缩小收入差距，另外还可以通过确定免征额等方式对那些低收入者进行照顾，通过征收财产税、遗产税和赠与税等调节财产的分配状况。

2. 通过财政支出改变收入分配格局

如通过社会救助性质的转移性支出向那些处境困难的人们提供现金和实物救济，以保证其最基本的生活保障;通过社会保障支出对丧失劳动能力的人和失业的人等提供补偿性支出，以改变低收入者的生活状况；通过对公共项目进行投资，可以增加一部分人的就业，通过加大义务教育投入，可以提高低收入阶层的挣钱能力等。

3. 通过政府管制对市场机制进行直接干预

如规定企业必须向雇员支付最低工资，实施使低收入者受惠的价格管制政策，制定法律法规严禁对妇女等特定群体进行工资歧视等。

4. 通过发行国债增加国家收入

通过发行国债将居民手中的剩余资金集中起来，可以增加国家收入，并将其运用到需要的地方。由于国债是政府财政收入的一项重要来源，是政府财政分配的一项重要内容。所以，国债归根结底也是属于财政分配的范畴。

案例阅读与分析

我国收入分配现状

改革开放30年，我国经济进入高速发展的黄金时期，平均10%的年增长率对世界各国而言都是一个增长奇迹。得益于经济总量的积累，国民收入水平飞速提升，国民生活水平随经济发展不断改善，社会文明程度得以提高，与之对应的国民政治参与意识也明显增强。

与此同时，中国的收入分配差距也在被逐步拉大。从统计数据看，大部分经济学家对中国的基尼系数估计在0.45~0.5，高于0.4的世界警戒标准。针对经济发展不平衡的现状，我国政府也正采取不同的方式缓解贫富分化并减轻收入分配差距的影响。中国共产党的十七大报告指出：要“扩大转移支付，强化税收调节，打破经营垄断，创造机会公平，整顿分配秩序，逐步扭转收入分配差距扩大趋势”。这充分说明在保障民生的前提下，促进收入分配相对公平，是现阶段的重要课题。中国共产党的十八大报告进一步指出：初次分配和再分配都要兼顾效率和公平，再分配更加注重公平。完善劳动、资本、技术、管理等要素按贡献参与分配的初次分配机制，加快健全以税收、社会保障、转移支付为主要手段的再分配调节机制。深化企业和机关事业单位工资制度改革，推行企业工资集体协商制度，保护劳动所得。多渠道增加居民财产性收入。规范收入分配秩序，保护合法收入，增加低收入者收入，调节过高收入，取缔非法收入。

当然，促进收入分配公平的手段有很多，财政政策作为社会资源配置和政府宏观调控的重要手段，对于切实解决收入分配问题，缩小收入差距，具有不可或缺的重要作用。

问题：针对我国收入分配不均的现状，从财政政策的收入分配职能出发，你认为应该怎样解决这一问题。

三、经济稳定职能

1. 经济稳定职能的含义与目标

所谓财政的经济稳定职能，就是通过不同时期财政政策的制定、实施和调整，使整个社会经济实现经济增长、物价稳定、充分就业、国际收支平衡的宏观经济政策目标。可见，财政经济稳定的职能主要包括四个方面的目标：

（1）经济增长。经济稳定是指经济动态稳定，即要保持经济持续、稳定、协调的发展。经济稳定并不是不要经济增长，我们所讲的经济稳定，是经济适度增长中的稳定。一个停滞不前的经济体是很难言及稳定的，一个国家要想保持经济稳定，首先必须保证较适合的经济增长率。

（2）物价稳定。物价稳定是指不使物价出现持续全面的上涨，货币购买力不发生剧烈变动。在纸币流通条件下，随着商品经济的不断发展，物价有不断上升的趋势，但只要上涨幅度人们可以容忍，都可视为物价稳定。物价稳定并不等于物价上涨率为零，一般认为物价上涨率保持在3%左右即可。

（3）充分就业。充分就业是指整个社会的人力、物力、财力的充分利用。一般以劳动力的充分就业来代替。充分就业并不是指有工作能力而且愿意工作的人百分之百的就业，而是指就业率达到某一社会公认的比较高的比率，一般认为失业率在5%以下就算充分就业。

（4）国际收支平衡。国际收支平衡是指一国在进行经济交往时，其经常项目和资本项目的收支合计大体保持平衡。随着经济全球化程度的日益加深，各国经济的联系日益紧密，一国国民经济要受到国际经济往来的多方面影响。因此，国民经济稳定客观上要求国际收支不要出现大的逆差和顺差。

2. 经济稳定职能的途径

财政作为政府重要的宏观调控手段之一，要通过多种财政手段，有意识地影响和调控经济，以实现经济的稳定发展。概括来说，财政实现该职能的内容和手段主要有以下几个方面：

（1）“自动”稳定作用。财政系统本身具有“自动稳定器”的作用，因此利用财政系统本身固有的一些制度可以自动调节经济，例如累进税制度、转移支付制度等。当经济过热时，累进税制度可以自动多征税，转移支付制度可以自动减少转移支付，达到抑制经济过热的目的；反之，当经济萧条时，累进税制度可以自动减少征税，转移支付制度可以自动增加转移支付，达到刺激经济复苏的目的。

（2）运用财政政策，逆经济风向调节，促进社会总供求的平衡。经济稳定的目标集中体现为社会总供给和社会总需求的大体平衡。财政政策是维系总供求大体平衡的重要手段。当总需求超过总供给时，财政可以实行紧缩政策，减少支出或增加税收或两者并举，一旦出现总需求小于总供给的情况，财政可以实行适度放松政策，增加支出或减少税收或两者并举，由此扩大总需求。在这个过程中，财政收支发生不平衡是可能的而且是允许的。针对不断变化的经济形势而灵活地变动支出和税收，被称为“相机抉择”的财政政策。

补充阅读

财政学和公共经济学的关系

在财政专业课程中，“财政学”“公共经济学”是什么关系多有争论，21世纪初国内曾有学者征求过世界多位专家的意见，并做了总结，认为他们对财政学和公共经济学关系的认识也存在歧义。

（1）财政学和公共经济学是一回事，都是研究政府作用的，只是题目的变化而已，“财政学”和“公共经济学”是相互替换使用的。

（2）存在传统财政学和现代财政学的区分：传统财政学主要研究政府收入，特别是税收方面，而现代财政学则更多地以政府开支为研究对象。

（3）公共经济学是从财政学演变而来的，并且是在20世纪50年代到70年代创建的。

（4）财政学和公共经济学的研究领域有很大不同。财政学研究政府的收支活动；而公共经济学则包括除了政府收支之外的其他方面的问题，比财政学宽广。财政学主要研究的是宏观问题，而公共经济学则侧重于微观问题。

该文作者认为“财政学”和“公共经济学”内涵相同，是一脉相承的。

本章小结

财政是人类社会发展到一定历史阶段的产物，财政的产生必须具备两个最基本的条件：一个是经济条件，一个是政治条件。

现代社会中的财政现象无处不在，我们通过对财政现象的分析可以了解到财政是以政府为主体的分配活动，是以国家为主体，通过政府收支活动，对一部分社会产品进行重新分配使用，以履行政府职能和满足社会公共需要的经济活动。

财政的一般特征表现在：财政分配的主体是国家；财政分配的客体是一部分社会产品；财政分配的目的是保证国家实现其职能的需要；财政分配的形式主要以货币为主。

财政职能包括资源配置、收入分配和经济稳定三个方面。

财政的资源配置职能是通过各种财政手段对一定的人力、物力、财力进行分配，直接或间接引导资源流量、流向，从而形成资源最优分配的功能。

财政的收入分配职能，就是指运用各种财政手段调节收入和财富的分配，使之符合社会公认的公平或公正分配状态的功能。

财政经济稳定职能，就是以财政政策为手段，以保持高就业率、合理程度的物价稳定、适当的经济增长率和国际收支平衡的功能。

综合练习

一、不定项选择题

1.（　　）是一种经济行为或经济现象，这种经济行为和经济现象的主体是国家或政府。

A. 财政　　B. 税收　　C. 货币政策　　D. 国际贸易

2. 生产力的发展，剩余产品的出现是财政产生的（　　）。

A. 经济条件　　B. 政治条件　　C. 历史范畴　　D. 社会需要

3. 财政的本质是（　　）。

A. 国家　　B. 社会产品　　C. 满足社会公共需要　　D. 国家分配

4. 财政的要素包括（　　）。

A. 财政分配主体　　B. 财政分配客体　　C. 财政分配形式　　D. 财政分配目的

5. 在市场经济条件下，财政的职能有（　　）。

A. 资源配置职能　　B. 稳定物价职能　　C. 调节监督职能

D. 收入分配职能　　E. 经济稳定职能

6. 财政的资源配置职能的目的是（　　）。

A. 公平　　B. 效率　　C. 兼顾公平与效率　　D. 宏观调控

二、名词解释

财政

三、简答题

1. 什么是财政？财政的要素包括哪些？

2. 政府介入和干预市场的手段或政府的经济作用是什么？

四、实训题

1. 根据给出的案例，回答其后的问题。

发改委表示继续推进收入分配等改革

据新华网 2013 年 8 月 7 日电（江国成　张晨悦）国家发展和改革委员会 7 日表示，国家将多方面采取措施，加大工作力度，着力保障改善民生，进一步提高公共服务水平。下一步，将继续推进收入分配及教育、医药卫生、文化等社会事业各项改革。

新华网本电文链接：
http://news.xinhuanet.com/2013-08/07/c_116854317.htm

发展改革委表示，在上半年社会事业改革取得新进展的基础上，将积极发展社会领域产业，推动出台促进社会养老服务、健康服务业、创意产业发展的政策意见。

在社会事业发展方面，国家将统筹推进国家基本公共服务体系建设，创新公共服务提供方式，加快出台鼓励民间资本参与社会事业建设发展、政府向社会组织购买服务的政策意见。

在社会保障方面，发展改革委提出，将完善社会保险制度，加快养老保险顶层设计进程。落实提高医保待遇水平和降低群众医疗费用负担的措施，推进城乡居民大病保险试点和应急救助制度建设。统筹城乡医疗救助制度，逐步扩大医疗救助范围，做好重特大疾病医疗救助试点工作。加大对困难群众的生活保障力度，完善城乡低保制度。加强社会保障公共服务能力建设和信息化建设。

财政部网站“财政新闻”栏目
http://www.mof.gov.cn/zhengwuxinxi/caizhengxinwen/

要求：分析上述新闻中的财政职能。

2. 结合我国当前的社会热点问题，选择相关财政新闻（推荐财政部网站“财政新闻”栏目）。

（1）列出新闻标题。

（2）列出相关报道标题名称以及出处和日期，并进行摘录。

（3）结合财政含义及职能进行分析。

第二章 财政收入

目的和要求

1. 了解财政收入的含义、形式。
2. 理解财政收入的不同分类。
3. 了解影响财政收入规模的因素。
4. 能够结合我国经济发展，分析我国财政收入规模变动问题。

内容导入

通过前面的学习，我们已经知道了什么是财政，财政的主要职能，财政在实现国家职能时的作用。财政的这些重要作用必须以充裕的财政收入为保障。那么，国家在行使其财政职能时，这些资金是从哪里来的？资金构成怎样？国家都有哪些资金来源？影响国家财政收入多少的因素主要有哪些？在新闻中经常听到的财政预算收入，税收收入、国有资产收益、税费改革、财政困难等这些名词意味着什么？与财政收入的关系是什么？

本章将通过对财政收入来源及构成的分析来解决以上问题，通过本章的学习，我们将了解财政收入的概念、类型、影响财政收入规模的因素等。

第一节 财政收入的概念与分类

案例阅读与分析

2014年我国财政收入

2014年1～12月累计，全国一般公共财政收入140 350亿元，比上年增加11 140亿元，增长8.6%。其中，中央一般公共财政收入64 490亿元，比上年增加4 292亿元，增长7.1%；地方一般公共财政收入（本级）75 860亿元，比上年增加6 849亿元，增长9.9%。一般公共财政收入中的税收收入119 158亿元，同比增长7.8%。

问题：我国的财政收入规模如何？在国民经济中有什么作用？

本例引自《2014年财政收支情况》，读者可通过财政部网站“财政数据”栏目查找历年度财政收支情况：http://www.mof.gov.cn/zhengwuxinxi/caizhengshuju/

财政分配活动是由两个相互联系的阶段组成的，即财政收入和财政支出。在商品货币经济的条件下，财政收入是以货币来衡量的，因而财政收入又表现为一定量的货币收入，即国家占有的以货币表现的一定量的社会产品的价值。具体来说，财政收入是指政府为履行其职能、实施公共政策以及提供公共服务，依据一定的权力原则，通过国家财政筹措的所有货币资金的总和，是以货币表现的社会总产品的一部分。广义财政收入包括预算内收入和预算外收入，狭义财政收入即预算内收入，简称预算收入[①]。财政收入还表现为一个经济过程，是财政分配的第一阶段，在这个阶段形成了国家和缴纳款项的单位和个人之间特定的财政分配关系或经济利益关系。

由于财政收入可以从不同的角度去分析，因此有必要对财政收入进行科学的分类，以利于综合反映财政收入状况和对财政分配过程的有效管理。

财政收入的分类是按国家取得财政收入的具体方式，也就是经济组织和劳动者为社会创造的那部分纯收入是通过什么方式、以什么名义被国家财政获取的。在社会再生产中，财政收入的分类形式不仅具有取得财政收入的作用，而且对社会再生产、宏观和微观经济的运行具有很大的影响和制约作用，是调节各阶层的经济利益、影响人们的经济决策的重要经济杠杆。目前，世界各国取得财政收入的主要形式都是税收。除此之外，其他非税形式则因各国政治制度、经济制度和财政制度的不同而有所不同。因财政收入的复杂性，使得财政收入分类也难以有完全相同的标准。目前，我国财政收入按不同标准可分为以下几种。

一、按收入形式分类

按取得收入形式分类包括税收收入、国有资产收益、公债收入、政府收费收入及其他收入，即我们常说的税、利、债、费四种形式。这种分类方法主要是用于分析财政收入规模增长变化以及增长变化的趋势。

1. 税收收入

税收收入是国家凭借政治权力，以管理者身份从企业和个人无偿取得的财政收入，它具有强制性、无偿性和固定性三个特点，是征收面最广、最稳定可靠的财政收入方式。目前我国的税收收入占全部财政收入的90%左右，是我国财政收入的主要形式。

2. 国有资产收益

国有资产收益是指国家以国有资产或资源的所有者身份，进行投资、经营、出让、转让、出租等取得的各项财政收入，即上缴利润、租金、股息、红利和权益转让等形式所取得的收益。具体包括国有资产有偿使用收入、国有资源有偿使用收入和国有资本经营收益。

国有资产有偿使用收入包括：国家机关、实行公务员管理的事业单位、代行政府职能的社会团体以及其他组织的固定资产和无形资产出租、出售、出让、转让等取得的收入，世界文化遗产保护范围内实行特许经营项目的有偿出让收入和世界文化遗产的门票收入，利用政府投资建设的城市道路和公共场地设置停车泊位取得的收入，以及利用其他国有资产取得的收入。

国有资源有偿使用收入包括：土地出让金收入，新增建设用地土地有偿使用费，探矿权和采矿权使用费及价款收入，场地和矿区使用费收入，出租汽车经营权、公共交通线路经营权、汽车号牌使用权等有偿出让取得的收入，政府举办的广播电视机构占用国家无线电频率资源取得的广告收入，以及利用其他国有资源取得的收入。

国有资本经营收益是指国有资本分享的企业税后利润，包括：国有股股利、红利、股息，企业国有产权（股权）出售、拍卖、转让收益和依法拥有国有资本享有的其他收益。

① 预算收入的概念见本书财政收入的分类相关内容。

3. 公债收入

公债收入是指国家凭借其信用，以债务人身份，从国内外取得的各种借款，称为公债或国债。公债收入包括国内发行的公债、国库券、经济建设债券，向国外政府、国际金融机构和外国银行的借款等。公债是政府取得财政收入的一种特殊形式，因其具有有偿性、自愿性、灵活性和广泛性等基本特征，并具有弥补财政赤字、筹集财政资金、调剂国库余缺、平衡国际收支和调控经济运行等多种功能，已经成为一国财政收入不可缺少的重要形式。

4. 政府收费

政府收费是指国家机关及其授权单位根据国家法律、行政法规、地方性法规等有关规定，依照国务院规定程序批准，在向公民、法人提供特定服务的过程中，按照成本补偿和非营利原则向特定服务对象收取的费用。政府收费包括两种。①服务性收费，如路、桥等公共设施的使用，政府出版物的出售，以及为企业定向培训、开拓市场等特殊服务的收费；②管理性收费，以管理为事由的收费，包括证照签发及注册登记费、公有资源占用特许权费、特殊产业监管费和环保收费等。

5. 其他收入

（1）政府性基金，是指政府为支持特定事业的发展，向自然人、法人和其他组织依法征收的具有专门用途的资金。

（2）罚没收入，是指国家行政机关、司法机关和法律、法规授权的机构依据法律、法规，对公民、法人和其他组织实施处罚所取得的罚没款以及没收赃物的折价收入。

（3）彩票公益金，是指政府为支持社会公益事业发展，通过发行彩票筹集的专项财政资金。

（4）其他政府非税收入，主要包括主管部门集中收入、以政府名义取得的捐赠收入、政府财政资金产生的利息收入，以及依法收取的其他非税收入。

案例阅读与分析

问题：根据表 2.1 分析我国的财政收入分类和财政收入主要来源。

表 2.1　　2013 年全国公共财政收入决算表

项目	决算数（亿元）	决算数为上年决算数的%
一、税收收入	110 530.70	109.9
二、非税收收入	18 678.94	112.3
专项收入	3 528.61	109.2
行政事业性收费	4 775.83	104.3
罚没收入	1 658.77	106.3
其他收入	8 715.73	119.9
全国公共财政收入	129 209.64	110.2

表2.1摘自财政部2013年全国公共财政收入决算表，原表见：http://yss.mof.gov.cn/2013qgczjs/201407/t20140711_1111970.html

二、按收入来源的所有制构成分类

我国经济结构是以国有经济为主导的、多种经济成分并存的经济结构，这种结构反映到财政收入上，即财政收入按经济成分分类有两大类：①公有经济，包括国有经济、集体经济、混合所有制经济中的国有成分；②私有经济，包括个体经济、外资企业、中外合资企业、混合所有制经济中的私有成分的收入。在我国经济建设的不同历史时期，由于所有制结构不同，财政收入的构成不同。改革开放前，由于公有制经济为主体，财政收入主要来源于公有制经济收入。改革开放后，由于多种经济成分和多种经营方式的发展，来自非公有制经济成分的收入逐年增加。

三、按收入来源的产业构成分类

我国经济结构按产业构成可划分为第一、第二、第三产业，这种结构反映到财政收入上，即财政收入按收入来源构成可分为三大类：①第一产业：农业、采掘业等凭借自然资源为人们提供基本生活资料的产业，是财政收入的基础性来源。②第二产业：以第一产业提供的原料进行深加工的产业，主要包括建筑和加工制造业，是财政收入的主要来源。③第三产业：第一、第二产业之外的各种服务行业，如商业、金融业、保险业、运输业、旅游业等，是财政收入的重要来源。目前，工业在我国国民经济中处于主导地位，因此我国大部分的财政收入直接来自于工业。随着我国工业化进程加快以及第三产业的不断发展，财政收入的部门结构从发展趋势来看，工业呈相对下降趋势，而第三产业在财政收入中的比重将上升较快。

四、按收入的管理方式分类

依据财政收入的不同管理要求，可分为预算内财政收入和预算外财政收入。预算内财政收入是指列入政府一般预算中的财政收入；预算外财政收入指根据国家财政制度和财务制度的规定，不纳入国家预算，由地方各部门、各企事业单位自收自支的资金。预算外财政收入的存在及发展具有鲜明的时代特点，随着我国经济体制及财政体系的发展而不断变化。

新中国成立之初我国财政体系实行高度集中的统收统支体制。为了调动地方的积极性，开始把原来预算内的一部分收入，放到预算外管理，国家财政资金开始分为预算内和预算外两部分，这才形成预算外资金这个特殊范畴。十年动乱时期，预算外资金迅速膨胀，1976年已相当于预算内收入的 35.5%。1979 年我国进入全面体制改革的新时期，对地方预算扩大了自主权，对企业放权让利，所以预算外资金的增长超过任何一个时期，已经成为经济运行的一个重要特点和问题。针对预算外资金制度与管理中存在的问题，国务院于 1996 年 7 月颁布了《关于加强预算外资金管理的决定》，系统地规定了预算外资金管理的政策措施，指明了预算外资金管理的工作方向，标志着我国预算外资金管理工作进入一个新的阶段。2010 年，国务院颁布了《财政部关于将按预算外资金管理的收入纳入预算管理的通知》，规定从 2011 年起，除教育收费纳入财政专户管理外，其他预算外资金全部纳入预算管理。此举意味着从 2011 年开始，预算外资金成为了历史，我国的财政管理进入了全面综合预算管理的新阶段。

五、按收入的管理权限分类

依据财政收入的管理权限，可将财政收入分为中央财政收入和地方财政收入。根据预算法律规定和财政管理体制要求，由中央政府筹集和使用的财政收入是中央财政收入，由地方政府筹集和使用的为地方财政收入。

第二节 财政收入规模分析

财政收入的规模是指一国政府在一定时期内（通常是一个财政年度）财政收入在数量上的总体水平。它是衡量政府公共事务范围和一国公共财政状况的基本指标，反映着一定时期政府集中社会资源的规模大小。财政收入规模是衡量国家财力和政府行使职能范围的重要指标。从历史上看，保证财政收入规模持续稳定增长始终是世界各国的主要财政目标。

一、财政收入规模的衡量指标

财政收入的规模指财政收入的总体水平，是衡量一国政府财力的重要指标。财政收入的规模可以用两个指标来衡量：财政收入绝对量和财政收入相对量（如表2.2所示）。

表2.2 2014年我国财政收入衡量指标

绝对量指标	2014年财政收入总额	140 350亿元
相对量指标	2014年财政收入占GDP比重	22.05%

财政收入绝对量指财政收入总额，财政收入相对量指财政收入占国内生产总值或国民收入的比重。一般而言，一国财政收入的规模既要满足政府支出的需要，更要能够维护经济的持续稳定发展。财政收入规模过大，意味着政府集中的社会财力过多，会影响企业扩大再生产，压缩社会消费水平，影响经济效率，而财政收入规模过小，则不能满足公共产品的需求，也会影响经济效率。因此，财政收入的规模必须适当。

二、影响财政收入规模的因素

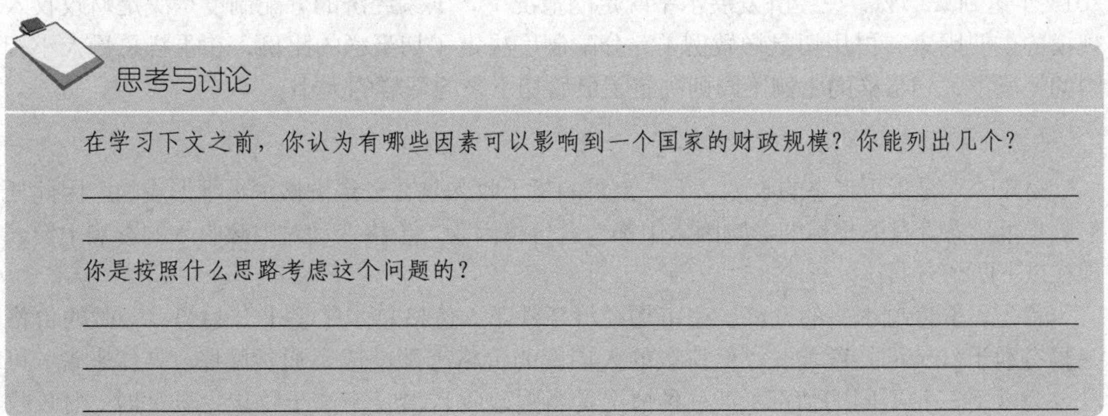

财政收入规模是衡量国家财力和政府职能范围的重要指标，保持财政收入持续稳定增长是各国政府的主要财政目标。但是财政收入的规模及其增长速度并不是以政府的意愿为转移，它要受到各种政治、经济因素的影响，从一国经济条件的角度看，主要有经济发展水平、生产技术水平和收入分配政策等。

1. 经济发展水平和生产技术水平

从根本上说，财政收入来源于一国的国民收入，而一国的国民收入则取决于该国的经济发展水平。经济发展水平越高，社会产品越丰富，国内生产总值或国民收入就越多。这就好比切蛋糕，能切下来多少首先取决于蛋糕总量的大小。经济发展水平越高，则国内生产总值或国民收入越多，该国的财政收入总额也会越大。当然一个国家的财政收入规模还会受到各种客观因素的制约。从世界各国的情况来看，发达国家的财政收入规模无论在绝对数还是相对数方面，均高于发展中国家。经济决定财政，经济不发达则财源绝不可能丰富。因此，增加财政收入的前提是发展经济。

一国的经济发展水平直接决定了一国财政收入的多少，而生产技术水平则包含于经济发展水平当中，是决定一国经济发展水平的重要因素，对财政收入水平的影响更为直接。有调查表明，20 世纪初一些发达国家经济增长因素中，技术进步所占的比重为 5.2%，到 20 世纪中叶占 40%，近些年在 60%以上，其中美、日等国已达到 80%以上。在我国，技术进步对财政收入的影响大于对整个经济的影响。据粗略测算，技术进步对财政收入增长的贡献是其他因素的 2.5 倍，它所创造的国民收入，每百元可提供 50 元财政收入，其他因素仅为 13 元。

2. 分配制度

分配制度是指一国财政收入在国民收入中所占的比重。分配制度与一国政府职能的范围有关系，决定着政府职能的大小。一般来说，政府职能的范围越广，就越需要较多的经济收入来保证，通常会拿出国民收入的较多部分作为财政收入。一般来说，实行统收统支的计划经济国家，财政集中度高于市场经济国家。以我国为例，从新中国成立到 1978 年，我国是高度集中的计划经济体制，财政收入占国内生产总值的比重一般都在 26.6%以上，其中 1960 年高达 39.3%。1978 年改革开放以来，随着社会主义市场经济体制的逐步确立，国家财政收入占国内生产总值的比重也在下降，其中 1995 年降至 10.27%。经过财政制度的改革，这一比例开始回升，2004 年我国国家财政收入占国内生产总值的比重为 16.51%，2013 年达到 22.7%。在经济发展水平既定的情况下，国家经济的分配制度是决定财政收入规模的重要因素。再用切蛋糕做例子，分配制度决定了切蛋糕的比例，在蛋糕总量大小相同的情况下，切蛋糕的比例不同则决定了最后切下来的蛋糕的大小。

3. 价格因素

财政收入是货币形态的收入，而一定量的货币收入是在一定价格水平下形成的。因此任何以货币形态存在的指标的影响因素中都包含价格因素。价格变动对财政收入的影响主要表现在以下两个方面。

首先，价格总水平的升降。在市场经济条件下，价格总水平呈上升趋势，轻微的价格上扬有利于经济的持续增长，但持久的大幅度的价格上涨就成了通货膨胀。具体来说，可以分为以下三种不同的情况：第一种情况是当财政收入增长率高于物价上升率时，财政收入在名义上增长，在实际上也增长，并且实际增长要大于名义增长；第二种情况是当物价上涨率高于财政收入增长率时，财政收入在名义上增长，而实际上是下降的；第三种情况是当财政收入增长率与物价上涨率大致相等时，财政收入在名义上增长，而实际上不发生变化。

其次，社会产品相对价格关系的变动。社会产品相对价格关系的变动对财政收入规模的影响具体表现为：企业、部门和个人等经济主体上缴财政的税收比例不同，形成了一定的财源分布结构。当社会产品相对价格发生变动时，会引起货币在各个经济主体之间发生流动转移，改变了原有的财源结构，从而直接影响到财政收入的规模。

本章小结

财政收入是指政府为履行其职能、实施公共政策以及提供公共服务，依据一定的权力原则，通过国家财政筹措的所有货币资金的总和，是公共支出的资金来源。

财政收入可以从多个方面分类，其中按收入形式分类可分为税收收入、国有资产收益、公债收入、政府收费和其他收入等几类。

财政收入形式中税收最为重要，公债则作为弥补财政赤字和资本性支出的资金来源发挥其作用，其他收入也各有其不同特点和作用。

对财政收入的结构进行科学分析可以揭示财政收入结构与经济结构之间的内在联系及其规律性，财政收入的结构包括财政收入的价值构成、所有制构成和部门构成。

衡量财政收入规模的指标有绝对量和相对量指标。财政收入规模受到各种政治、经济条件的制约和影响，这些条件包括经济发展水平、生产技术水平、收入分配制度及价格等，其中最主要的是经济发展水平和生产技术水平。

综合练习

一、不定项选择题

1. 我国财政收入形式包括（　　）。

A. 税收收入　　B. 国有资产收益　　C. 债务收入

D. 银行利息收入　　E. 其他收入

2. 目前我国最主要的财政收入形式为（　　）。

A. 税收收入　　B. 企业收入　　C. 债务收入　　D. 其他收入

3. 按经济部门分类，我国财政收入大部分来自于（　　）。

A. 工业　　B. 农业　　C. 商业　　D. 交通运输业

4. 财政分配的主体是（　　）。

A. 企业　　B. 国家　　C. 国家和企业　　D. 国家、企业和个人

5. 影响财政收入规模的因素有（　　）。

A. 征收机构　　B. 经济发展水平　　C. 收入分配制度

D. 税种多少　　E. 价格

6. 制约财政收入规模的根本性因素是（　　）。

A. 经济发展水平　　B. 政府职能范围

C. 价格水平　　D. 经济体制和分配政策

7. 增加财政收入的根本途径是（　　）。

A. 提高税率　　B. 提高折旧　　C. 发行国债　　D. 发展生产

二、名词解释

1. 财政收入　　2. 税收

三、简答题

1. 简述财政收入的分类。

2. 影响财政收入规模的因素有哪些？

四、实训题

1. 根据图2.1，回答后面的问题。

(1)通过国家数据库查询1978年之后我国历年财政收入和财政收入增长速度的变化。

(2) 2014年我国的财政收入中，哪些项目占主要地位？

(3) 财政收入的增长主要取决于什么？

2. 搜集某地区的财政收入的相关数据资料。

(1) 归类总结财政收入项目。

(2) 指出各类财政收入的特点和作用。

(3) 结合当地实际情况分析如何增加当地的财政收入。

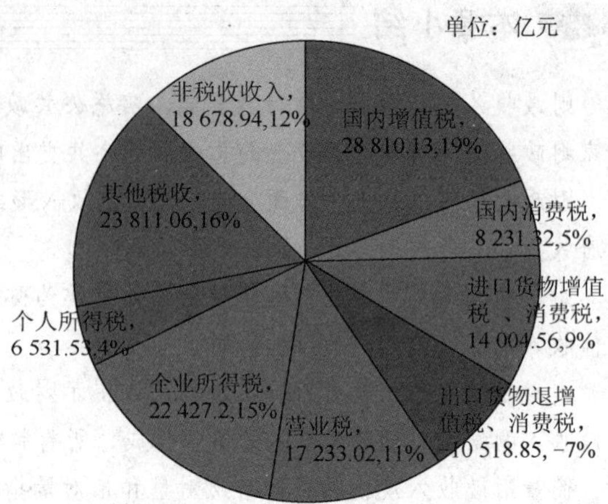

图2.1 2014年我国财政收入构成[①]

国家数据网站"年度数据"栏目中选择"指标—财政"即可查询：http://data.stats.gov.cn/workspace/index?m=hgnd

全国财政收支查询链接见本章第一节，陕西省财政厅网站"财政数据"栏目可查询陕西省财政收入数据：http://www.sf.gov.cn/czsj.htm

① 根据《2014年全国公共财政收入决算表》绘制。

第三章 税 收

目的和要求

1. 了解税收的概念与特征。
2. 了解税收的分类方法。
3. 理解税收的作用。
4. 理解税收制度的基本要素。
5. 掌握我国增值税、个人所得税等几个主要税种的纳税人、征税对象、税率以及基本计算。
6. 能够对我国税收改革的现状进行调查分析。

通过前面的学习，我们已经知道，在财政收入当中，税收是国家财政收入的最主要来源，是国家行使其职能的经济依靠。那么，税收是怎样征收的？日常生活中的企业交的税是否相同？作为学生的我们是否需要交税？在什么情况下可以获得税收的减免？如果不依法交税又将受到什么惩罚？

本章我们将学习到以下知识：税收的基本概念和特征、税收制度的术语、税收的分类、目前我国的主要税种及其计税方法等。

第一节 税收概述

名言录

在一个文明、公平的社会，每个公民的人生只有两样东西不可避免，即：纳税和死亡。

——美国政治家、科学家 本杰明·富兰克林

税收是取得财政收入的主要形式，在许多国家，税收占财政收入的比重达到了90%以上，成为财政收入最重要的来源。在现代经济生活中，税收更是无处不在。

税收是国家为了实现其职能，凭借政治权力，按照法律规定，强制地参与对国民收入的分配而形成的一种分配关系和分配活动。税收的含义包括五个要素，见表3.1。

表3.1 税收的要素

税收	要 素	说 明
主体	国家	国家是政治权力的象征，其他任何组织和个人都不具备这种政治强权，因此，国家是征税的唯一主体。在征税主体和纳税人的关系中，征税主体处于主动地位，纳税人处于被动地位，必须无条件地服从征税主体

续表

税收	要　素	说　明
客体	部分社会产品或国民收入	即征税对象，是部分社会产品或国民收入
目的	满足国家物质需要	税收是国家运用的一种重要经济手段。它一方面通过无偿强制地征收，取得资财，形成国家的财政收入，使国家机器持续顺利地运转；另一方面，它通过参与社会产品的分配，调节各方面的经济利益，维持社会经济秩序，使经济资源得以更合理配置
依据	国家政治权力	国家通过制定税法强制征收。政治权力是高于财产权力的，国家征税，唯一凭借的是政治权力，而不是财产权力
范畴	分配环节	税收是社会再生产过程分配环节的一个组成部分，是国家取得财政收入的主要方式，这是税收的基本属性

一、税收的特征

同财政收入的其他形式相比较，税收具有强制性、无偿性和固定性这三个基本特征。

（1）强制性。税收的强制性是指税收的征收是国家凭借政治权力，通过国家法律的颁布、执行而进行的，对任何单位和个人均具有强制的约束力。纳税人必须依照税法规定纳税，履行纳税有关义务，否则就要受到法律的制裁。不同于利润、利息、地租等以财产权为依据的分配关系，税收是以国家政治权力为依据的分配关系，所以这种形式适用于各种所有制和个人。任何单位和个人都必须按规定履行纳税义务，否则要受到法律制裁。税收的强制性是保证税收分配活动顺利进行并满足国家职能实现的必要保证。

（2）无偿性。税收的无偿性是指国家取得税收收入后，不直接偿还给具体的纳税人，国家也不需要为此做出某种预期的承诺或付出相应代价。税收的这种无偿性特征是针对具体的纳税人来说的，即税款缴纳后和纳税人之间不再有直接的返还关系，这使得税收与公债、银行信用等分配形式相区别。公债即国家信用和银行信用是以偿还为条件的，是有偿分配。理解税收的无偿性应注意，税收就具体纳税人而言是无偿的，但就纳税人整体而言是有偿的，特别是在社会主义公有制条件下税收“取之于民，用之于民”。马克思表述为“从一个处于私人地位的生产者身上扣除的一切，又会直接或间接地用来为处于社会成员地位的这个生产者谋福利”。

（3）固定性。税收的固定性是指国家在征税前，通过法律形式预先规定了统一的征税标准，包括征收范围、纳税人、征收比例、缴纳期限等，国家税务机关和纳税人共同遵守这一征税标准，不得随意变动，税收的固定性对征纳双方都有约束力。当然，税收的固定性也不是绝对的，随着社会生产力和生产关系的发展变化，经济的发展状况，以及国家利用税收杠杆的需要，税收的征税对象、税目、税率不可能永远不变，通过一定的法律程序也可做相应调整和修改乃至变更、停征等，税收的固定性因而也是相对的。

税收的上述三个特征是互相联系的。税收的强制性决定着税收征收的无偿性。因为，如果是有偿的话，一般来说无需强制取得。而税收的强制性和无偿性又决定和要求了征收的固定性。否则，会危及税收双方的利益。税收是强制性、无偿性和固定性的统一，缺一不可。只有同时具备这三个特征才构成税收。税收的三个基本特征，是税收区别于其他财政收入的标志。如罚没收入，具有强制性和无偿性，但并不具有固定性，因而不能划归为税收的范畴。

案例阅读与分析

全球税收史上最牛的偷税举报奖励

据2012年9月13日《钱江晚报》报道和后续相关报道 瑞士银行前职员布拉德利·比肯菲尔德因为帮助一名美国开发商逃税，于2010年2月入狱31个月，2012年8月出狱。不过，由于协助揭开瑞银帮助客户逃税的内幕，9月比肯菲尔德获得美国国内税务署1.04亿美元的举报奖励，成为获得最高额举报奖金的个人。

新华网转载《钱江晚报》《举报逃税，他获1亿美元重奖》原文：http://news.xinhuanet.com/world/2012-09/13/c_113060799.htm

这个全球税收史上最牛的偷税举报奖励，之所以隆重诞生，得益于美国良好的税收举报制度。美国国内税务署的举报人奖励计划2006年在国会经修改后得到空前加强，确保向所提供信息导致追回200万美元以上未付税、利息和罚款的举报人予以奖励。国内税务署获准向举报人支付最高可达追回款项总额30%的奖励。

自此事件发生后，放弃美国公民身份的美国富人的人数增加了6倍。据日内瓦海外美国人协会书记安迪·松德贝里说，2011年大约有1 780名移居海外的美国人前往美国使馆放弃自己的美国国籍，而2008年只有235人。松德贝里的数据来自美国政府联邦登记局。由于美国人排队等候放弃护照，在瑞士首都伯尔尼的美国大使馆重新调配了人力，以便处理积压的申请。在伯尔尼的美国使馆拒绝对侨民放弃美国国籍的现象发表评论。美国国务院发言人伊丽莎白·菲南表示，国务院不会透露逐年的人数统计。

问题：从以上资料中能总结出偷税漏税有哪些后果吗？

二、税收的分类

税收是特殊分配关系和分配活动的总称，它具有一个复杂的系统范畴。包括我国在内的世界各国，一般都征收多种税，各类税种既互相区别，又互相联系。所谓税收的分类，就是按照某种标志，把性质相同或相似的税种归为一类，以便与其他税种相区别，常见的分类方法有以下几种。

1. 按征税对象分类

按征税对象的不同对税收进行分类，是一种最基本、最主要的分类方法。一般可将各种税收划分为流转税、所得税、资源税、财产税和行为税五大类。税收以课税对象的不同为标准进行的分类是国际上常用的分类方法，也是最能反映现代税制结构的分类方法。

流转税是指以商品和劳务的流转额和营业额为课税对象的税收。流转税是我国税制中的主体税种，主要包括增值税、消费税、营业税、关税等。

所得税是对纳税人所取得的纯收入或利润进行征税，它包括企业所得税、个人所得税等。西方国家现行的社会保险税、资本收益税等也属所得税类等。

资源税是指对开发、利用和占用国有自然资源的单位和个人征税的税收。它包括城镇土地使用税、耕地占用税、资源税、土地增值税等。

财产税是对纳税人的财产按数量或价值进行征税，包括契税、车辆购置税、车船税、土地税、房产税、遗产税和赠与税等。

行为税是对纳税人特定的行为进行征税，包括印花税、屠宰税和车船使用税、城市维护建设税等。

2. 按计税依据分类

以计税依据为标准可以将税收划分为从价税和从量税。从价税，是以征税对象的价格或金额为标准，按比例税率计征的税收；从量税，是以征税对象的重量、体积、容积、面积和数量等计量单位为计税标准，采用定额税率计征的税收。从价税的征收比较简单，对于同种商品，可以不必因其品质的不同再详加分类，且税率明确，税负较为均衡、公正。我国的绝大部分税种都采用这种计税方法，如我国现行的增值税、营业税和所得税等。而我国的资源税、盐税等则采用从量计税的方法。

3. 按税收与价格的关系分类

按税收与价格的关系，可将税收划分为价内税和价外税。价内税是商品或劳务的税金包含在商品的售价当中；价外税则是指商品价格中不包含税金。与此相适应，价内税的计税依据称为含税价格，价外税的计税依据称为不含税价格。我国大部分商品税均为价内税，只是近来才开始适当增加价外税的比重。

4. 按税收管理和使用权限分类

按税收收入归属的不同，可将税种分为中央税、地方税、中央和地方共享税。中央税是由中央政府统一征收管理、支配的税收。我国的中央税包括关税、进口环节消费税和增值税、消费税、车辆购置税等。地方税是由各级地方政府负责征收管理和支配的税收。我国的地方税包括部分营业税、个人所得税、城镇土地使用税、部分城市维护建设税、房产税、契税、土地增值税等。中央和地方共享税则是指属于中央政府和地方政府共同享有，按一定比例分成的税种。一般来说，按税收收入归属分类多在实行分税制财政管理体制的国家中采用。

5. 按税负能否转嫁分类

按税负能否转嫁（最终归宿）为标准，可将税收分为直接税和间接税。直接税是指由纳税人自己承担税负的税种，间接税是指纳税人可以将税负转移给其他人的税种。直接税的特点是在分配领域征税，征税对象是各种形式的收入或纯收益，如企业所得税、个人所得税、社会保险税及财产税等。而间接税一般多在生产、流通环节征收，其税负可通过商品的销售买卖而转移到相关联的其他纳税人及消费者身上，这类税包括消费税、营业税和关税等。

第二节　税收制度的构成要素

税收制度简称为税制，它是国家规定的各种税收法令、条例和征收办法的总称，反映国家与纳税人之间的经济关系，是国家财政制度的主要内容，也是税务机关向纳税人征税的法律依据和工作准则。税收制度的内容包括税种的设计、各个税种的具体内容，是由各个税种的税法、条例、细则、规定等组成的。广义的税收制度还包括税收管理制度和税收征收管理制度。一个国家制定什么样的税收制度，取决于该国经济发展需要、经济管理体制以及税收应发挥的作用。

任何一个国家的税收制度都有共同的基本结构，并由固定的要素构成，这些就是税收制度的基本要素。税制要素是规范征纳双方权利与义务的法律规范的具体表现。由于税收制度具备法律特征，因而税制要素实际也就是税法构成要素。税制要素包括纳税人、课税对象、税率、纳税环节、纳税期限、加成和减免、违章处理等。其中纳税人、课税对象和税率是基本的税制要素。

一、纳税人

纳税人又称纳税义务人或纳税主体，指税法规定的直接负有纳税义务的单位和个人。从法律角度划分，纳税人包括自然人和法人两种。自然人是指在法律上可以独立享有民事权利并承担民事义务的公民个人，法人是指依法设立的，具有独立的财产，能独立地享有民事权利、承担民事义务的单位。纳税人是税款的直接交纳者，国家无论课征什么税，都要由一定的纳税义务人来承担，否则就不能称为税收。没有纳税人，就无法实现税法的目的。因此纳税人是税收制度的基本要素之一。

与纳税人密切相关的是负税人，它指税收负担的真正承担者。纳税人并不一定就是负税人。在实际生活中，有的税收由纳税人负担，纳税人本身是负税人；有的虽然由纳税人缴纳，但实际是由别人负担的，纳税人并不是负税人，此即税负转嫁。为了简化纳税手续，有效控制税源，方便纳税人，税法还规定了代收（扣）代缴义务人、税务代理人、委托代征人等，显然这些概念也不同于纳税人。

二、课税对象

课税对象也称课税客体，指对什么课税，是税法规定的征税的目的物。课税对象是税收制度的最基本要素，是一种税与他种税相区别的重要标志。每一种税法都有明确规定的征税对象，如流转税类的各项产品的销售收入额、所得税类的所得额、财产税类的财产数量或价值等。

与课税对象密切联系的一个概念是税目。课税对象范围涉及面广，需要根据具体情况确定它的不同课征范围，以便征税和确定税率，税目是课税对象的具体化。并不是每个税种都具备税目，有些税种征税对象简单，如房产税、屠宰税等就不必另定税目。大多数税种的课税对象比较复杂，就有必要进一步划分界限，按每一种商品、经营项目或行业设计税目。规定税目，一是明确征税范围，体现征税的广度；二是对具体征税项目进行归类和界定，以便针对不同税目确定差别税率，充分发挥税收的调节作用。例如，农业税的征税对象是农业收入，具体的征税范围包括粮食作物收入、经济作物收入、园艺作物收入等具体项目。

与课税对象相关的另一概念是税源。课税对象是指对什么东西征税，而税源则是指税收的价值源泉，两者是有明显区别的。有的税收，税源与其课税对象是一致的，比如个人所得税的课税对象和税源都是个人所得。有的税收，税源与课税对象是不一致的，例如，增值税的课税对象是应税的货物或劳务，而税源则是包含在销售额中的纯收入；房产税的课税对象是房产，税源则是房产收益或房产所有人的收入。调查研究税源及其发展变化，是财政、税务部门的一项重要工作内容，对国家制定财政收入计划和税收政策、制度法令，促进生产，保护和开辟税源，增加国家财政收入有着重要的意义。

还有一个与课税对象相关联的概念是课税基础，简称税基，是指建立某种税或一种税制的经济基础和计税依据。如果仅从税基宽窄角度考虑问题，税基大体上相当于课税范围，即课税广度。选择的课税基础宽，税源比较丰富，这种税的课征意义就大，反之，税源不多，课征意义就小。计税依据包括实物量与价值量两类。在税率不变的情况下，扩大税基会增加税额，缩小税基会减少税额。税基又制约着税率的具体形式和使用标准。税基与课税对象、税源是不同的，例如商品课税的课税对象是商品，但其税基则是厂家的销售收入或消费的货币支出。

三、税率

税率是税额与课税对象数额之间的比例，是计算税额的尺度，通常用百分比来表示。在课税对象数额既定的条件下，税额和税负的大小取决于税率的高低。税率的高低涉及国家财政收入水平和纳税人的负担程度，体现着国家与纳税人之间的分配关系。国家的税收政策集中体现在税率上，因此税率是税收制度的中心环节。一般来说，税率分为比例税率、累进税率和定额税率三种。

1. 比例税率

比例税率是不分课税对象数额的大小，只规定一个比例的税率。它一般适用于对流转额和所得额的征税。比例税率又可分为：①统一比例税率；②差别比例税率，即不同纳税人或不同地区，不同行业，不同产品采取不同的比例。如我国的消费税就是根据不同的产品水平规定相差别比例税率。比例税率一般适用于对商品课税。

2. 累进税率

累进税率是按课税对象数额大小，规定不同等级的税率，每个等级由低到高规定相应的税率，课税对象数额越大，税率越高；反之，税率越低。累进税率一般适用于所得课税。

累进税率具体又可分为全额累进税率和超额累进税率两种。全额累进税率是课税对象的全部数额都按照与它相适应的税率征税，即按照课税对象数额适应的最高级次的税率统一课税，其计算公式为

全额累进税额=应纳税所得额×适用税率

超额累进税率是课税对象按数额大小划分为若干不同的等级，每个等级由低到高分别确定税率，各等级分别计算税额，一定数额的课税对象可同时使用几个税率。全额累进税率计算比较简便，但是负担不够合理；超额累进税率计算比较复杂，但税负比较合理。为了解决超额累进税率计算方法复杂的问题，可采用速算扣除数的办法予以解决。其计算公式为

超额累进税额＝应税所得额×适用税率－速算扣除数

速算扣除数＝全额累进税额－超额累进税额

3. 定额税率

定额税率又称固定税额，是按单位课税对象直接规定一个固定的税额，而不采用百分比的形式，它是税率的一种特殊形式，一般适用于从量定额征收，所以又称固定税率。定额税率的优点是计算简便，课税数额不受价格变动的影响。它的缺点是税额的确定往往不容易做到公平合理，因而只适用于特殊的税种，如我国的车船使用税、屠宰税等。

四、纳税环节

纳税环节是指税法规定应税产品从生产到消费的商品流转过程中的哪个或哪几个环节上纳税。即商品从生产到消费，经过许多环节，是实行一道课税制，还是实行几道课税制，以

及在哪几个环节上课税。

只在一个流转环节征税，称为一次课征制；在两个流转环节征税，称为两次课征制；在多个流转环节都征税，称为多次课征制。

五、纳税期限

纳税期限即税法规定的纳税人交纳税款的时间界限或时限区间，亦即纳税的最后时点。凡在规定时点以前交纳者均为合法，凡跨过规定时点才缴纳者则属于违规行为并应受到处罚。纳税期限的确定，对于监督纳税人及时足额纳税，保证财政收入的实现有现实作用。

六、附加、加成和减免

附加、加成和减免是对纳税人税收负担的调整措施。

税收附加是地方附加的简称，是地方政府按照国家规定的比例随同正税一起征收的列入地方预算外收入的一种款项。实行地方附加是为了给地方政府筹措一定的机动财力，用于发展地方建设事业。税收附加由地方财政单独管理并按规定的范围使用，不得自行变更。

税收加成是指根据税制规定的税率征税以后，再以应纳税额为依据加征一定成数和税额。税收加成或加倍实际上是税率的延伸，但因这种措施只是针对个别情况，故不采取提高税率的办法，而是以已征税款为基础再加征一定的税款。

减税、免税以及规定起征点和免征额属于减轻纳税人负担的措施。减税是从应征税款中减征部分税款；免税是免征全部税款。起征点是税法规定的课税对象达到一定数额时才开始征税的数量标准，超过则全部计征，达不到则全部免征。免征额是税法规定的课税对象数额中免于征税的数额，即只就其超过免征额部分征税。减税和免税是一种税收优惠措施。从手段上看，减免税的基本形式有税基式减免、税率式减免和税额式减免。减税免税按照其在税法中的地位，还可分为法定减免、临时减免和特定减免。

七、违章处理

违章处理是对纳税人违反税法行为采取的惩罚措施。违章行为通常包括偷税、漏税、欠税、抗税等，违章处理的措施和形式主要有批评教育、加收滞纳金、强行扣款、罚款及追究刑事责任等。

纳税人的违章行为一般包括偷税、抗税、漏税和欠税等。偷税是指纳税人使用欺骗手段，不履行国家税法规定的纳税义务的违法行为。抗税则主要是采用明显的、公开的以及暴力的方式拒绝履行纳税义务的违法行为。漏税是指纳税人因非主观的原因造成未缴纳或少缴纳国家税收的行为。欠税则是指纳税人未按税法规定如期纳税，拖欠国家税收的违章行为。国家对违章行为的处罚方式主要有批评教育、强行扣款、加收滞纳金、罚款等。

案例阅读与分析

我国税收制度改革历程

1. 1950年统一全国税收，建立新税制。除农业税外，开征14个税种。

2. 1953—1958年税制修订与改革。改“多种税，多次征”为“多种税，一次征”，试行商品税，简化货物税。

3. 1979—1983年建立涉外税收制度，改革国内税种。

4. 1983—1984年利改税，以税代利，把国家与企业的分配关系以税收的形式固定下来。建立了42个税种和两种基金，形成多税种、多层次、多环节调节的复合税制。

5. 1994年，“分税制”改革。实施了新中国成立以来，规模最大、范围最广、成效最显著、影响最深远的一次税制改革。这次改革围绕建立社会主义市场经济体制的目标，积极构建适应社会主义市场经济体制要求的税制体系。

重整税收结构，取消一些不合理的税种（如产品税），代之以较符合市场化改革的税种，例如征收增值税和规范消费税。重新划分中央税、地方税、中央和地方共享税，使中央取得更大的财源。为了保护各省市（特别是富有的省市）的既得利益，中央设计了一套税收返还制度。

6. 2001年以来为了适应建立比较完善的社会主义市场经济体制的需要，中国继续完善税制，分步实施了以下重大改革。

（1）逐步推行农村税费改革。2005年，全国人民代表大会常务委员会决定从2006年起取消农业税；从2005—2006年，国务院先后取消了牧业税、屠宰税和农业特产税，对过去征收农业特产税的烟叶产品保留征税，改称为烟叶税。

（2）完善财产税制。从2006—2007年，国务院先后将车船使用税与车船使用牌照税合并为车船税，修改了《城镇土地使用税暂行条例》和《耕地占用税暂行条例》。此外，经国务院批准，财政部、国家税务总局陆续调整了原油、天然气、煤炭、有色金属、盐等若干资源产品的资源税税额标准。此外，将船舶吨税重新纳入财政预算管理，取消了筵席税。

（3）完善货物和劳务税制。2009年，在我国所有地区、所有行业推行增值税转型改革，由生产型增值税转为国际上通用的消费型增值税，对消费税的税目、税率（税额标准）做了比较大的调整。

（4）完善所得税制。2007年，全国人民代表大会将过去对内资企业和外资企业分别征收的企业所得税合并为统一的企业所得税。从2005—2011年，全国人民代表大会常务委员会先后四次修改了《中华人民共和国个人所得税法》，多次提高免征额。

（5）营业税改增值税（以下简称“营改增”）。2011年，经国务院批准，财政部、国家税务总局联合下发“营改增”方案。从2012年1月1日起，在上海交通运输业和部分现代服务业开展“营改增”试点，货物劳务税收制度的改革拉开序幕。自2012年8月1日起至年底，国务院扩大“营改增”试点至10省市。截至2013年8月1日，“营改增”范围已推广到全国试行。2014年1月1日起，将铁路运输和邮政服务业纳入营业税改征增值税试点，至此交通运输业已全部纳入“营改增”范围。自2014年6月1日起，将电信业纳入营业税改征增值税试点范围。2015年下半年“营改增”扩展到建筑业、房地产业、金融业和生活服务四大领域，至此覆盖全行业，全面告别营业税，“营改增”基本完成。

营业税改增值税，是我国税制改革的进一步深化，同时将减少第三产业及相关产业税收负担，2013年因“营改增”而减少的税收规模超过1 400亿元，2014年减税1 918亿元。

问题：你怎样看待我国的税制改革？每次改革的目的和意义是什么？最近你关注到税收制度还有哪些最新的变化？

第三节　中国现行主要税种[①]

一、增值税

增值税是以商品生产流通和劳务服务的各个环节所产生的增值额为课税对象的税种。所

① 本部分内容主要根据2009年1月1日起实施的修订后的《中华人民共和国增值税暂行条例》及相关政策法规编写。

谓增值额，是企业或个人在生产经营过程中新创造的价值，即在一定时期内，销售商品或提供劳务所取得的收入大于其购进商品和接受劳务时所支付金额的差额。

（一）分类

按照对纳税期内购入的固定资产价值，是否允许从销售收入中扣除以及如何扣除为标准，可以将增值税划分为生产型、收入型和消费型三种类型。

生产型增值税，不许抵扣任何购进固定资产价款。收入型增值税，只准许抵扣当期应计入产品成本的折旧部分。消费型增值税，准许一次全部抵扣当期购进的用于生产计税产品的固定资产价款。

过去我国一直采用生产型增值税，在法律和技术上，消费型增值税是一种先进而规范的增值税类型。2009年起，我国所有地区、所有行业推行增值税转型改革，由生产型增值税转为国际上通用的消费型增值税。

视野拓展

因国家税收制度不断改革，本书涉及税制以2015年8月成书之前为准，后续变化读者可查阅国家税务总局税收法规库相关法律，本书内容如与其不同以网站信息为准：http://hd.chinatax.gov.cn/guoshui/main.jsp

（二）特点

相对其他税种，消费型增值税有以下几个特点。

（1）实行价外税。价外税即税额不包括在销售价格之内，而是在销售价格之外，税金同价格是分开的，企业的成本核算、经营成果不受税收的影响。但对零售环节销售商品和对消费者提供应税劳务时，仍实行含税价格即价内税的办法。这是从我国广大消费者的消费心理的角度考虑的，并不改变增值税价外税的性质。

（2）实行三档税率。现行增值税实行三档税率，即一档基本税率为17%，一档低税率为13%，另有一档零税率适用于出口商品。

（3）划分了两种纳税人。现行增值税将其纳税人划分为两种，即一般纳税人和小规模纳税人。划分的标准是销售额的规模和财会制度是否健全。

（4）实行专用发票抵扣制。实行凭全国统一票样的增值税专用发票注明的税款，抵扣购进投入品已纳税款的办法计征税款。即不直接计算商品增值额，而是先根据销售额按适用税率计算出销项税额，再依专用发票注明的外购商品或劳务的已纳税款为进项税额，两者相减的余额为增值税的应纳税额，但对购进固定资产已纳税款一般不予抵扣，因为我国选择生产型增值税。

（5）实行有限全面型增值税。我国现行增值税，没有把所有服务交易都列入征税范围，只列入加工和修理修配服务，大多数服务交易仍征营业税，这导致进项税额抵扣不平衡。

补充阅读

增值税专用发票不只是一般的商业凭证，还是兼计销售方销项税额和购货方进项税额，以及购货方据以抵扣税款的重要凭证。增值税专用发票的式样与普通发票不同，其主要区别是增加了“税率”和“税额”两栏（见图3.1）。一般纳税人销售货物或提供应税劳务时，应向购买方开具增值税专用发票（若购买方为最终消费者，要开具普通发票），其中“税率”为销售货物或提供应税劳务所适用的税率，“税额”为销售额（不含增值税税款的价款）与适用税率的乘积。

河北增值税专用发票 №01010001

1306144130 抵扣联 开票日期：2014 年 11 月 30 日

购买方	名　　称：河北阳光啤酒集团有限公司 纳税人识别号：130620041011029 地 址、电 话：河北省万春市春江路 8008 号 89798969 开户行及账号：建设银行万春第一支行 13001600001111222201				密码区	本书略	
货物或应税劳务、服务名称	规格型号	单位	数 量	单价	金 额	税率	税 额
打印纸		箱	10	300	3 000.00	17%	510.00
合　计					¥3 000.00		¥510.00
价税合计（大写）	⊗叁仟伍佰壹拾元整						（小写）¥3 510.00
销售方	名　　称：万春百货大楼 纳税人识别号：130620725890911 地 址、电 话：河北省万春市春江路 6001 号 60060010 开户行及账号：建设银行万春支行 13001600001111222202				备注	万春百货大楼 130620725890911 发票专用章	

收款人：李子　复核：李木　开票人：李江　销售方：（章）

第二联：抵扣联 购买方扣税凭证

图 3.1　增值税专用发票示意图①

（三）课税范围

增值税的课税范围包括在我国境内销售的货物、提供的应税劳务以及进口的货物。其中，货物指有形动产，包括电力、热力、气体在内，不包括不动产和无形资产（征营业税）。应税劳务则指加工和修理修配两项劳务，其他劳务不征增值税，征营业税。

（四）纳税人

增值税的纳税人，是在我国境内从事货物销售或提供加工、修理修配劳务以及进口货物的单位和个人。增值税的纳税人又分为一般纳税人和小规模纳税人，其划分依据有两个：一是会计核算制度是否健全，能否提供准确的税务资料。二是经营规模，即年销售额是否达到了规定标准。其中，从事货物生产或提供应税劳务以及以从事货物生产或提供应税劳务为主，兼营货物批发、零售的纳税人，年销售额为 100 万元。从事货物批发或零售的纳税人，年销售额为 180 万元。

若纳税人的会计核算制度健全，年经营规模大于或等于上述标准，则为增值税的一般纳税人，否则就为小规模纳税人。

（五）税率

2015 年完成营改增后，我国增值税税率有 17%、13%、11%、6%、3%、0，六档，增值税率待继续调整优化。

（六）计税方法

一般纳税人、小规模纳税人和进口货物增值税的计税方法有所不同。

① 本图引自人民邮电出版社 2015 年出版甄立敏主编《会计综合实训》第 2 版。

1. 一般纳税人应纳税额的计算

增值税纳税人的类型不同，其计税方法也不同。对于一般纳税人，其应纳税额的计算公式为

应纳增值税额=当期销项税额-当期进项税额

其中，“当期进项税额”是当期进货发票（增值税专用发票）上注明的税额，无需通过计算便可确定，由纳税人购进货物或应税劳务时向卖方支付。“当期销项税额”是纳税人销售货物或提供应税劳务时，按照销售额和适用税率计算并向购买方收取的税额。其计算公式为

当期销项税额=当期销售额×税率

我国税法规定，准予从销项税额中抵扣的进项税额仅限于从销售方取得的增值税专用发票上注明的增值税额，对于进口货物则限于从海关取得的完税凭证上注明的增值税额。

2. 小规模纳税人应纳税额的计算

我国税法规定，小规模纳税人按照简易方法计算应纳增值税，其计算公式为

应纳税额=销售额×征收率

实行简易方法计算应纳税额时，不得抵扣货物和劳务的进项税额，因而一般规定小规模纳税人不得领购和使用增值税专用发票。另外，增值税是价外税，其税款不包含在价格之中，因此增值税的销售额为不含增值税的销售额，若为含税销售额，要用下列公式将其转换为不含税的销售额。

不含税销售额=含税销售额/(1+税率或征收率)

一般纳税人销售或提供应税项目给最终消费者,以及小规模纳税人销售或提供应税项目，要开具普通发票，此时价税合一，则其销售额为含增值税的销售额。

3. 进口货物应纳税额的计算

纳税人进口货物，按规定的组成计税价格和税率计算应纳增值税额，不得抵扣任何税额。其计税公式为

应纳税额=组成计税价格×税率

其中，

组成计税价格=关税完税价格+关税税额

若进口货物还应征消费税，还要加上消费税税额，此时，

组成计税价格=关税完税价格+关税税额+消费税税额

（七）应纳税额计算举例

【例 3.1】 某啤酒厂（增值税一般纳税人）在某纳税期内发生下列业务（其中 1～3 项业务均有符合规定的增值税专用发票）:

（1）从某粮食经营部门（一般纳税人）购进大麦一批，价值 100 万元（不含税）;

（2）购进其他用于应税项目的原料，价值 10 万元（不含税）;

（3）购进生产设备一台，价值 20 万元（不含税）;

（4）向一般纳税人销售啤酒 3 000 吨，每吨单价 3 200 元（不含税），货款已收;

（5）向个体户销售啤酒 300 吨，每吨单价 3 500 元，开具普通发票;

（6）向某展览会赞助啤酒 1 吨　价值 3 200 元（不含税）;

（7）分给本厂职工啤酒 10 吨　价值 32 000 元（不含税）；

（8）上期未抵扣的进项税金为 8 000 元。

根据上述材料，依据税法规定，计算该厂本期应纳增值税额，并说明理由。

解：计算各项业务的增值税税额：

（1）进项税额=100×13%=13（万元）

（2）进项税额=10×17%=1.7（万元）

（3）进项税额=20×17%=3.4（万元）

（4）销项税额=3 000×3 200×17%=163.2（万元）

（5）销项税额=3 500/1.17×300×17%=15.26（万元）

（6）销项税额=3 200×1×17%=0.0544（万元）

（7）销项税额=32 000×17%=0.544（万元）

（8）上期未抵扣的进项税金为 8 000 元，即 0.8（万元）

根据上述计算所得计算该厂应纳增值税额：

应纳增值税额=163.2+15.26+0.0544+0.544−13−1.7−3.4−0.8=160.1 584（万元）

【例 3.2】 某个体修理户为小规模纳税人，本月提供修理服务取得收入 30 900 元，本月购进修理用的原材料共支付价款 10 000 元，增值税专用发票上注明的进项税额为 1 100 元。不减免税，税率为 3%，求该纳税人本月应纳增值税税额。

解：小规模纳税人不抵扣货物和劳务的进项税额，以销售额计算应纳增值税。

本月不含税销售额=30 900/(1+3%)=30 000（元）

本月应纳增值税额=30 000×3%=900（元）

【例 3.3】 某进出口公司当月进口一批货物，海关审定的关税完税价格为 700 万元，该货物关税税率为 10%，增值税税率为 17%。请计算该企业进口货物应纳增值税额。

解：

组成计税价格=700+700×10%=770（万元）

进口货物应纳增值税=770×17%=130.9（万元）

二、消费税

消费税是以我国境内生产、委托加工和进口应税消费品的销售额、销售数量为征收对象而征收的一种税。应税消费品是指对特定的消费品征税，不是所有的消费品。有选择地对一些高档消费品、奢侈品、被认为危害健康、环境及社会文明的消费品开征消费税，可以抑制其消费，引导正确的消费方向。另外，消费税还具有调节消费结构，引导消费方向的作用。

1. 特点

相对其他税种，消费税有以下几个特点。

（1）征收范围的特定性。消费税的征税范围只限定在消费品中的特定消费品，并不是对所有的消费品都征税，只是选择消费品中的特殊消费品、奢侈品、高能耗及不可再生的资源消费品为征税范围。

（2）征收环节的单一性。消费税的纳税环节基本确定在生产环节和进口环节（黄金饰品除外），其他环节不征消费税，属单环节征收。

（3）税率形式的差别性。消费税对应税消费品实行按产品设计税率，消费品不同，税率也不一样，大部分消费品实行比例税率，小部分消费品实行定额税率。

增值税主要采用比例税率形式，其计税依据是价值量销售额，其计税方法是用价值量销售额乘以一个比例税率，我们把这种方法叫作从价定率征收；消费税除了采用比例税率、从价定率的形式征收之外，还采用定额税率，此时，其计税依据是实物量销售量，其计税方法是用实物量销售量乘以一个定额税率，我们把这种方法叫作从量定额征收。消费税与增值税的主要区别见表 3.2。

表 3.2　　消费税与增值税的主要区别

	征收范围	纳税环节	与价格的关系	税率	计税方法
消费税	选择性	单环节一次征收	价内税	比例税率和定额税率	从价定率征收与从量定额征收相结合
增值税	普遍性	多环节多次征收	价外税	比例税率	从价定率征收

2. 课税范围

根据我国的经济发展现状、国家的产业政策和消费政策、人民消费的水平和结构及国家财政的需要，我国消费税的征税范围确定主要依据下面五个原则：①对人类健康、社会秩序、生态环境等造成危害的特殊消费品，如烟、酒、鞭炮、焰火；②奢侈品、非生活必需品，如贵重首饰及珠宝玉石、化妆品；③高能耗及高档消费品，如小轿车、摩托车；④不可再生的能源产品，如汽油、柴油；⑤具有一定财政意义的产品，如汽车轮胎、护肤护发品。

3. 纳税人

凡在中华人民共和国境内从事生产、委托加工和进口应税消费品的单位和个人都是消费税的纳税人。这里所指的单位具体包括国有企业、集体企业、私营企业、股份制企业、合作、合营、合伙、外资、外国企业及其他经济组织，行政、事业、军事单位，社会团体，在我国注册的机构等；个人包括个体经营者及其他个人。

4. 税率

针对应税消费品的 11 个税目及其子目，消费税税率采用比例税率、定额税率、比例税率和定额税率相结合三种形式。对价格差异不大、计量单位规范、社会用量大的应税消费品，为了计算简便，采用定额税率征收。包括黄酒、啤酒、汽油、柴油四种液体应税消费品，如黄酒为 240 元/吨，柴油为 0.1 元/升；对烟税目下的 A 类卷烟和 B 类卷烟、对酒及酒精税目下的粮食白酒和薯类白酒，采用比例税率和定额税率相结合的方式征收。如 A 类卷烟在按 150 元/标准箱从量定额征收的基础上，再按 45%的比例税率从价定率征收；对于上述应税消费品之外的其他应税消费品，分别适用有差别的比例税率，共有 10 个档次的税率，如化妆品为 30%，摩托车为 10%，鞭炮焰火为 15%。

5. 计税方法

消费税根据应税消费品所适用税率的不同情况，分别采用三种计税方法：从量定额征收、从价定率征收、从量定额征收和从价定率征收相结合。由于应税消费品在缴纳消费税的同时，还要缴纳增值税，所以如果应税消费品的销售额中包含已缴纳的增值税额，应将其转换为不

含增值税税款的销售额，其转换公式与增值税不含税销售额的确定方法相同。消费税的计税公式分别为

从量定额征收的应纳税额=应税销售量×定额税率

从价定率征收的应纳税额=应税销售额×比例税率

综合征收的应纳税额=应税销售量×定额税率+应税销售额×比例税率

6. 应纳税额计算举例

【例 3.4】 某炼油厂某月生产、销售柴油 30 000 升，柴油的消费税税率为 0.1 元/升，其应纳消费税税额为多少？

解： 应纳税额=30 000×0.1=3 000（元）

【例 3.5】 美林化妆品厂为增值税一般纳税人，2014 年 7 月生产、销售化妆品共取得含增值税的销售收入 351 万元，化妆品的消费税税率为 30%，求该厂当月应纳消费税税额。

解：（1）不含增值税的销售额=351÷(1+17%)=300（万元）

（2）应纳消费税税额=300×30% =90（万元）

【例 3.6】 某卷烟厂 2015 年 5 月共生产、销售 B 类卷烟 100 标准箱，取得收入 10 万元，B 类卷烟适用定额税率 150 元/标准箱，同时还适用比例税率 30%。求本月应纳的消费税税额。

解： 应纳消费税税额=100×150+100 000×30%=45 000（元）

三、营业税

营业税是以在我国境内提供应税劳务、转让无形资产或销售不动产所取得的营业额为征税对象而征收的一种税。应税劳务是除加工、修理、修配以外的所有应纳营业税劳务；转让无形资产是指转让不具实物形态，但能带来经济效益的资产；销售不动产是指有偿转让不能移动，移动会引起性质、形状改变的财产。

营改增完成后，不再征收营业税。

四、关税

关税是国家对进出本国国境（关境）[①]的货物和物品课征的一个税种，属于流转课税。关税按进出口货物的流向划分，分为进口关税和出口关税两种，由海关负责征收。进口关税是对从国外进入国境或关境的货物和物品征收的一种税。一般在货物进入国境或关境时征收。征收进口关税的目的是使进口商品的价格提高，削弱其在本国市场上的竞争能力，保护本国商品，同时增加财政收入。出口关税是一个国家对输出国外的货物所征收的一种税，目前出口关税仅在某些国家征收，其目的是保护本国稀有资源，保护某些产品的本国市场供应，增加财政收入及某些特定的需要。关税是世界各国普遍采用的一个税种，是维护国家主权和发展对外经济往来的一个重要工具。

1. 课税范围

关税的课税对象是进出国境（关境）的货物和物品。货物是指我国的进出口机构向外国出售和从外国购进的贸易性商品。进口货物大部分都征税，出口货物中仅对少部分货物

① 国境是一个主权国家的领土范围，关境是执行统一关税税则法令的关税领域。一般情况下，国境与关境是一致的。但如果几个国家组成关税联盟，规定成员国之间商品货物贸易互免关税，对外实行共同的关税税则，那么对成员国来讲关境大于国境。如果一个国家在本国领土内设有免征关税的自由港或自由贸易区，那么则会出现关境小于国境的情况。

征税。物品属于非贸易性商品，包括入境旅客随身携带的行李物品、个人邮递物品、各种运输工具上的服务人员携带进口的自用物品和馈赠物品,以及以其他方式进入国境的个人物品。

2. 纳税人

进口货物的纳税人是收货人；出口货物的纳税人是发货人或其代理人；入境旅客行李物品和个人邮递物品的纳税人是其所有人、收件人或持有人。

3. 税率

关税采用比例税率，具体可分为进口货物税率及入境物品税率、出口货物税率三个部分。为了进一步扩大对外开放，促进对外贸易和国民经济发展，鼓励我国企业参与国际竞争，只对少部分出口货物征收出口关税；2011 年进口货物关税算术平均税率已降至 9.8%，2015 年仍旧维持此水平。

4. 关税的完税价格

相对其他税种，关税有以下几个特点。

（1）进口货物的到岸价格。进口货物以海关审定的成交价格为基础的到岸价格作为完税价格。到岸价格包括货价加上货物运抵我国关境内输入地点起卸前的包装费、运费、保险费和其他劳务费等费用。

（2）出口货物的完税价格。出口货物以海关审定的货物售予境外的离岸价格，扣除出口关税后，作为完税价格。离岸价格不能确定时，完税价格由海关估定。

（3）入境旅客行李物品及个人邮递物品完税价格，由海关按照物品的到岸价格核定，如到岸价格无法查明，应由海关参照国内市场价格审定。

5. 计税方法

关税的计税方法主要是从价计税和从量计税两种，另外还有复合计税、滑准计税和特别计税等方式，本书只简单介绍前两种。从价税的货物或物品在完税价格确定后，进出口货物（或物品）应纳税额的计算公式为

应纳税额 = 完税价格 × 适用税率

从量税是以进口货物的数量为计税依据，其应纳关税税额的计算公式为

应纳税额=应税进口货物数量 × 关税单位税额

6. 应纳税额计算举例

【例 3.7】 某进出口公司 2012 年 5 月从日本进口一批化妆品，共计 1 000 套，每套到岸价格 400 元人民币。已知化妆品关税税率 110%，计算该公司 2012 年 5 月应缴纳的关税税额。

解： 进口化妆品的完税价格=440×1 000=400 000（元）

该公司应缴纳的关税税额=400 000×110%=440 000（元）

五、所得税

所得税是指以纳税人的收益额为征税对象的一类税收的总称。所谓收益额一般指单位和个人在一定时期内取得的可支配收入的总和，即收入总额减去法定扣除后的余额。

我国现行所得税主要包括企业所得税和个人所得税。

（一）企业所得税

企业所得税是对中华人民共和国境内企业就其来源于中国境内外的生产经营所得和其他所得而征收的一种税。

1．课税范围

企业所得税的征税对象是企业的生产、经营所得和其他所得。按照实行税收管辖权的原则，应纳税所得包括来源于中国境内、境外的所得。生产、经营所得，是指其从事物质生产、交通运输、商品流通、劳务服务，以及经国务院税务主管部门确认的其他营利事业取得的所得。其他所得，是指股息、利息、税金、转让各类财产收益、特许权使用费以及营业外收益等所得。

2．纳税人

企业所得税的纳税人为在中国境内实行独立核算的企业或组织，企业分为居民企业和非居民企业。居民企业应当就其来源于中国境内、境外的所得缴纳企业所得税。

非居民企业在中国境内设立机构、场所的，应当就其所设机构、场所取得的来源于中国境内的所得，以及发生在中国境外但与其所设机构、场所有实际联系的所得，缴纳企业所得税。

非居民企业在中国境内未设立机构、场所的，或者虽设立机构、场所，但取得的所得与其所设机构、场所没有实际联系的，应当就其来源于中国境内的所得缴纳企业所得税。

3．税率

企业所得税的基本税率为25%，低税率为20%（实际执行10%税率）。企业所得税的纳税人不同，适用的税率也不同。居民企业中符合条件的小型微利企业减按20%税率征税，国家重点扶持的高新技术企业减按15%税率征税。

4．计税依据

企业所得税的计税依据是应纳税所得额。应纳税所得额是指企业每一纳税年度的收入总额减去国家规定准予扣除项目后的余额。计算公式如下

应纳税所得额＝收入总额-允许扣除项目总额

上述公式中，收入总额、允许扣除项目和不得扣除项目有具体规定。

纳税人每一纳税年度的收入总额，包括下列七项收入。

（1）生产经营收入，是指纳税人从事各项主要经营活动而取得的收入，包括商品（产品）销售收入，劳务服务收入、营运收入、工程价款结算收入，工业性作业收入等。

（2）财产转让收入，是指纳税人有偿转让其各类财产所取得的收入，包括转让固定资产、有价证券、股权以及其他财产而取得的收入。

（3）利息收入，是指纳税人购买债券等有价证券取得的利息，外单位欠款付给的利息等。

（4）租赁收入，是指纳税人出租固定资产、包装物以及其他财产而取得的租金收入。

（5）特许权使用费收入，是指纳税人提供或转让专利权、非专利技术、商标权、著作权以及其他特许权的使用权取得的收入。

（6）股息收入，是指纳税人对外投资入股分得的股利、红利收入。

（7）其他收入，是指纳税人取得的上述各项收入以外的一切收入，包括固定资产盘盈收入、汇兑收益和罚款收入，因债权原因而确定无法支付的应付款项、物资及现金溢余收入、

教育费附加返还款、包装物押金收入等。

计算应纳税所得额时准予扣除的项目，是指与纳税人取得收入有关的成本、费用和损失。下列项目，按照规定的范围、标准扣除。

（1）纳税人在生产、经营期间，向金融机构借款的利息支出，按照实际发生额扣除；向非金融机构借款的利息支出，不高于按照金融机构同类、同期贷款利率计算的数额以内的部分，准予扣除。

（2）纳税人支付给职工的工资，按照计税工资扣除。计税工资的具体标准，在财政部规定的范围内，由省、自治区、直辖市人民政府规定，报财政部备案。目前最高限额为人均月800元。

（3）纳税人的职工工会经费、职工福利费、职工教育经费，应分别按照计税工资总额的2%、14%和1.5%计算扣除。

（4）纳税人用于公益、救济性的捐赠，通过中国境内非营利性社会团体、国家机关向教育、民政等公益事业和自然灾害地区的捐赠，在年度应纳税所得额3%以内的部分，准予扣除。

（5）其他扣除项目，如业务招待费、坏账准备金等，依照国家有关规定扣除。

在计算应纳税所得额时，下列项目不得扣除。

（1）资本性支出，是指纳税人购置、建造固定资产的支出。

（2）无形资产受让、开发费用，是指纳税人购置或自行开发无形资产发生的费用。

（3）违法经营的罚款和被没收财物的损失，是指纳税人生产经营违反国家法律、法规和规章，被有关部门处以的罚款以及没收财物的损失。

（4）各项税收的滞纳金、罚金和罚款，是指纳税人违反税收法规，被处以的滞纳金、罚金以及其他罚款。

（5）自然灾害或者意外事故损失有赔偿的部分，是指纳税人参加财产保险后，因遭受自然灾害或意外事故而由保险公司给予的赔偿。

（6）超过国家规定允许扣除的公益、救济性捐赠，以及非公益、救济性的捐赠，是指超出税法规定标准范围之外的捐赠。

（7）各项资助支出，是指各种非广告性质的赞助支出。

（8）与取得所得无关的其他各项支出。

5. 企业所得税的计算和缴纳

企业所得税的缴纳，采用按年计算，分月或分季预缴，年终汇算清缴的办法。采用比例税率，其计算公式为

$$应纳税额 = 应纳税所得额 \times 适用税率$$

6. 应纳税额计算举例

【例 3.8】 某企业（一般纳税人，增值税税率为 17%），某年度有关经营情况为:

（1）实现产品销售收入 1 600 万元，取得国债利息收入 24 万元;

（2）产品销售成本 1 200 万元；产品销售费用 45 万元；上缴增值税 58 万元，消费税 85 万元，城市维护建设税 10.01 万元，教育费附加 4.29 万元;

（3）2 月 1 日向银行借款 50 万元用于生产经营，借期半年，银行贷款年利率为 6%，支付利息 1.5 万元;

（4）3月1日向非金融机构借款60万元用于生产经营，借期8个月，支付利息4万元；

（5）管理费用137万元（其中业务招待费用12万元）；

（6）全年购机器设备5台，共计支付金额24万元；改建厂房支付金额100万元；

（7）意外事故损失材料实际成本为8万元，获得保险公司赔款3万元。

根据所给资料，计算该企业该年度应缴纳的企业所得税（以上文所讲税率、计税依据为准）。

解：（1）国债利息收入24万元免交所得税。

（2）向非金融机构借款利息支出，应按不高于同期同类银行贷款利率计算数额以内的部分准予在税前扣除，准予扣除的利息 = 60×6%×8÷12 = 2.4（万元）。

（3）业务招待费税前扣除限额：1 600×5‰ = 8（万元），12×60%=7.2（万元），允许扣除7.2万元。

（4）购机器设备、改建厂房属于资本性支出，不得在税前扣除。

（5）意外事故损失材料其进项税额应转出，并作为财产损失。财产净损失 = 8×(1 + 17%)−3 = 6.36（万元）。

（6）应纳税所得额 = 1 600−1200−45−85−10.01−4.29−1.5−2.4−(137−12)−7.2−6.36=113.24（万元）。

（7）应纳所得税额 = 113.24×25% = 28.31（万元）。

（二）个人所得税

个人所得税是对在中国境内有住所，或者无住所而在境内居住满一年的个人，从中国境内和境外取得的所得，以及在中国境内无住所又不居住，或者无住所而在境内居住不满一年的个人，从中国境内取得的所得征收的一种税。它是国家调节个人收入、缓解个人收入差距过分悬殊的矛盾的重要手段。

1. 课税范围

我国个人所得税以“住所”和“时间”两个标准分居民和非居民，并据此来确定个人所得税的征收范围，符合国际惯例。具体范围如下：①在我国有住所或者无住所而在境内居住满一年的人，不论是中国公民，还是外籍人员，均属我国居民。我国政府可根据居民管辖权的原则，对其从境内和境外取得的所得征税。②在我国境内无住所又不居住或者无住所，而在境内居住不满一年的个人，属于非居民。我国政府可根据地域管辖权的原则，对其从中国境内取得的所得征税。

2. 纳税人

如课税范围所述，个人所税的纳税人有以下三类：①境内有住所的，取得的境内外所得的个人；②境内无住所，居住满365天的，取得境内外所得的个人；③境内无住所（或又不居住）在境内居住不满365天的，取得的境内所得的个人。

3. 税率

我国个人所税按以下不同情况分别适用累进税率和比例税率。

（1）工资、薪金所得，适用5%～45%的九级超额累进税率。

（2）个体工商户的生产、经营所得和对企业事业单位的承包经营承租经营所得，适用5%～35%的超额累进税率。

（3）稿酬所得，适用比例税率，税率为20%，并按应纳税额减征30%。

（4）劳务报酬所得，适用比例税率，税率为20%。对劳务报酬所得一次收入极高的，指个人一次取得劳务报酬，其应纳税所得额超过20 000元，可以实行加成征收。

（5）特许权使用费所得，利息、股息、红利所得，财产租赁所得，财产转让所得，偶然所得和其他所得，适用比例税率，税率为 20%。

4. 免税项目

根据《中华人民共和国个人所得税法》规定，对一些特殊的个人所得免征或减征个人所得税，其中免税的项目有以下几项。

（1）省级人民政府、国务院部委和中国人民解放军军以上单位，以及外国组织、国际组织颁发的科学、教育、技术、文化、卫生、体育和环境保护等方面的奖金。

（2）储蓄存款利息，国债和国家发行的金融债券的利息。

（3）按照国家统一规定发给的补贴、津贴。

（4）福利费、抚恤金和救济金。

（5）保险赔偿。

（6）军人的转业费、复员费。

（7）按照国家统一规定发给干部、职工的安家费、退休工资、离休工资、离休生活补助费。

（8）依照我国有关法律规定应予免税的各国驻华使馆、领事馆的外交代表、领事官员和其他人员的所得。

（9）中国政府参加的国际公约、签订的协议中规定免税的所得。

（10）经国务院财政部门批准免税的所得。

5. 减征项目

根据《中华人民共和国个人所得税法》规定，有下列情形之一的，经批准可以减征个人所得税：①残疾、孤寡人员和烈属的所得；②因严重自然灾害造成重大损失的；③其他经国务院财政部门批准减免税的。

个人所得税减征的期限和幅度，由省、直辖市、自治区人民政府规定。

6. 计税方法

个人所得税以应纳税所得额为计税依据，其计税方法依适用税率的形式不同而不同。若适用超额累进税率，其计税公式为

应纳所得税额=应纳税所得额×相应等级的税率-速算扣除数

若适用比例税率，其计税公式为

应纳所得税额=应纳税所得额×适用税率

7. 个人所得税应纳税所得额的确定

应纳税所得额是纳税人的收入总额扣除税法规定的各项费用之后的余额。对于不同的应税项目其费用扣除的规定也不同。

（1）工资、薪金所得应纳个人所得税税额计算公式为

应纳个人所得税税额=全月应纳税所得额×适用税率-速算扣除数

我国自 1980 年 9 月公布《中华人民共和国个人所得税法》起开征个人所得税，至 2015 年年初，根据居民收入情况多次调整了免征额，参见图 3.2。

工资、薪金所得，适用 3%~45%的七级超额累进税税率，税率表见表 3.3。

表 3.3　　工资、薪金所得项目税率表（2011 年 9 月 1 日起执行）

级数	全月应纳税所得额	税率（%）	速算扣除数[①]（元）
1	全月应纳税额不超过1 500元	3	0
2	全月应纳税额超过1 500元至4 500元	10	105
3	全月应纳税额超过4 500元至9 000元	20	555
4	全月应纳税额超过9 000元至35 000元	25	1 005
5	全月应纳税额超过35 000元至55 000元	30	2 755
6	全月应纳税额超过55 000元至80 000元	35	5 505
7	全月应纳税额超过80 000元	45	13 505

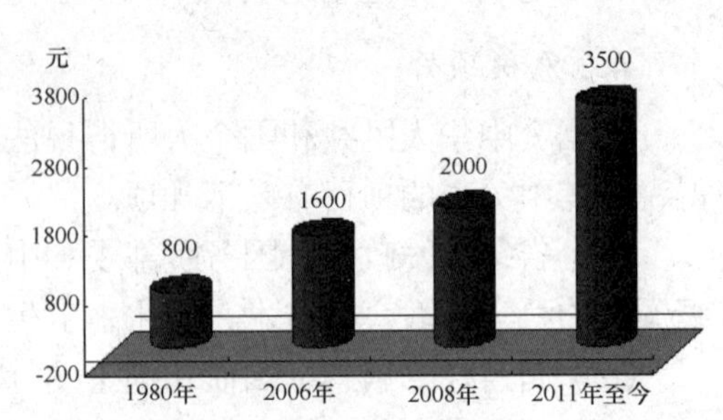

图 3.2　1980—2011 年中国个人所得税免征额调整情况

（2）个体工商户生产、经营所得适用税率为五级超额累进税税率，应纳个人所得税税额计算公式为

应纳个人所得税税额=全年应纳税所得额×适用税率-速算扣除数

（3）对企事业单位的承包经营、承租经营所得应纳个人所得税税额计算公式为

应纳个人所得税税额=每年度纳税的收入总额-必要费用

（4）劳务报酬所得、稿酬所得、特许权使用费所得、财产租赁所得，每次收入不超过 4 000 元的，减除费用 800 元；4 000 元以上的，减除 20%的费用，其余额为应纳税所得额。

（5）财产转让所得，以转让财产的收入额减除财产原值和合理费用后的余额，为应纳税所得额。

（6）利息、股息、红利所得，偶然所得和其他所得，以每次收入额为应纳税所得额。

8. 应纳税额计算举例

【例 3.9】 某大学李教授 2011 年 10 月取得如下收入：

（1）从任职学校取得工资收入 8 000 元；

（2）在某学术杂志上发表专业论文，取得稿酬 5 000 元；

（3）到某企业讲课，取得讲学收入 10 000 元；

（4）为某部门翻译专业技术资料，取得翻译费 3 000 元；

（5）购买体育彩票中奖 10 000 元，并从中拿出 2 000 元通过市民政局向贫困山区捐款。

已知：上述收入均不考虑缴纳其他税费。

要求：分别计算李教授 2011 年 10 月取得各项所得后应缴纳的个人所得税。

解：（1）从任职学校取得工资收入 8 000 元，应纳个人所得税税额为

① 速算扣除数是指在采用超额累进税率征税的情况下，根据超额累进税率表中划分的应纳税所得额级距和税率，先用全额累进方法计算出税额，再减去用超额累进方法计算的应征税额以后的差额。当超额累进税率表中的级距和税率确定以后，各级速算扣除数也固定不变，成为计算应纳税额时的常数。

例如某人某月的工资是 10 000 元，在扣除了费用 3 500 元以后，应纳税所得额是 6 500 元，分段算是 1 500×3%+3 000×10%+2 000×20%=745（元）。

为了方便，用速算扣除法计算是（10 000-3 500）×20%-555=745（元），其中的 1 500 元的税率应该是 3%，但用速算法计算时，是以 20%算，所以要减除多算的 17%，就是 1 500×17%=255（元）；其中的 3 000 元的税率应该是 10%，但用速算法计算时，是以 20%算，所以要减除多算的 10%，就是 3 000×10%=300（元）；剩下的 2 000 元不论用什么方法算，税率都是 20%，所以扣除数为 0，这样速算扣除数就是 255+300+0=555（元）。

应纳个人所得税税额=(8 000−3 500)×10%−105=345（元）

（2）在某学术杂志上发表专业论文，取得稿酬 5 000 元，应纳个人所得税税额为

应纳个人所得税税额=5 000×(1−20%)×20%×(1−30%)=560（元）

（3）到某企业讲课，取得讲学收入 10 000 元，应纳个人所得税税额为

应纳个人所得税税额=10 000×(1−20%)×20%=1 600（元）

（4）为某部门翻译专业技术资料，取得翻译费 3 000 元，应纳个人所得税税额为

应纳个人所得税税额=(3 000−800)×20%=440（元）

（5）购买体育彩票中奖 10 000 元，并从中拿出 2 000 元通过市民政局向贫困山区捐款，应纳个人所得税税额为

应纳个人所得税税额=(10 000−2 000)×20%=1 600（元）

本月应纳个人所得税税额=345+560+1 600+440+1 600=4 545（元）

视野拓展

国家税务总局网站有丰富信息，是了解税收相关知识的权威网站，推荐读者关注。

国家税务总局网站“税收知识”栏目：http://www.chinatax.gov.cn/n810351/n810901/n848183/c1161494/content.html

国家税务总局网站“税收政策”栏目：http://www.chinatax.gov.cn/n810341/index.htm

国家税务总局网站“信息公开—税收统计”栏目：http://www.chinatax.gov.cn/n810214/n810631/index.html

2014 年我国全年税收收入 103 768 亿元，首次突破 10 万亿大关，增长 8.8%。

作为财政收入的主要来源，近年来，我国税收收入占财政收入的比重一直保持在 90% 以上，远远高于利、债、费收入（《观察者》2015 年 1 月 11 日《2014 年全国税收增长 8.8 首次超 10 万亿 增速减缓》）：http://www.guancha.cn/economy/2015_01_11_305957.shtml

本章小结

税收是国家财政收入的最主要来源，为此，它必须具有强制性、无偿性和固定性的特征，同时满足这三个特征的分配形式就是税收。

税收产生的本来目的是筹集财政收入，但它既然是一种分配活动，就必然会对经济行为产生影响，因此，税收还是国家的重要经济杠杆。

现代税收按课税对象可分为流转税、所得税、资源税、财产税和行为税五大类，其中流转税和所得税是各国税收的最主要来源。

综合练习

一、不定项选择题

1. 税收的主体是（　　）。

A. 税务机关　　B. 国家　　C. 海关　　D. 工商机关

2. 税收的基本特征是（　　）。

A. 强制性　　B. 无偿性　　C. 固定性　　D. 有偿性

3. 按税负能否转嫁为标准，税收分为（ ）。

A. 实物税　B. 直接税　C. 间接税　D. 货币税

4. 一种税区别于另一种税的主要标志是（ ）。

A. 纳税人　B. 课税对象　C. 课税依据　D. 税率结构

5. 税制构成的核心要素是（ ）。

A. 纳税人　B. 税率　C. 课税对象　D. 纳税期限

6. 税收的强制性依靠的是（ ）。

A. 国家对国有企业生产资料的所有权　B. 国家对生产资料的所有权

C. 国家的政治权力　D. 社会习惯势力

7. 在税收要素中，体现纳税人负担轻重的最主要要素是（ ）。

A. 税率　B. 附加和加成　C. 起征点　D. 减免税

8. 按税收的计税依据为标准税收分为（ ）。

A. 从价税　B. 价内税　C. 价外税　D. 从量税

9. 以课税对象的价格为依据，按一定比例计征的税种叫（ ）。

A. 从价税　B. 资源税　C. 共享税　D. 消费税

10. 直接税和间接税的划分，是（ ）的。

A. 按课税对象的性质分类　B. 按税负能否转嫁分类

C. 按税收的管理权限分类　D. 按税收和价格关系分类

11. 1978年以前，国有企业利润的分配制度总体上是（ ）。

A. 统收统支制　B. 企业基金制　C. 利润留成制　D. 承包制

12. 属于减轻纳税人负担的措施主要有（ ）。

A. 减税　B. 免税　C. 加成

D. 规定起征点　E. 规定免征额

13. 企业所得税的计税依据是（ ）。

A. 应纳税所得额　B. 销项税额　C. 进项税额　D. 总产值

14. 下列税收中属于对流转额课税的有（ ）。

A. 所得税　B. 增值税　C. 营业税

D. 消费税　E. 印花税

15. 以课税对象的数量为依据，规定固定税额计征的税种叫（ ）。

A. 从价税　B. 增值税　C. 从量税　D. 所得税

16. 税收按照征税对象分类，可分为（ ）。

A. 流转税类　B. 所得税类　C. 资源税类

D. 财产税类　E. 特定行为征税类

17. 税率的形式主要有（ ）。

A. 比例税率　B. 幅度税率　C. 累进税率

D. 差别税率　E. 定额税率

18. 按课税对象的性质划分，增值税属于（ ）。

A. 流转课税　B. 收益课税　C. 财产课税　D. 行为课税

19. 营业税实行的是（ ）。

A. 比例税率　B. 全额累进税率　C. 超额累进税率　D. 定额税率

20. 营业税的纳税人是（　　）。

A. 从事各种货物销售的单位和个人　　B. 从事加工、修理修配业务的单位和个人

C. 转让无形资产的单位和个人　　D. 销售不动产的单位和个人

E. 提供应税劳务的单位和个人

二、简答题

1. 税收与其他分配方式有什么不同，为什么不依法纳税会受到严厉处罚？

2. 税收制度的构成要素有哪些？

3. 增值税与其他流转税相比有何特点？

三、计算题

1. 某电视机厂为一般纳税人，当月发生以下业务：销售电视机 125 台，每台售价 6 000 元（含税），价款到；购进电子元件价款 210 600 元（含税），取得专用发票，款已付货入库；购进复印机一台，取得增值税专用发票上注明的税金 2 324.79 元；将 5 台电视机用于职工活动室；支付购进原料的运输费用 2 000 元，取得运输专用发票。根据以上资料计算电视机厂当月应缴纳的增值税税额（以正文所讲计税方法和税率为准）。

2. 张明是一名国有企业员工，2014 年的收入情况如下：

（1）取得全年工资、薪金收入 120 000 元；

（2）4 月因意外事故取得保险赔偿 25 000 元；

（3）工作之余发表文章一次性取得稿酬收入 12 000 元；

（4）12 月彩票中奖 20 000 元。

以正文所讲计税方法计算月工资薪金应纳税所得额和公民年应纳个人所得税总额。

第四章　国　债

目的和要求

1. 了解国债的含义和特征。
2. 掌握国债产生的条件以及国债的基本功能。
3. 了解目前我国国债的种类。
4. 掌握我国现行国债的类别。
5. 掌握国债规模的影响因素。

内容导入

政府取得财政收入的目的是为了履行其职能，因此维持适度规模的财政收入是必须的。通过前面的学习我们知道，财政收入的主要来源是税收。但是随着国家职能范围的扩大，以税收为主的财政收入可能无法满足财政支出需要。此时，政府可以通过发行国债来弥补财政收支的“缺口”。此外，国债还可以筹集资金来支援国家建设，同时国债也是调控国家宏观经济的重要手段之一。国债是由国家信用做担保发行的一种债券，具有相对较高的安全性和高于银行定期存款的收益率，因此也受到居民投资者的喜爱，对于个人财富、工商企业行为以及我们的经济效益都有着直接的影响。

本章我们将学习国债的产生、发展，国债的基本功能，国债的发行、流通、偿还以及国债规模的有关内容。

第一节　国债概述

案例阅读与分析

国债热销

据2015年3月11日福州晚报讯（记者　杨剑峰）去年国债销售一路降温的情况至今仍未触底反弹。昨日羊年首期凭证式国债正式发行，并未受到客户的追捧，当日在榕不少银行网点仍有剩余额度。

受两次降息影响，此次国债票面年利率有所降低，3年期票面年利率4.92%，5年期票面年利率5.32%。昨日上午8时35分，福州晚报记者走进鼓屏路上的建行城北支行网点看到，网点并未出现排队购买国债的情形。上午10时30分，福州晚报记者来到五四路上一家工行网点，大堂人员表示，国债采取联网销售方式，现时还有额度可供认购。截

2015年3月11日《福州晚报》第A17版《羊年首期凭证式国债遇冷》原文：http://mag.fznews.com.cn/shtml/fzwb/20150311/173166.shtml

至昨日下午4时多，在榕多数银行网点仍有国债剩余额度。在榕一家国有大银行相关人士告诉福州晚报记者，此次国债发行总额度为300亿元，规模相对较小。该行福州地区3年期和5年期国债销售额度共为3 000多万元。截至昨日下午4时15分，3年期和5年期国债还剩余500多万元，首日国债销售进度与去年一样。

事实上国债销售降温已成新常态。前年国债遇冷就已开始显现，去年情况则更为明显，有的银行开卖3天国债仍未售完。相反2013年之前国债行情火爆时一般1个小时左右就会被抢购一空。在榕银行人士称，国债遇冷与股市反弹有关。随着股市上涨，不但二级市场火热，去年基金收益也较为可观，同时新股申购赚钱效应也很明显，这均使得资金陆续分流转向股市。此外，与稳健理财渠道相比，国债的优势也在弱化。个别银行定存利率上浮30%后，定期存款与国债的利差进一步缩小。认购10万元3年期或者5年期的国债将比同期定存利息高出135元和475元。

问题：当我们手上有闲置资金时会怎么做？传统的习惯是存入银行，进入 21 世纪后购买股票、基金、国债成为较为普及的投资渠道，为什么福州居民当时购买国债的热情有所降低？

国债是国家债券的简称，是由国家发行的债券，是中央政府为筹集财政资金而发行的一种政府债券，是一国政府为了筹措资金而向投资者出具的，承诺在一定时期支付利息和到期还本的债务凭证。由于国债的发行主体是国家，是国家信用的重要组成部分和基本形式，所以它具有最高的信用度，被公认为是安全性很高的投资工具。根据国债的含义可以得出国债的要素包括国债的主体、客体、目的和形式，见表 4.1。

表 4.1　国债要素

国债	要　素	说　明
主体	中央政府	国债的发行主体必须是中央政府，地方政府发行的债务为地方债，以上二者同属于公债，企业或个人的债务为私债
客体	国内外投资者	国债债权人的范围非常广泛，既可以是国内企事业单位和个人，也可以是外国政府、企业和个人。国债有广义和狭义之分。狭义国债仅指面向国内投资者的国内公债，即内债；广义国债还包括面向国外投资者的国外国债，即外债
目的	筹集财政资金	发行国债的主要目的是弥补财政收入不足，补充财政支出需要
形式	发行债券、借款	目前世界上大多数国家的国债以发行债券为主

一、国债的特征

按照以上国债概念的定义，国债具有以下特征。

1. 收益性

国债是国家通过信用形式筹集财政资金的手段，是一种有偿的资金使用形式。作为债务，政府必须如期偿还，并且按事先规定的条件向认购者支付一定数额的利息。认购者除了能得到利息外，还可以享受许多税费优待。如我国规定购买国债免交个人所得税，同时，在证券交易公司买卖国债，免收印花税和过户费。这使得国债具有较强的收益性。

2. 自愿性

因为国债是有偿的，因此国家发行国债遵循的是自愿购买的原则，具有非强制性。当然在特殊的历史时期也可能带有强制性，比如我国在新中国成立初期以及在计划经济的很长时期内，国债都是行政摊派的。但在市场经济条件下，发行国债必须在完全自愿的基础上进行，国家不能指派具体的承购人，人们是否认购、认购多少，完全由自己或单位决定，这与强制征收的税收明显不同。

3. 灵活性

国债发行与否以及发行多少，一般完全由政府根据国家财政资金的使用情况灵活加以确定，不必通过法律形式预先加以规定。这是国债具有的一个非常重要的特征，与税收的固定性有明显的区别。

4. 安全性

国债的直接举债人是财政部，但由政府保证偿还。在现代社会经济中，国债已日益成为重要的投资对象，是一种重要的金融商品。金融商品具有信用风险，信用风险就是债务人违约，不能按约定期限和利率按时还本付息的可能。与股票等其他金融商品相比，国债是由政府做担保，其信用等级最高，最具安全性，被称为"金边债券"，因此才会出现本节首个案例中 2013 年之前国债一小时售罄的现象。

二、国债的产生和发展

私人借债历史悠久，国家或君主本人借债的事件虽然古已有之，但真正意义上的国债体系历史却非常短，我国现在的国债体系完全源自西方，故而国债的产生和发展还要从西方说起。

1. 西方

国债属于公债的一种，是一个历史范畴，西方最早的公债出现于公元前 4 世纪的古希腊和古罗马。当时的奴隶制国家财政收入不足，曾向商人、高利贷者和富有的寺院借债，这就是公债的萌芽。

随着人类社会的不断发展，政府职能的不断完善，公债得到了进一步的发展。在封建社会，许多封建主、帝王和城市共和国每当财政遇到困难，特别是发生战争时，就会发行公债。中世纪以后，地中海沿岸的意大利城市热那亚、威尼斯等地，商业十分发达，信用制度也迅速发展起来。与此同时，由于封建国家的职能有所扩大，加上财政管理不善，入不敷出，财政收支矛盾加剧，于是，划拨银行便以高出一般的利率贷款给国家，这样，就产生了国债。

到了资本主义社会，国债得到了真正的发展。国家通过举债的实践，认为用发行国债的办法来解决财政困难要比增加税收容易得多。因此，国债很快在欧洲资本主义各国得到广泛的发展。16—17 世纪公债已广泛地流行于欧洲资本主义国家，成为资本的原始积累有效工具。19 世纪末 20 世纪初，由于国家职能的空前扩大，以及国内外战争和经济危机的频繁发生，财政入不敷出，致使公债发行规模越来越大。19 世纪初，整个资本主义世界公债总额不过 20 亿～30 亿美元，到 20 世纪初，竟高达 300 亿美元，发展到第一次世界大战和第二次世界大战期间，公债成为筹集军费的重要途径，有 20%～80%的军费来自公债。

第二次世界大战后，西方各国政府纷纷奉行凯恩斯主义的赤字财政政策，公债成为弥补财政赤字、干预经济的重要手段。尤其是 20 世纪 70 年代以来，公债规模迅速膨胀，进入 80 年代以后，各主要资本主义国家的公债更是有增无减。以美国为例，1980 年国债总额突破 1 万亿美元，1986 年 4 月又突破 2 万亿美元的大关，1990 年突破 3 万亿美元，1992 年突破 4 万亿，1997 年，达到 53 700 亿美元，国债人均存量超过 2 万美元，2008 年 10.2 万亿美元，2011 年 13.5 万亿美元，2011 年年底 15.23 万亿，超过当年国内生产总值，成为世界上最大的债务国。2012 年年底，美国国债钟显示美国国债规模已达到 16.38 万亿美元。巨额的债务负担，已经成为资本主义国家经济生活中的一个沉重的包袱。特别是 2008 年金融危机爆发后，美国次贷危机的延续和深化使得欧洲部分国家政府的债务负担超过了自身的承受范围，出现的欧债危机，更是将西方资本主义国家的巨额债务危机推向了历史新高。

案例阅读与分析

美国国债突破 10 万亿

2008年，美国国债达到近10.15万亿美元，随着这一突破，华尔街上的国债钟显示数字出现了困难。该时钟的设计者没有想到国债有突飞猛进的可能，位数不够，已经没有$符号的位置，只能临时把$和1挤在首位（见图4.1）。

图 4.1　2008 年的美国国债钟

问题：美国国债的规模大吗？你认为这样的国债负担可能会导致什么后果？相比之下，我国的国债如何？

2. 我国

在我国古代早已有政府对富户举债的记载，这是国债的萌芽，成语“债台高筑”即是说周赧王（？—前 256 年）借债的事情。但纵观中国历史，直到 1898 年，清王朝发行总额为 1 100 万两银子的“昭信股票”，我国国债才正式出现。考察各国公债的历史，都起源于 18 世纪以后，因为公债与立宪政体有着密切的关系。越是文明的国度，它所担负的公债越多，由于人民信任他们的政府才会把钱借给国家。

梁启超认为以历史上中国的政体来看，人民把政府看作仇雠，看作盗贼，政府根本不可能从国内借到公债①。此观点虽然有失偏颇，但也可以作为一种解读国债发展迟缓的视角。

补充阅读

成语故事——“债台高筑”

“债台高筑”源自《汉书·诸侯王表序》“有逃责（债）之台”之语，这句话是说战国后期周赧（nǎn）王听信楚孝烈王，用天子的名义召集六国出兵伐秦（公元前 256 年），他让西周公拼凑 6 000 士兵，由于没有军费，只好向富商地主借钱，可六国根本不听他的话，到约定日期，周赧王把 6 000 人马带到集合之地——伊阙（即龙门）。等了好些日子，除了楚、燕二国外，其余各国毫无音信。只靠这点力量，显然不是强秦的对手。此时，军费也所剩不多了，抗秦攻秦的计划只好作罢，已集中的人马也各自散去。

秦国得知周天子要联合关东六国抗秦伐秦，便命令大军攻打周天子。秦军打到王城，周赧王降秦，被秦赶到伊阙南边的新城。众债主一齐赶到新城向赧王讨债，赧王无法招架，就躲进一处建在高台上的驿馆内，这处高台就被称为“逃债台”“避债台”。

新中国成立后，我国政府开始逐步发行国债，主要经历了两个阶段。

第一阶段，新中国成立初期，1950 年发行人民胜利折实公债 302 亿元，1954—1958 年发行国家经济建设公债 3 546 亿元。这一阶段发行规模不大，每年的国债发行额在当年国内生产总值中比重不到 1%。

① 本部分观点详见梁启超《中国国债史》。

第二阶段，改革开放后，在我国经济体制由计划经济为主走向市场调节的过程中，社会财力分配结构发生了变化，表现为国家财政集中的资金相对下降，企业和地方自行支配的资金有较大增长，个人收入水平也有所提高。从1981年至今，我国每年都在发行国债，在国债品种和国债市场建设方面都有较大的发展，积极完善国债制度，强化国债作用。

思考与讨论

从个人的角度，你认为借债好吗？对于一个国家来说呢？为什么我国国债的发行在1958年后停止，直到改革开放以后才重新延续？

三、国债的类型

国债的类型丰富，可按多种形式分类。

（一）按发行期限不同分类

国债按发行期限不同，可分为短期、中期、长期国债。

短期国债是指偿还期限为1年或1年以内的债券，目的是应付国库资金临时的或季节性需求。在国际上，短期国债的常见形式是国库券。中期国债是指偿还期限在1年以上（不含1年）10年以下的国债。长期国债是指偿还期限在10年（不含10年）以上的国债。中、长期国债主要用于弥补赤字或政府投资。在国债发展史上，还曾经出现过一种无期国债，这种国债在发行之时并未规定还本期限，债权人平时有权按期索取利息，而无权要求清偿。

案例阅读与分析

50年期超长期国债首度发行 将完善我国债券市场

据新华网北京2009年11月27日电（记者韩洁　华晔迪）27日中国首次在全国银行间债券市场招标发行面值总额200亿元50年期国债中标利率为4.3%。

这是我国首次发行50年期超长期国债，此前发行的国债最长期限为30年。根据财政部公告本期国债将于11月30日开始发行并计息，12月2日发行结束，12月4日起在全国银行间债券市场和深圳证券交易所上市交易，在上海证券交易所上市日期由上海证券交易所另行通知。各交易场所交易方式为现券买卖和回购。

新华网电原文：

http://news.xinhuanet.com/fortune/2009-11/27/content_12549133.htm

问题：你认为50年超长期国债的收益如何？谁会购买？

（二）按国债的流动性分类

国债按其流动性分可分为可转让国债与不可转让国债。

可转让国债又称为上市国债，是指可以在金融市场上自由流通买卖的国债。这种国债的特征是投资者可以自由认购、自由转让，通常不记名，转让价格取决于对该国债的供给与需求。这种国债的流通一般在证券市场上进行，如通过证券交易所或柜台市场交易。

不可转让国债又称为非上市国债，这种国债不能自由转让，可以记名，也可以不记名。非流通国债的发行对象，有的是个人，有的是一些特殊的机构。以个人为发行对象的不可转让国债，一般是吸收个人的小额储蓄资金，故有时称之为储蓄债券。

（三）按利息的支付方式分类

国债按利息的支付方式分为零息国债、付息国债与贴息国债。

零息国债指在到期日领取本金和利息的国债。

贴现国债又称贴息发行国债，是指券面上不含利息或不附有息票、以贴现方式发行的国债。贴现国债发行价格与票面额的差额即为所得利息。从利息支付方式来看，贴现国债以低于面额的价格发行，可以看作是利息预付。因而又可称为利息预付债券。贴现国债一般期限较短，我国 1996 年推出贴现国债品种。

根据财政部 1997 年规定，期限在一年以内（不含一年）以贴现方式发行的国债归入贴现国债类别，期限在一年以上以贴现方式发行的国债归入零息国债的类别。

附息国债指券面上附有息票，定期（一年或半年）按息票利率支付利息。我国自 1993 年第一次发行附息国债。无纸化国债通过国债账户领取利息。

（四）按券面形式分类

国债按券面形式可分为无记名（实物）国债、记账式国债以及储蓄式国债。

1. 无记名（实物）国债

无记名（实物）国债即实物债券，以实物券面的形式记录债权。无记名国债不记名，不挂失，券面面值由发行者预先规定，可以有几种不等的面值，可以上市流通。发行期内，投资者可以直接在国债承销机构的柜台购买，在证券交易所开设有账户的投资者，可以委托证券公司通过证券交易所交易系统申购。发行期结束后，无记名国债持有者可以在证券交易柜台卖出，也可以将无记名国债的实物券交证券交易所托管，再通过交易系统卖出。它是一种传统型的国债，有纸化，需要花费一定的印刷成本。另外，由于不记名，安全性较差。从证券交易的发展看，这种国债缺点明显，不符合现代金融工具运作的要求，目前我国已经停止发行这种国债。

补充阅读

新中国成立初期我国发行的实物国债

实物国债是指以某种商品实物为本位而发行的国债。政府发行实物国债，主要有两种情况：一是在货币经济不发达时，实物交易占主导地位；二是尽管货币经济已比较发达，但币值不稳定，为维护国债信誉，增强国债吸引力，发行实物国债。新中国成立初期我国发行的国债都是以实物为计量标准，因此都属于实物国债。图 4.2 新中国成立初期发行的实物国债的图片。

图 4.2　新中国成立初期我国发行的实物国债

2. 记账式（无纸化）国债

以记账形式记录债权，由财政部发行，通过证券交易所的交易系统发行和交易，可以记名、挂失，也可以上市转让。投资者进行记账式证券买卖，必须在证券交易所设立账户。由于记账式国债的发行和交易均无纸化，所以效率高，成本低，交易安全。记账式国债的特点是：①可以记名、挂失，以无券形式发行可以防止证券的遗失、被窃与伪造，安全性好；②可上市转让，流通性好；③期限有长有短，但更适合短期国债的发行；④通过交易所电脑网络发行，可以降低证券的发行成本；⑤上市后价格随行就市，具有一定的风险，适合金融风险意识较强的投资者。

3. 储蓄式国债

储蓄式国债最初为凭证式储蓄国债，信息系统发达后又在其上延伸出了电子式储蓄国债。

（1）凭证式储蓄国债。它是指由财政部发行的，有固定面值及票面利率，通过纸质媒介（中华人民共和国凭证式国债收款凭证）记录债权债务关系的国债。通过部分商业银行和邮政储蓄柜台，面向城乡居民个人和各类投资者发行，是一种储蓄性国债。类似银行定期存单，比同期银行存款利率高。凭证式国债购买方便，变现灵活，利率优惠，收益稳定，可记名、可挂失，不能上市交易（但可随时到原购买点兑换现金），安全无风险，是我国重要的国债品种。

（2）电子式储蓄国债。它源于传统的凭证式储蓄国债，是指财政部面向境内中国公民储蓄类资金发行的，以电子方式记录债权的不可流通的人民币债券。电子式储蓄国债是 2006 年推出的国债新品种，具有以下几个特点：①针对个人投资者，不向机构投资者发行；②采用实名制，不可流通转让；③采用电子方式记录债权；④收益安全稳定，由财政部负责还本付息，免缴利息税；⑤鼓励持有到期；⑥手续简化；⑦付息方式较为多样。电子式储蓄国债的诸多优点，使它成为今后储蓄式国债的发展方向。

凭证式储蓄国债与电子式储蓄国债的联系与区别、记账式国债与电子式储蓄国债的联系与区别分别见表 4.2 和表 4.3。

表 4.2　　凭证式储蓄国债与电子式储蓄国债的联系与区别

比较 \ 类型		凭证式储蓄国债	电子式储蓄国债
联系		均为储蓄国债，在商业银行柜台发行，不能上市流通，由于其不可交易性，决定了任何时候都不会有资本利得，主要是鼓励投资者持有到期	
区别	申请购买手续	现金直接购买	开立个人国债托管账户并指定对应的资金账户后购买
	债权记录方式	填制“中华人民共和国凭证式国债收款凭证”的形式记录，由各承销银行和投资者进行管理	电子记账方式
	付息方式	到期一次还本付息	多样
	到期兑付方式	由投资者前往承销机构网点办理兑付事宜，逾期不加计利息	承办银行自动将投资者应收本金和利息转入其资金账户，转入资金账户的本息资金作为居民存款，按活期存款利率计付利息
	发行对象	主要是个人，部分机构也可认购	仅限个人，机构不允许购买或者持有
	承办机构	记账式国债承销团成员	储蓄式国债承销团成员

表 4.3　　　　　　　　记账式国债与电子式储蓄国债的联系与区别

比较＼类型		记账式国债	电子式储蓄国债
联系		债权记录方式及申购手续均为电子式	
区别	到期前变现收益预知程度	二级市场交易价格是由市场决定的，到期前市场价格（净价）有可能高于或低于发行面值	发行时对提前兑取条件做出规定，投资者提前兑取所能获得的收益是可以预知的，而且本金不会低于购买面值（因提前兑付带来的手续费除外），不承担由于市场利率变动而带来的价格风险
	流通或变现方式	可上市流通，可从二级市场上购买，需要资金时可以按照市场价格卖出	只能在发行期认购，不可以上市流通，但可以按照有关规定提前兑取
	发行对象	机构和个人都可以购买	仅限个人，机构不允许购买或者持有
	发行利率确定机制	由记账式国债承销团成员投标确定	财政部参照同期银行存款利率及市场供求关系等因素确定

四、国债的功能

国债的最主要也是最基本的功能是弥补财政赤字，另外，根据国家财政的不同时期需要，国债还可以发挥筹集建设资金以及调控宏观经济的功能。

> 除上述分类方式外，国债还有多种分类方式：
>
> 按发行用途可分为赤字国债和建设性国债，用于弥补财政赤字的国债称为赤字国债；用于国家基础设施和重要项目建设的国债称为建设性国债。
>
> 按发行地域不同可分为内债和外债，在国内发行面向国内投资者的称为内债；在国际金融市场面向国外投资者的称为外债。
>
> 按利率形式可分为固定利率国债和市场利率国债，发行国债时已经确定了利率标准的国债称为固定利率国债；发行人在发行国债时，规定国债的利息率可以随金融市场上利率的变化而定期浮动的是市场利率国债。
>
> 按不同标准分类方法很多，在实际应用过程中，可根据需要综合运用。

1. 弥补财政赤字

通过发行国债弥补财政赤字是国债产生的根本性原因。一般情况下，国家弥补财政赤字的方式主要有三种：一是增税；二是增发货币或向中央银行透支或借款；三是发行国债。通过增加税收的方式弥补财政赤字会受到一国经济发展状况的制约，强行提高税率会导致财源枯竭，引起效率损失和“挤出效应[①]”，不利于经济的正常发展，且不容易被纳税人接受。增发货币或由国家财政直接向中央银行透支或借款容易引起通货膨胀。相比较而言，以发行国债弥补财政赤字是副作用最小的一种方式。国债弥补财政赤字的实质是将企业和个人支配的资金使用权在一定时期内转移给政府，因此不会增加市场货币流通量，一般不会导致通货膨胀。发行国债获取的资金基本上是认购者闲置的资金，不会对经济发展产生太多不利的影响。政府财政的入不敷出为国债的产生提供了前提，国债就自然而然地具有弥补财政赤字的基本功能。世界各国财政赤字的形成原因各有不同，但通过发行国债来弥补财政赤字是现代国家的普遍做法。我国自 1993 年起，规范了财政赤字的弥补办法，即全部由发行国债来弥补赤字，不允许向中央银行借款和透支。

2. 筹集建设资金

政府的财政支出可以分为经常性支出和建设性支出。经常性支出是维持“国家机器”运转，满足社会公共需要所必需的一些开支。建设性支出是政府进行的与经济建设密切相关的

① 挤出效应：指政府支出增加所引起的私人消费或投资降低的效果。

一些投资性支出。从财政资金的使用角度来说，国债是政府筹集建设资金的重要手段。通过发行国债吸引社会闲散资金，能有效调节积累和消费的关系，增加投资总量，调整投资方向，向基础产业、支柱产业、重点产业倾斜，有利于实现国民经济产业结构的合理化。在我国每年的财政支出中，经济建设占有相当大的比重，超过财政支出的一半。这说明在政府所承担的各项职能中，经济职能是第一位的。国家要进行基础设施和重点项目建设，为此需要大量的资金，通过发行国债可以吸收社会上的大量闲置资金。国债筹集的资金，由国务院根据国民经济发展和综合平衡的需要，统一安排使用，将这些资金用于建设国家的大型项目以促进经济的发展。

3. 调节宏观经济

国债是财政适应商品经济的发展而向信用领域延伸的结果。政府可以通过在国债市场发行国债来推行自己的财政政策，中央银行也可在债券市场通过国债交易来推行自己的货币政策。国债市场是财政政策与货币政策的有机结合点。在财政政策方面，国债可以对社会资源进行重新分配，调节积累和消费的比例关系，将居民的消费基金转化为积累基金，满足生产建设的需要。国债还可以调节产业结构，使国民经济结构趋于合理化。在经济不景气时，发行国债可以增加政府支出，扩大社会总需求，刺激经济发展。在货币政策方面，中央银行可以在公开市场上买卖国债，通过扩大或缩减存款准备金，促使货币供应量的增减和利率的变化，从而决定生产、就业和物价水平。

补充阅读

财政政策与货币政策

财政政策和货币政策是指国家根据一定时期政治、经济、社会发展的任务而确定的，通过财政政策工具的应用来影响总需求，从而进一步影响国民收入的宏观经济政策。常用的财政政策工具有政府购买、转移支付和税收，常用的货币政策工具有公开市场业务、法定存款准备金率和再贴现率。

第二节　国债管理

国债是一种财政收入形式，是一种有价证券。证券市场是有价证券交易的场所，政府通过证券市场发行和偿还国债，意味着国债进入了交易过程。而在证券市场中进行的国债交易即为国债市场。毫无疑问，国债市场是证券市场的构成部分，同时又对证券市场具有一定的制约作用。因此对国债的发行、交易和偿还必须制定科学合理的管理制度。

一、国债市场

国债市场包括发行市场和流通市场。国债发行市场指国债发行场所，又称国债一级市场或初级市场，是国债交易的初始环节。一般是政府与证券承销机构如银行、金融机构和证券经纪人之间的交易，通常由证券承销机构一次全部买下发行的国债。国债流通市场又称国债二级市场，是一级市场国债认购者转让所购国债的市场，为国债再次出售提供场所，促进国债流通，是国债交易的第二阶段。一般是国债承销机构与认购者之间的交易，也包括国债持有者与政府或国债认购者之间的交易。

二、国债发行

国债发行是指国债由政府出售，被认购者购买的过程，它是国债运行的起点和基础环节，主要是要确定国债的发行条件和发行方式。

国债发行时，不管发行什么种类的国债，都必须经历一个销售的过程，销售顺利与否取决于一系列的条件。政府在销售国债时，首先要确定一些基本条件，如国债的票面金额、利率、发行价格、发行方式等。

1. 票面金额

国债票面金额的大小是国债发行价格的基础。面额的大小，应当根据国债的发行对象、人民生活水平、日常的交易习惯及国债的发行数额加以确定。

2. 利率

国债的利息率是国债利息额与国债本金额之间的比率，是衡量国债投资者的投资收益的重要指标。国债的利率越高，对投资者越有利，但会加重国债成本；利率越低，对投资者越没利，但会减轻国债发行成本。因此，国债利息率的制定是非常关键的。不同种类的国债，不同期限的国债，会有不同的发行利率。国债的利息率应当参照金融市场利率水平、政府信用状况和社会资金供求状况等因素加以确定，同时还要考虑到政府在不同时期执行的经济政策的需要。一般地说，由于国债有随时可兑现的灵活性，且安全性较高，所以发达国家的国债利率一般都低于银行存款利率。我国国债发行的利率往往高于银行存款利率，这样有利于国债销售，但是国债筹资成本也随之提高。

3. 发行价格

国债的发行价格是指国债发行时出售给投资者的价格，可以分为平价、折价、溢价三种形式。按照国债的票面金额与发行价格比较结果来看，平价发行是按国债票面金额的实际大小进行发行，折价发行是实际发行价格低于国债票面金额的发行，溢价发行是实际发行价格高于国债票面金额的发行。

之所以会出现不同的发行价格，是国债的票面利率与市场利率相比较的结果。国债发行时先按照当时的市场利率来确定票面利率，然后在发行时再确定发行价格。由于制定票面利率到确定发行价格有一段时间，且市场利率是不断变化的，在确定国债发行价格时，如果票面利率等于当时的市场利率则平价发行，票面利率高于当时的市场利率则溢价发行，票面利率低于当时的市场利率则折价发行。

我国2004年记账式（一期、五期、九期）、2005年记账式（十期）、2009年记账式（十期、十一期）、2010年记账式（一期、二期）国债的票面额为100元，其发行价格分别为97.70元、93.76元、99.41元、98.87元、99.797元、99.581元、99.69元、98.868元，这些国债的发行价格采用的是折价发行形式。2004年（三期）续发记账式国债票面额为100元，其发行价格是101.53元，这期国债的发行价格采用的是溢价发行的形式。

比较上述三种发行价格形式，从政府财政的角度看，平价发行是最为有利的：首先，政府可按事先规定的票面值取得收入，又按此偿还本金，除了支付正常的债息外，不会给财政带来额外负担；其次，国债票面利率与市场利率大体相当，不考虑政府利用国债利率调控经济的因素，此种发行价格不会对市场利率带来波动的压力，有利于经济的稳定。折价发行，对财政明显是不利的，只有在国债发行任务非常重的情况下才会采用。至于溢价发行，虽然可以在发行价格上为政府带来一些差价收入，但是由于收入的不规则，以及后期的偿还成本，也不利于政府对国债收入的计划管理。国债的发行价格应力争等于或接近票面价值，即力争平价发行，避免按低于或远离票面价值的价格发行。

案例阅读与分析

超级溢价国债或是解决美债危机的权宜之计

环球外汇2013年10月9日讯　瑞银集团（UBS）利率策略师舒马克（Mike Schumacher）和鲍里斯（Boris Rjavinski）称，美国财政部发行“超级溢价国债”是“解决债务上限危机最吸引人的权宜之计”。概括来讲，美国财政部可以发行10年期或30年期的国债，但票面利率远远高于常规债券，且实际收益率高于市场利率。

问题：什么是超级溢价国债？为什么美国财政部要发行超级溢价国债？

环球外汇讯原文：

http://www.cnforex.com/news/html/2013/10/9/5a1abd0ae16ad69c0c950f45d1bda99f.html

4. 发行方式

按照发行对象的不同，国债发行方式可分为公募和私募。公募是财政部或其他委托的部门在金融市场上面向不特定的发行对象通过公开招标发行国债的方式。公募发行方式又分为直接公募发行与间接公募发行。直接公募发行是指中央财政直接向投资者推销国债。但其发行成本较高，只有在国债品种比较单一时适用。间接公募发行就是通过金融中介机构参与推销国债，具体方式包括承购包销、公开招标、公开拍卖等。私募是不公开发行国债，只是向少数投资者发行。少数投资者通常是资产雄厚的大金融机构、大企业。私募受发行对象的限制，国债推销数额不大，但购买者集中，一次性购买量较大。当政府需要通过国债将某些特定主体的国民收入集中到财政手中时，用私募方式最为有效。现代经济国家大多采取公募方式，因为它体现了开放性、市场性原则，通过众多投资者的市场选择，达到社会资金的合理配置，为国债良性循环创造了条件。

按照是否通过委托代理，国债发行方式可分为直接发行和间接发行。由财政部直接面向全国销售国债的发行方式为直接发行。它包含两种情况，一是各级财政部门或代理机构销售国债，由单位和个人自行认购或强行摊派。我国20世纪80年代时期多采取强行摊派方式发行国债，是带有强制性的认购。各地财政单位将本地区国债发行额分配给企事业单位，甚至分配到农村，然后各单位再对职工落实认购指标。在这种方式下，就出现了从职工工资中扣款，从农民卖粮款中扣款来销售国债的强制现象。随着我国市场经济的发展，这种发行方式已经不再使用。二是上面刚刚提到的私募定向方式，财政部直接对特定投资者，如银行、保险公司、养老保险基金等发行国债，也称为特种国债、专项国债、特别国债。

由财政部通过委托代理机构发行国债的发行方式为间接发行。间接发行方式又可以分为以下三种。

（1）承购包销。由各地的国债承销机构组成承销团，通过与财政部签订承销协议来决定发行条件、承销费用和承销商的义务。承销机构只有包销出去以后，才能获利，未售出的余额，由承购者认购，风险比较大，因而是带有一定市场因素的。承购包销团由商业银行、信贷机构和证券商组成。

（2）公开招标。由发行人提出含有国债发行条件和所需费用的标的，向投标人发标，投标人直接竞价，然后发行人根据竞价结果发行国债。公开招标方式确定的价格或利率是由市场供求状况决定的，体现了市场公平竞争原则。所竞标的有利率、利差和价格，其中利率指国债的收益率，利率招标是指投标人对国债利率进行竞争性投标直至中标。利差指国债的收益与成本的差额，利差招标是指投标人对国债利差进行竞争性投标直至中标。价格指国债的发行价格，价格招标是指按照投标人所报买价自高向低的顺序中标，直至满足预定发行额为止。招标方式可分为"荷兰式"招标和"美国式"招标两种。如果是"荷兰式"招标，那么中标的承销机构都以相同标的来认购中标的国债数额。如果是"美国式"招标，那么承销机构分别以其各自投标的标的来认购中标数额。

（3）公开拍卖。在拍卖市场上按照例行的经营性拍卖方法和程序，由发行人公开向投资者拍卖国债。公开拍卖完全由市场来决定国债发行价格与利率。目前，大多数发达国家皆采用这种方式。根据叫卖顺序的不同可分为公开叫卖升序排列和公开叫卖降序排列。公开叫卖升序排列是指拍卖人按照不断上升的价格顺序向一组投标人招标，在拍卖过程中，当报出第一价格时，有关投标人报出其认购数额，招标人公布全部需求数量，然后不断提高价格，继续公布各个价格的需求数量，直到全部需求小于招标数额为止。当达到这一点时，招标人可以确认前次价格是完成全部发行的最高价格。公开叫卖降序排列是指拍卖人按不断降低的价格顺序报价，国债以逐渐降低的价格出售，直到全部需求小于招标数额为止。公开拍卖方式能使信息交流更为畅通，投标人易于知道国债的公认价值，避免成功投标人总是吃亏的不正常现象发生。

补充阅读

我国国债发行方式变迁

改革开放以来，我国国债发行方式经历了20世纪80年代的行政摊派，90年代初的承购包销，进入21世纪后我国国债发行市场经过一段时间的发展已基本形成，其基本结构是：以差额招标方式向国债一级承销商出售可上市国债；以承销方式向承销商，如商业银行和财政部门所属国债经营机构，销售不上市的储蓄国债（凭证式和电子式国债）；以定向募集方式向社会保障机构和保险公司出售定向国债。这种发行市场结构，是一种多种发行方式配搭使用，适应我国当前实际的一种发行市场结构。私募定向发售、承购包销和招标发行并存发展过程的总变化趋势是不断趋向低成本、高效率的发行方式，逐步走向规范化与市场化。

1. 私募定向发售。我国的特别国债发行过两次，第一次，经第八届全国人大常委会第30次会议审议批准，财政部于1998年8月向四大国有独资商业银行发行了2 700亿元长期特别国债，所筹集的资金全部用于补充国有独资商业银行资本金；第二次，2007年第十届全国人大常委会第28次会议决定：批准发行15 500亿元特别国债，用于购买约2 000亿美元外汇，作为即将成立的国家外汇投资公司的资本金。

2. 承购包销。1991年到1994年，承购包销成为我国国债发行的主要方式，用于不可流通的凭证式国债，它由各地的国债承销机构组成承销团，通过与财政部签订承销协议来决定发行条件、承销费用和承销商的义务，因而它是带有一定市场因素的发行方式。

3. 招标发行。招标发行将市场竞争机制引入国债发行过程，从而能反映出承销商对利率走势的预期和社会资金的供求状况，推动了国债发行利率及整个利率体系的市场化进程。此外，招标发行还有利于缩短发行时间，促进国债一、二级市场之间的衔接。基于这些优点，招标发行已成为我国国债发行体制改革的主要方向。我国从1996年开始，将竞争机制引入国债发行，从2003年起，财政部对国债发行招标规则进行了重大调整，即在原来单一"荷兰式"招标基础上，增加"美国式"招标方式，招标的标的确定为三种，依次是利率、利差和价格。

三、国债流通

国债流通即国债交易，是指国债的转让、变现，作为一种有价证券，必须能为持有者带来一定的收益。但是国债要过一定期限才能偿还兑付，在未偿还和兑付之前国债是一种“死钱”，要把“死钱”变成“活钱”，必须通过国债的流通来实现。国债流通是通过国债流通交易市场，也称国债二级市场完成的，是以国债转让中介机构为媒介，在国债的买者与卖者之间形成的一种买卖关系。国债流通不仅可以满足国债持有者变现资金的需要，也为资金拥有者提供了新的投资对象，因而国债流通市场也是一种投资市场。

（一）交易类型

国债交易市场包括场内交易市场和场外交易市场两部分。

1. 场内交易

场内交易也叫交易所交易，证券交易所是证券流通市场的核心，在证券交易所内部，其交易程序都要经证券交易所立法规定，具体步骤明确而严格。场内交易有五个步骤：开户，委托，成交，清算与交割，过户。过去这五个步骤需要在证券交易所完成，较为烦琐。随着电子信息技术的发展，无纸化时代使得这些交易程序大大简化。

2. 场外交易

场外交易就是证券交易所以外的证券公司柜台进行的债券交易，场外交易又包括自营买卖和代理买卖两种。

（1）自营买卖。场外自营买卖就是由投资者个人作为国债买卖的一方，由证券公司作为国债买卖的一方，其交易价格由证券公司自己挂牌。

（2）代理买卖债券程序。场外代理买卖就是投资者个人委托证券公司代其买卖国债，证券公司仅作为中介而不参与买卖业务，其交易价格由委托买卖双方分别挂牌，达成一致后形成。

补充阅读

我国国债二级市场变迁

1981 年恢复发行国债到 1988 年的 7 年期间，我国还没有国债二级市场，债券无法流通。因此，解决居民手中债券的变现问题，就成为当务之急。从 1988 年开始，首先允许 7 个城市随后又批准了 54 个城市进行国库券流通转让的试点工作。允许 1985 年和 1986 年的国库券上市，试点地区的财政部门和银行部门设立了证券公司参与流通转让工作。试点主要是在证券中介机构进行，因而中国国债流通市场始于场外交易。1991 年又进一步扩大了国债流通市场的开放范围，允许全国 400 个地区市一级以上的城市进行国债流通转让。同时，国债承销的成功，证券机构迅速增加，这些都促进了场外市场交易活跃起来。时至 1993 年，场外交易量累计达 450 亿元，大于当时的场内交易量。但是，由于场外交易的先天弱点：管理不规范，信誉差，拖欠现象严重，容易出现清算与交割危机；场外市场统一性差，地区牌价差价大，买卖差价大；不少场外市场有行无，流动性差，等等。这些因素导致场外市场交易不断萎缩，至 1996 年场外市场交易量的比重已不足 10%。与此同时，场内交易市场虽然起步较晚，但由于自身优势却获得稳步发展。目前场内交易主要集中在四家场所：上海证券交易所、深圳证券交易所、武汉国债交易中心（1992 年建立，专营国债转让）、全国证券交易自动报价中心。由于这些场所的管理相对规范，信誉良好，市场统一性强，因而保证了场内交易量的稳定增长，至 1996 年已占整个国债交易总量的 90%以上。目前我国国债流通市场的结构已形成以场内交易为主、以证券经营网点的场外交易为辅的基本格局，基本上符合我国当前的实际。

（二）交易方式

1. 现货交易

国债现货交易又叫现金现货交易，是债券交易中最古老的交易方式，是债券买卖双方对债券的买卖价格均表示满意，在成交后立即办理交割，或在很短的时间内办理交割的一种交易方式。

2. 期货交易

国债期货交易是指通过有组织的交易场所，按预先确定的买卖价格，在未来特定时间内进行券款交割的国债交易方式。

3. 回购交易

国债回购交易，也称国债的现货交易，是指进行国债回购交易的市场，即卖出债券，并附加条件，于一定期间后，以预定的价格和收益，由最初出售者买回债券。通常在国债持有者和央行之间进行。

国债回购可分为正回购和逆回购。国债正回购是指央行在向商业银行卖出债券的同时，约定在未来某一时间、按照约定的价格再买回上述债券的业务，其实质是央行用债券做抵押借入资金，目的是为了回笼货币。国债逆回购则是央行在公开市场操作放出货币，使市场资金面渐趋宽松。

案例阅读与分析

国债逆回购利率飙至57%　国庆理财可考虑参与

2013年9月30日《重庆晨报》报道2013年9月25—27日，3天国债逆回购分别大涨100.67%、508.19%和95.02%（1天品种）。根据9月24日的收盘价1.490%计算，3天GC001暴涨了22.8倍。而9月27日GC001盘中更是创下了57%的2013年最高收益率，已经刷新了2013年6月银行钱荒时所创出的32%的收益率。

《重庆时报》报道原文：

http://epaper.cqcb.com/html/2013-09/30/content_81247.htm

问题：（1）按照上述案例中国债逆回购利率计算100万元一天逆回购的收益，并与银行活期存款收益比较，从个人理财的角度你能得出什么结论？

（2）为什么央行要在这个时候进行国债逆回购？为什么国债逆回购利率这么高？

（3）实施国债回购交易的目的和条件是什么？个人可以进行国债回购交易吗？

说明：部分问题可参考该报道原文寻找答案。

4. 债券期货交易

债券期货交易是指买卖双方通过指定的交易场所，约定在将来某一时间按期货合同约定的价格和数量进行券款交割的交易方式。它是一种杠杆性交易，具有高风险，投资者通常只要付少量的保证金，就可以买卖一个债券期货合约，且实行每日结算制度，投资的盈亏额每天都要结算出来，出现赢利可以提取，出现亏损必须补足。债券期货的基本作用是套期保值和投机获利。

四、国债偿还

国债是国家信用的一种方式，国债到期以后，就要按契约还本付息，清偿债务。其中，还本通常是政府按照债券面额偿还；付息则是按期按条件支付。

1. 还本方式

国债偿还中还本的方式主要有以下几种。

（1）买销偿还法，指政府按市场价格在国债流通市场上买入国债而清偿债务的方法。实践中，这种方法多以短期的上市国债为主。

（2）抽签偿还法（比例偿还法），指政府在国债的偿还期内，对所有国债债券号码进行抽签确定的每年按一定比例轮流分次偿还的方法。它可以分为一次性抽签和分次抽签两种。

（3）一次偿还法，指政府对定期发行的国债在到期后一次还本付息的方法。

（4）调换偿还法，指政府发行新国债来换回国债持有者手中的旧国债而注销债务的方法。对于政府而言，它的债务数量并没有减少，只是债务期限延长了而已。对于投资者而言，其债权人的地位未变，增加的只是新债权。

2. 付息方式

国债的付息方式一般是分期支付或到期一次性支付。

分期支付是指发行方在国债的有效期内，按照规定的利息率，分期将利息付给国债持有人并逐期结清。这种方法往往适用于期限较长或在持有期限内不准兑现的国债。

一次性支付是指发行方在国债的有效期内，按照规定的利息率，一次性将利息付给国债持有人并当场结清的支付方式。即将国债应付利息连同本金在债券到期时一起支付。这种方法多适用于期限较短或超过一定期限后随时可以兑现的国债。

第三节 国债规模

国债是国家遵循有借有还的信用原则，集中部分社会资金所形成的债务。国债到期时国家必须向国债持有人还本付息，国债的这一偿还性，决定了国债必然存在一个负担问题。因此，国债规模的适度对于国债功能的发挥非常重要，也是国债管理的一个重要方面。

一、国债规模的衡量指标

衡量一个国家的国债数量规模有两个指标，即国债余额和发行额。国债发行额是每年度中央政府发行的国债金额，国债余额是每年年底结算时国债的发行总额，我国国债历年指标可见表 4.5 中的数据。

在国债的运行中，国债规模首先涉及的是国债发行数量，它是一个基本的要素，对于国债发挥积极的经济效应有着重要意义，对于国债余额也有着必然影响。怎样保持国债的适度规模是一个非常棘手的问题，因为在实践中很难精确地制定国债发行量的最佳值。关于国债发行数量的限额，是理论界争论不休的话题。实际上，国债发行数量总是存在一个临界点。一国在每一特定时期的特定条件下，存在着某种适度债务规模的数量规定性，即在这一规模上，国债功能可以得到最充分的发挥，对经济生活的正面积极作用最大，相对而言负面不利作用最小。在现实经济中，影响或决定国债规模的因素是多层次、多方面的。从宏观经济来看，诸如经济的发达程度、经济周期波动程度、经济的增长率和效益指标、居民收入分配和消费情况、社会投资规模和结构、政府管理水平和金融深化程度等因素，都会影响国债适度规模的大小。

从国债自身的运作来看，国债的管理水平与结构状况，诸如筹资成本、期限安排、品种搭配、偿还方式和国债资金的使用方向与使用效益，均会构成决定国债适度规模大小的因素。

二、国债规模的评价指标

尽管确定国债最佳规模很困难，但我们仍可以通过一些量化指标衡量国债规模，科学地反映合理的国债发行数量。国际上通常用两类指标来衡量国债规模：政府偿债能力指标和社会应债能力指标。

（一）政府偿债能力指标

政府偿债能力是国家财政在某个时期可用于偿付债务本息的财力，它与国家经济发展水平和财政收入规模有一定联系，通常表现为一方面与国民收入增长速度同方向变化，另一方面与财政收入占国民收入的比重同方向变化。具体包含以下两个指标。

1. 国债依存度

国债依存度计算公式是

$$国债依存度=（当年国债的发行额÷当年财政支出额）×100\%$$

该指标着眼于国债的流量，反映当年财政支出对债务收入的依赖程度。国际公认的安全线是 15%～20%。我国的国债依存度经历了 20 世纪 90 年代初期的平稳阶段后开始逐渐上升，1997 年我国整个国家财政有 1/4 以上的财政支出，中央财政有近 95%的财政支出需要靠发行国债来维持，2007 年国债依存度更是高达 47.17%（如表 4.4 所示），远远超出国际警戒线水平，债务风险加大。2011 年以来，我国对国债规模进行了适度的调整，国债依存度有所降低。

2. 国债偿债率

国债偿债率计算公式是

$$国债偿债率=年底还本付息额÷年度财政收入总额×100\%$$

该指标反映由于国债而引起的财政负担，数值越高，表明偿债能力越差，发达国家该指标一般低于 10%。1995 年以来，由于国债还本付息额猛增，我国的国债偿债率迅速提高，超过了 10%安全线，在 1997 年和 1998 年，甚至超过 20%。1999 年以后，随着财政收入的增长，该指标数值虽明显回落，但是仍处于 10%以上。2006 年后这一指标逐渐回落，维持在 2%左右。

即学即练

表 4.4 前五列数据整理自《中国统计年鉴》及财政部预算司“财政数据”栏目。推荐读者查询 2014 年之后数据填入本表，并计算相关项目，分析数据变化。

查询指南：《中国统计年鉴》页面内单击年份数字，出现年度数据查询页面，“7-1 公共财政收支总额及增长速度”项目内包括财政支出、收入数据；预算司“财政数据”页面中单击相应年份中央财政预算或决算，其中包括“×年中央财政国债余额情况表”，表内含“国债发行额”和“国债务还本付息额”数据，两组数据均分“内债”和“外债”，需总和）。

中国统计年鉴
http://www.stats.gov.cn/tjsj/ndsj/

财政部预算司
“财政数据”栏目
http://yss.mof.gov.cn/zhengwuxinxi/caizhengshuju/

表 4.4 我国财政承债能力指标（单位：亿元）

年 份	财政支出（全国）(1)	财政支出（中央）(2)	国债发行额（3）	财政收入（全国）(4)	国债还本付息额（5）	国债依存度%(3)/(1)	国债依存度（中央）%(3)/(2)	国债偿债率%(5)/(4)
1990	3 083.59	1 004.47	93.46	2 937.10	190.07	3.03	9.30	6.47
1991	3 386.62	1 090.81	199.30	3 149.48	246.8	5.88	18.27	7.84
1992	3 742.20	1 170.44	395.64	3 483.37	438.57	10.57	33.80	12.59
1993	4 642.30	1 312.06	314.78	4 348.95	336.22	6.78	23.99	7.73
1994	5 792.62	1 754.43	1 028.57	5 218.10	499.36	17.76	58.63	9.57
1995	6 823.72	1 995.39	1 510.86	6 242.20	882.96	22.14	75.72	14.15
1996	7 937.55	2 151.27	1 847.77	7 407.99	1 355.03	23.28	85.89	18.29
1997	9 233.56	2 532.50	2 412.03	8 651.14	1 918.37	26.12	95.24	22.17
1998	10 798.18	3 125.60	3 228.77	9 875.95	2 352.92	29.90	103.30	23.82
1999	13 187.67	4 152.33	3 702.1	11 444.08	1 910.53	28.07	89.16	16.69
2000	15 886.50	5 519.85	4 153.59	13 395.23	1 579.82	26.15	75.25	11.79
2001	18 902.58	5 768.02	4 483.53	16 386.04	2 007.73	23.72	77.73	12.25
2002	22 053.15	6 771.70	5 660.00	18 903.64	2 563.13	25.67	83.58	13.56
2003	24 649.95	7 420.10	6 029.24	21 715.25	2 952.24	24.46	81.26	13.60
2004	28 486.89	7 894.08	6 726.28	26 396.47	3 671.59	23.61	85.21	13.91
2005	33 930.28	8 775.97	6 922.87	31 649.29	3 923.37	20.40	78.88	12.40
2006	40 422.73	9 991.10	8 880.00	38 760.20	975.39	21.97	88.88	2.52
2007	49 781.35	11 442.06	23 480.00	51 321.78	1 052.90	47.17	205.21	2.05
2008	62 592.66	13 344.17	8 620.00	61 330.35	1 305.09	13.77	64.60	2.13
2009	76 299.93	15 255.79	16 280.66	68 518.30	1 491.28	21.34	106.72	2.18
2010	89 874.16	15 989.73	17 849.94	83 101.51	1 844.24	19.86	111.63	2.22
2011	109 247.79	16 514.11	15 609.80	103 874.43	2 384.08	14.29	94.52	2.30
2012	125 952.97	18 764.36	14 527.33	117 253.52	2 635.74	11.53	77.42	2.25
2013	139 744.26	20 471.76	16 949.32	129 142.90	2 315.41	12.09	82.79	1.79
2014								
2015								
2016								
2017								
2018								
2019								
2020								

（二）社会应债能力指标

社会应债能力是指一定时期社会承购国债的能力，即社会总的应债能力由不同承购者的应债能力汇总组成。各类不同的国债发行对象，各有其承购国债数量的制约因素。对于企业而言，其极端的最大应债能力不可能超过其资产总值；对于个人而言，其应债能力体现为个人收入扣除其个人及家庭成员生活开支后的余额。

1. 国债负担率

国债负担率计算公式是

国债负担率=当年国债余额÷当年 GDP × 100%

国债负担率是反映国民经济总体应债能力和国债规模的最重要的指标之一。国际上一般以欧洲货币联盟《马斯特里赫特条约》规定的 60%作为该指标的警戒水平。由表 4.5 可见，我国国债负担率并不高，1990 年到 1996 年仅在 1.81%～5.43%，即使 1997 年以后，也维持在 20%以下，远远低于发达国家水平和国际警戒线。据此指标，我国的国债发行规模仍有较大空间。但是需要指出的是，我国国债负担率的增长速度过快，仅 1990 年到 2000 年，就从 2.97%增长到 13.78%，增长了 4 倍多，而同期西方发达国家该指标的增幅都在 1 倍以内。我国达到当前的国债规模仅用了短短 20 多年,而西方发达国家的国债规模则是由上百年累积而成，如表 4.5 所示。

表 4.5　　我国社会应债能力指标

年　份	GDP亿元 （1）	国债发行额亿元 （2）	国债余额亿元 （3）[①]	国债借债率% （2）/（1）	国债负担率% （3）/（1）
1990	18 667.82	93.46	555.10	0.50	2.97
1991	21 781.50	199.30	763.20	0.91	3.50
1992	26 923.48	395.64	881.60	1.47	3.27
1993	35 333.92	314.78	638.60	0.89	1.81
1994	48 197.86	1 028.57	2 286.40	2.13	4.74
1995	60 793.73	1 510.86	3 300.30	2.49	5.43
1996	711 763.59	1 847.77	4 361.43	0.26	0.61
1997	78 973.04	2 412.03	5 508.93	3.05	6.98
1998	84 402.28	3 228.77	7 765.70	3.83	9.20
1999	89 677.05	3 702.1	6 524.34	4.13	7.28
2000	99 214.55	4 153.59	13 674.00	4.19	13.78
2001	109 655.17	4 483.53	15 618.00	4.09	14.24
2002	120 332.69	5 660.00	19 336.10	4.70	16.07
2003	135 822.76	6 029.24	22 603.60	4.44	16.64
2004	159 887.34	6 726.28	25 691.34	4.21	16.07
2005	184 947.37	6 922.87	32 614.21	3.74	17.63
2006	216 314.43	8 880.00	35 015.26	4.11	16.19
2007	265 810.31	23 480.00	52 074.65	8.83	19.59
2008	314 045.43	8 620.00	53 271.54	2.74	16.96
2009	340 902.81	16 280.66	60 237.68	4.78	17.67
2010	401 512.80	17 849.94	67 548.11	4.45	16.82
2011	473 104.05	15 609.80	72 044.51	3.30	15.23
2012	519 470.10	14 527.33	77 565.70	2.80	14.93
2013	568 845.21	16 949.32	86 750.46	2.98	15.25
2014					
2015					
2016					
2017					
2018					
2019					
2020					

① 这里未包含地方债务，仅指中央财政的债务余额，本书中所涉及的各项国债数据，如无特殊说明，都同此。

即学即练

读者可继续完善表 4.5 中后续年份数据，国内生产总值数据可在国家数据库中查询（链接及二维码见附录）。

2. 国债借债率

国债借债率计算公式是

国债借债率=（当年国债发行额÷当年 GDP）×100%

国债借债率高，反映本国当年债务增量对当年国内生产总值提供的举债资源利用程度高，也反映当年债务增量对当年国内生产总值形成的负担压力大。一般来说，国债借债率应与债务负担率匹配使用，如一国的债务负担率低，其国债借债率可适当提高，反之，则应严格控制。目前国际上国债借债率通常以 10% 为控制上限。20 世纪 90 年代我国的国债借债率较低，21 世纪略有提高，最高年份是 2007 年的 8.83%，然后逐渐回落。

思考与讨论

表 4.4 和表 4.5 说明，我国国债发行有哪些特点？你能分析出原因吗？

2015 年 3 月 27 日财政部部长在博鳌亚洲论坛 2015 年会上表示，中国整体债务占 GDP 比重不到 40%，相比其他国家是比较低的，整个地方政府最终要偿还的债务规模在 12 万亿～13 万亿元，国债将近 10 万亿元，中国总体债务规模可控。

推荐读者以“中国债务规模”和“中国国债规模”为关键词，通过网络搜索引擎查询新近评论，并做进一步分析（搜索引擎链接及其二维码见附录）。

本章小结

国债是中央政府举借的债，是中央政府取得财政收入的一种有偿形式。

在市场经济条件下，国债除具有弥补财政赤字、筹集建设资金等基本功能之外，还具有宏观调控经济的功能。

国债发行是指政府将公债交付给国债承销者，并将募集的债务款项集中到政府手中的过程。国债发行的价格和发行利率是国债发行的两个基本条件。我国国债发行的方法主要有定向募集、承购包销以及招标发行三种。

国债规模的大小直接决定着一国国债的效用。目前，评价国债规模的指标主要有国债依存度、国债偿债率、国债负担率和国债借债率。

综合练习

一、不定项选择题

1. 弥补财政赤字的最佳选择是（　　）。

A. 扩大内需　　B. 增加公共支出　　C. 国债　　D. 减少公共支出

2. 中期国债的偿还期限是（ ）年。

A. 1　B. 2　C. 1～10　D. 10

3. 长期国债的偿还期是（ ）年以上。

A. 1　B. 2　C. 1～10　D. 10

4. 国债市场按构成可分为（ ）。

A. 发行市场和流通市场　B. 发行市场和交易市场

C. 流通市场和交易市场　D. 一级市场和初级市场

5. 政府以债务人的身份，根据信用原则取得的财政收入是（ ）。

A. 上缴利润　B. 税收　C. 发行公债　D. 专项收入

6. 公债与其他财政收入形式的明显区别是（ ）。

A. 强制性　B. 灵活性　C. 直接返还性　D. 有偿性

7. 国家信用的基本形式是（ ）。

A. 银行借款　B. 贷款　C. 国债　D. 透支

8. 国债的基本功能是（ ）。

A. 调节经济　B. 弥补财政赤字　C. 收入再分配　D. 稳定货币流通

9. 当前我国国债的主要发行方式有（ ）。

A. 承购报销　B. 招标发行　C. 定向募集　D. 行政摊派

10. 我国国库券的发行是从（ ）年开始的。

A. 1979　B. 1980　C. 1981　D. 1985

11. 关于我国储蓄国债（电子式）的特点，下列说法正确的有（ ）。

A. 针对机构投资者，不向个人投资者发行

B. 收益安全稳定，由财政部负责还本付息，免缴利息税

C. 采用实名制，不可流通转让

D. 付息方式较为单一

12. 国债的偿还方式有（ ）偿还法。

A. 买销　B. 抽签　C. 一次　D. 调换

13. 衡量国债适度规模的指标体系主要有（ ）。

A. 对外债务使用效益的指标体系　B. 债务增长指标体系

C. 财政偿债能力指标体系　D. 社会应债能力指标体系

14. 国债负担率是评价国债规模是否适度的一个重要指标，它是指（ ）。

A. 当年国债发行额与当年国内生产总值的比率　B. 国债余额与当年国内生产总值的比率

C. 当年国债发行额与当年财政收入的比率　D. 国债余额与当年财政收入的比率

二、名词解释

国债

三、简答题

1. 简述国债的功能。
2. 简述公债产生和发展的条件。
3. 国债的特征及其功能有哪些？

四、实训题

1. 国债招标发行，通常是指财政部在国债发行中采用的一种发行方式，即财政部对发行的国债先

进行招标，由国债承销商进行投标来确定国债的承销发行条件，随后由国债承销商分销给投资者。国债发行都能按计划完成，请利用“国债流标”为关键词查询相关新闻，了解国债流标的原因（百度新闻链接及其二维码见附录）。

2. 查询欧债危机、希腊债务危机资料，谈谈一国该如何预防债务危机。

3. 谈谈我国现阶段发行国债的目的和意义。

4. 查阅 2015 年的国债发行计划，了解国债购买的相关流程（财政部“国债管理”栏目，链接及其二维码见附录）。

5. 根据给出的案例回答其后的问题。

大智慧阿思达克通讯社 2014 年 2 月 20 日讯，业内人士周四透露，中国央行公开市场今日进行的 600 亿元 14 天正回购中标利率为 3.80%，与上次持平。根据计算，本周央行公开市场操作累计实现净回笼资金 1 080 亿元。中国央行公开市场本周二进行了 480 亿 14 天正回购，中标利率为 3.80%，这是央行时隔 8 个月以来首次重启正回购操作。此前央行曾于 2013 年 6 月 6 日开展 28 天期的 100 亿元正回购。

（1）正回购交易的过程是怎样的？

（2）计算案例中央行本周进行的两次正回购交易分别支付了多少利息。

（3）为什么央行要选择此时进行正回购？

百度百科“欧洲主权的债务危机”词条：

http://baike.baidu.com/subview/3583537/10810506.htm

百度百科“希腊债务危机”词条：

http://baike.baidu.com/view/3246111.htm

第五章　财 政 支 出

1. 了解财政支出的分类及意义。
2. 熟悉政府购买性支出对经济的影响。
3. 掌握财政支出的原则，了解财政支出效益的评价方法以及适用范围。

通过上一章的学习我们已经了解了政府主要通过税收、发行国债等方式取得财政资金，2014 年我国的财政收入达到了 14 万亿元，这些资金都用在了哪里？政府是如何计划、安排使用这些资金的？财政支出如何体现税收收入“取之于民，用之于民”，不同的财政支出结构对国家经济会带来哪些影响？在本章的学习过程中我们将寻求答案。

第一节　财政支出概述

财政支出通常也被称作政府支出或公共支出，是政府为提供公共产品和服务，满足社会共同需要而进行的财政资金的支付。它是财政分配活动的第二阶段，也是政府履行其职能、满足社会公共需要的财力保证。

财政资金是有限的，如何合理分配和高效率的使用财政资金是政府安排财政资金首先要解决的问题，对财政支出进行科学分类，有利于政府合理分配财政资金，正确处理各项支出的比例关系，确定财政支出的方向和重心；也有利于社会公众对政府财政状况的了解。

一、财政支出的分类

财政支出项目繁多，简单了解其分类将有助于学习财政支出的相关知识。

1. 按是否有偿分类

按财政支出是否有偿可以分为无偿拨款和有偿使用两种。

财政资金在上下级财政之间调拨以及财政资金从财政部门向用款单位的无偿转移，是财政支出的最基本方式，具体包括以下三大类。

（1）国家行政管理与国防经费开支，如国家行政、权力机关、公检法机关、部队等机关部门的开支。

（2）公共事业开支，如用于科教、卫生、文化等方面的支出。

（3）社会保障事业，如用于社会福利、社会救济、社会保险、社会优抚等方面的支出。

有偿使用指以借出财政周转金和财政周转金放款的方式供应财政资金，用于有偿使用的财政周转金除来源于财政周转金收入外，主要以列支财政支出的方式设置和增补。包括农业贷款、基本建设贷款、出口工业品生产专项贷款、小额技术组织措施贷款、本专科学生贷款，可灵活运用无息、低息等形式。

2. 按经济性质分类

按财政支出是否与商品和服务相交换可分为购买性支出和转移性支出两种。

（1）购买性支出，是指财政支出中直接表现为政府购买商品或劳务活动的支出，主要包括：购买用于进行日常政务活动所需的商品和劳务的支出，用于进行国家投资所需的商品和劳务的支出。前者如政府各部门的事业费，后者如政府各部门的投资拨款。这些财政的支出必须伴随着商品或劳务的交换。也就是说，在这样一些支出安排中，政府如同其他经济主体一样，在从事等价交换的活动。我们称此类支出为转移性支出，它所体现的是政府的市场性再分配活动。

（2）转移性支出，是指财政支出中用于直接表现为资金无偿、单方面转移的支出，主要包括：政府部门用于补贴、债务利息、失业救济金、养老保险等方面的支出。这些财政的支出仅有资金的单向流动，不涉及商品或劳务的交换，我们称此类支出为转移性支出，它所体现的是政府的非市场性再分配活动。

购买性支出所起的作用，是通过支出使政府掌握的资金与微观经济主体提供的商品和服务相交换。在这里，政府是以商品和服务的购买者身份出现在市场上的，因而，对于社会的生产和就业有直接的影响，对收入分配有间接影响。转移性支出所起的作用，是通过支出过程使政府所有的资金转移到领受者手中的，是资金使用权的转移，微观经济主体获得这笔资金以后，究竟是否用于购买商品和服务以及购买哪些商品和服务，已脱离了政府的控制。因此，此类支出直接影响收入分配，而对生产和就业的影响是间接的。关于购买性支出和转移性支出的详细介绍见本章第三节和第四节。

3. 按国家职能分类

按财政资金用于不同的国家职能实现可区分为经济建设费、社会文教费、国防费、行政管理费和其他支出五大类。

（1）经济建设费，包括基本建设支出、国有企业流动资金支出、科学技术三项费用（新产品试制费、中间试验费、重要科学研究补助费），简易建筑费支出，地质勘探支出，增拨国有企业流动资金支出，支援农村生产支出，工业、交通、商业等部门的事业费支出，城市维护费支出，国家物资储备支出，城镇青年就业经费支出，抚恤和社会福利救济费支出等。

（2）社会文教费，包括用于文化、教育、科学、卫生、出版、通信、广播、文物、体育、地震、海洋、计划生育等方面的经费、研究费和补助费等。

（3）国防费，包括各种武器和军事设备支出，军事人员补给支出，有关军事的科研支出，对外军事援助支出，民兵建设事业费支出，用于实行兵役制的公安、边防、武装警察部队和消防队伍的各种经费，防空经费等。

（4）行政管理费，包括用于国家行政机关、事业单位、公安机关、司法机关、检察机关、驻外机构的各种经费、业务费等。

（5）其他支出，包括债务支出、政策性补贴支出等。

按照国家职能对财政支出分类，能够反映国家政治经济活动的全貌和各时期政府职能范围及其侧重点。如果对一国的支出结构做时间序列分析，可以揭示一国国家职能的演变。若对不同国家同一时期支出结构进行横向分析，则可以发现各国国家职能的差别。例如从表 5.1 我们可以看出改革开放以来，在各项财政支出中经济建设支出金额最大，体现出我国以经济建设为中心，大力发展经济的政策。

表 5.1　　财政支出按国家职能分类　　（单位：亿元）

年　份	支出合计	经济建设费	社会文教费	国防费	行政管理费	其他支出
1978	1 122.09	718.98	146.96	167.84	49.09	35.41
1980	1 228.83	715.46	199.01	193.84	66.79	44.99
1985	2 004.25	1 127.55	408.43	191.53	130.58	105.68
1990	3 083.59	1 368.01	737.61	290.31	303.10	273.10
1991	3 386.62	1 428.47	849.65	330.31	343.60	364.18
1992	3 742.20	1 612.81	970.12	377.86	424.58	318.00
1993	4 642.30	1 834.79	1 178.27	425.80	535.77	569.18
1994	5 792.62	2 393.69	1 501.53	550.71	729.43	499.01
1995	6 823.72	2 855.78	1 756.72	636.72	872.68	577.96
1996	7 937.55	3 233.78	2 080.56	720.06	1 040.80	717.87
1997	9 233.56	3 647.33	2 469.38	812.57	1 137.16	945.43
1998	10 798.18	4 179.51	2 930.78	934.70	1 326.77	1 152.92
1999	13 187.67	5 061.46	3 638.74	1 076.40	1 525.68	1 390.47
2000	15 886.50	5 748.36	4 384.51	1 207.54	1 787.58	1 777.87
2001	18 902.58	6 472.56	5 213.23	1 442.04	2 197.52	2 262.26
2002	22 053.15	6 673.7	5 924.58	1 707.78	2 979.42	3 675.77
2003	24 649.95	7 410.87	6 469.37	1 907.87	3 437.68	4 170.58
2004	28 486.89	7 933.25	7 490.51	2 200.01	4 059.91	5 341.1
2005	33 930.28	9 316.96	8 983.36	2 474.96	4 835.43	6 672.66
2006	40 422.73	10 734.63	10 846.2	2 979.38	5 639.05	8 291.47

注：以上分类方法于2006年年底废止。

（数据来源：根据中国统计年鉴各年度数据整理①
http://www.stats.gov.cn/tjsj/ndsj/#）

4. 按具体用途分类

按财政支出的具体用途可以分为基本建设支出、挖潜改造资金和科技费用、科教文卫事业费、国防费、行政管理费等。我国财政支出编制在 2006 年以前就是以财政支出的具体用途作为其支出类级科目的划分标准，如表 5.2 所示。采用这一标准分类，一是便于国家财政部门预算的编制，二是便于社会了解和监督国家财政支出的去向以及支出的意义和作用。

① 以下如无特殊说明，数据来源均同此。

表 5.2　　　　　　　　　　　　　　财政支出按具体用途分类　　　　　　　　　　　　　　（单位：亿元）

年份	基本建设支出	增拨企业流动资金	挖潜改造资金和科技费用	地质勘探费	工、交、商业事业费	支农支出	文教、科学、卫生事业费	抚恤和社会福利救济费	国防费	行政管理费	政策性补贴支出
1978	451.92	66.60	63.24	20.15	17.79	76.95	112.66	18.91	167.84	49.09	11.14
1980	346.36	36.71	80.45	22.57	22.85	82.12	156.26	20.31	193.84	66.79	117.71
1985	554.56	4.30	103.42	29.58	35.16	101.04	316.70	31.15	191.53	130.58	261.79
1990	547.39	10.90	153.91	36.19	46.93	221.76	617.29	55.04	290.31	303.10	380.80
1991	559.62	13.08	180.81	38.34	52.41	243.55	708.00	67.32	330.31	343.60	373.77
1992	555.90	10.63	223.62	44.07	64.58	269.04	792.96	66.45	377.86	424.58	321.64
1993	591.93	18.48	421.38	49.06	76.22	323.42	957.77	75.27	425.80	535.77	299.30
1994	639.72	17.33	415.13	64.13	100.77	399.70	1 278.18	95.14	550.71	729.43	314.47
1995	789.22	34.80	494.45	66.32	102.76	430.22	1 467.06	115.46	636.72	872.68	364.89
1996	907.44	42.93	523.02	68.56	120.41	510.07	1 704.25	128.03	720.06	1 040.8	453.91
1997	1 019.50	52.20	643.20	73.37	136.41	560.77	1 903.59	142.14	812.57	1 137.16	551.96
1998	1 387.74	42.36	641.18	83.13	121.56	626.02	2 154.38	171.26	934.70	1 326.77	712.12
1999	2 116.57	56.41	766.05	83.69	128.07	677.46	2 408.06	179.88	1 076.40	1 525.68	697.64
2000	2 094.89	71.06	865.24	88.12	150.07	766.89	2 736.88	213.03	1 207.54	1 787.58	1 042.28
2001	2 510.64	22.71	991.56	99.01	200.12	917.96	3 361.02	266.68	1 442.04	2 197.52	741.51
2002	3 142.98	18.97	968.38	102.89	232.38	1 102.7	3 979.08	372.97	1 707.78	2 979.42	645.07
2003	3 429.3	11.95	1 092.99	106.94	285.23	1 134.86	4 505.51	498.82	1 907.87	3 437.68	617 028
2004	3 431.5	12.44	1 243.94	115.45	368.21	1 693.79	5 143.65	3 116.08	2 200.01	4 059.91	795.80
2005	4 041.34	18.17	1 494.59	132.70	444.15	1 792.40	6 104.18	3 698.86	2 474.96	4 835.43	998.47
2006	4 390.38	16.58	1 744.56	141.82	581.25	2 161.35	7 425.98	4 361.78	2 979.38	5 639.05	1 387.52

注：以上分类方法于2006年年底废止。

补充阅读

我国现行财政支出的分类

政府支出分类是将政府支出的内容进行合理的归纳，以便准确反映和科学分析支出活动的性质、结构、规模及支出的效益。按照 2007 年 1 月 1 日正式实施的政府收支分类改革，我国现行支出分类采用了国际通行做法，即同时使用支出功能分类和支出经济分类两种方法对财政支出进行分类（以《2009 年政府收支分类科目》为例）。

本资料整理自财政部网站《财政支出分类》：http://www.mof.gov.cn/zhuantihuigu/zhongguocaizhengjibenqingkuang/caizhengzhichu/200905/t20090505_139521.html

（1）支出功能分类。简单地讲，就是按政府主要职能活动分类。我国政府支出功能分类设置一般公共服务、外交、国防等大类，类下再分款、项两级。主要支出功能科目包括：一般公共服务、外交、国防、公共安全、教育、科学技术、文化体育与传媒、社会保障和就业、社会保险基金支出、医疗卫生、环境保护、城乡社区事务、农林水事务、交通运输、采掘电力信息等事务、粮油物资储备及金融监管等事务、国债事务、其他支出和转移性支出。

（2）支出经济分类。它是按支出的经济性质和具体用途所做的一种分类。在支出功能分类明确反映政府职能活动的基础上，支出经济分类明确反映政府的钱究竟是怎么花出去的。支出经济分类与支出功能分类从不同侧面，以不同方式反映政府支出活动。我国支出经济分类科目设工资福利支出、商品和服务支出等12类，类下设款，具体包括：工资福利支出、商品和服务支出、对个人和家庭的补助、对企事业单位的补贴、转移性支出、赠与、债务利息支出、债务还本支出、基本建设支出、其他资本性支出、贷款转贷及产权参股和其他支出。

支出功能分类、支出经济分类与部门分类编码和基本支出预算、项目支出预算相配合，在财政信息管理系统的有力支持下，可对任何一项财政支出进行“多维”定位，清清楚楚地说明政府的钱是怎么来的，干了什么事，最终用到了什么地方，为预算管理、统计分析、宏观决策和财政监督等提供全面、真实、准确的经济信息。

2007年后按照新的分类方法统计的财政支出项目见表5.3。

表5.3　　2007—2013年我国财政支出项目

序号	指标（亿元）	2013年	2012年	2011年	2010年	2009年	2008年	2007年
0	全国财政支出	140 212.10	125 952.97	109 247.79	89 874.16	76 299.93	62 592.66	49 781.35
1	一般公共服务	13 755.13	12 700.46	10 987.78	9 337.16	9 164.21	9 795.92	8 514.24
2	外交	355.76	333.83	309.58	269.22	250.94	240.72	215.28
3	国防	7 410.62	6 691.92	6 027.91	5 333.37	4 951.10	4 178.76	3 554.91
4	公共安全	7 786.78	7 111.60	6 304.27	5 517.70	4 744.09	4 059.76	3 486.16
5	教育	22 001.76	21 242.10	1 6497.33	12 550.02	10 437.54	9 010.21	7 122.32
6	科学技术	5 084.30	4 452.63	3 828.02	3 250.18	2 744.52	2 129.21	1 783.04
7	文化体育与传媒	2 544.39	2 268.35	1 893.36	1 542.70	1 393.07	1 095.74	898.64
8	社会保障和就业	14 490.54	12 585.52	11 109.40	9 130.62	7 606.68	6 804.29	5 447.16
9	医疗卫生	8 279.90	7 245.11	6 429.51	4 804.18	3 994.19	2 757.04	1 989.96
10	节能环保	3 435.15	2 963.46	2 640.98	2 441.98	1 934.04	1 451.36	995.82
11	城乡社区事务	11 165.57	9 079.12	7 620.55	5 987.38	5 107.66	4 206.14	3 244.69
12	农林水事务	13 349.55	11 973.88	9 937.55	8 129.58	6 720.41	4 544.01	3 404.70
13	交通运输	9 348.82	8 196.16	7 497.80	5 488.47	4 647.59	2 354.00	1 915.38
14	资源勘探电力信息等事务	4 899.05	4 407.68	4 011.38	3 485.03	2 879.12		
15	商业服务业等事务	1 362.06	1 371.80	1 421.72	1 413.14	1 085.08		
16	金融监管等事务	377.29	459.28	649.28	637.04	911.19		
17	地震灾后恢复重建	42.79	103.81	174.45	1 132.54	1 174.45		
18	援助其他地区	158.354	126.56					
19	国土资源气象等事务	1 906.12	1 665.67	1 521.35	1 330.39			
20	住房保障	4 480.55	4 479.62	3 820.69	2 376.88	903.77		
21	粮油物资储备事务	1 649.42	1 386.29	1 269.57	1 171.96	2 218.63	1 620.38	
22	政府债务付息	3 056.21	2 635.74	2 384.08	1 844.24	1 491.28	1 305.09	1 052.90
23	其他	3 271.79	2 482.38	2 911.24	2 700.38	2 299.48	2 940.79	2 951.56

注：①与以往年份相比，2007年财政收支科目实施了较大改革，特别是财政支出项目口径变化很大，其后的几年还有一些微小调整，本表采用的是2013年财政支出分类指标。因此，个别年份数据空缺，是因为当年统计口径没有此分类指标。

② 各类指标下的详细分类指标请参见财政部历年全国公共财政支出决算表。

（本表根据财政部网站“政务信息—财政数据”栏目内历年全国公共财政支出决算表中数据整理，链接见附录）

5. 按社会再生产不同阶段的用途分类

社会再生产可以分为社会总产品的初次分配和再次分配两个阶段。初次分配时财政按用途可分为补偿性支出、积累性支出和消费性支出，再分配时财政支出按用途可分为投资性支出和消费性支出。

补偿性支出主要是对在生产过程中固定资产的耗费部分进行弥补的支出，如挖潜改造资金。积累性支出指最终用于社会扩大再生产和增加社会储备的支出，如基本建设支出、工业交通部门基金支出、企业挖潜改造支出等，这部分支出是社会扩大再生产的保证。消费支出是指财政用于社会共同消费方面的支出，主要包括文教科卫事业费、抚恤和社会救济费、行政管理费、国防费等项支出，这部分支出对提高整个社会的物质文化生活水平起着重大的作用。

投资性支出，也称为财政投资或公共投资，是以政府为主体，将其财政资金用于国民经济各部门的一种集中性、政策性支出。消费性支出是指政府以消费者身份在市场上购买所需商品和劳务所发生的支出，包括科教文卫支出、行政管理支出、国防支出、抚恤和社会福利救济支出等。消费性支出可以分为个人消费支出和社会消费支出。

案例阅读与分析

申银万国：财政支出继续向民生等三大领域倾斜

据证券时报网（www.stcn.com）2014年3月6日讯 申银万国3月6日发布2014年政府预算报告解读报告称，财政支出继续向三大领域倾斜。

证券时报网原文：
http://kuaixun.stcn.com/2014/0306/11224608.shtml

2014年预算财政收入和支出增速目标分别为8%和9.5%，预算收入目标由约束性向预期性转变；同时硬化支出预算力度，预算执行中原则上不出台新的增支政策，重点由赤字规模、平衡预算向支出预算和政策拓展。2014年继续实施结构性减税加之经济稳中偏弱，预计实际财政收入增速为9%左右；继续实施压缩“三公”等一般性支出，同时硬化支出预算力度等，预计实际财政支出增速为10%左右。

报告指出，相比2013年的预算目标及实际执行情况，2014年财政支出重点向民生（住房保障、农林水事务等）、节能环保（污染治理、节能产品和新能源）和国防领域（国防科研和高新技术武器装备）倾斜，格局与2013年相似。继续实施稳健的财政政策，财政赤字扩大至1.35万亿，赤字率维持在2.1%，中央代地方发债规模扩大至4 000亿。2014年财税改革工作重点包括加强地方政府债务管理并推进地方政府融资机制改革；推动营改增、消费税、资源税、房产税、环境保护税等税收改革。

问题：我国2014年的财政支出的重点发生了怎样的变化？为什么会有这些变化？

二、财政支出的效益

效益是“效”和“益”的组合，即有效率的收益，简而言之，就是指人们有目的的实践活动中的“所费”与“所得”的对比关系。它反映了投入与产出的关系。所谓提高效益，也就是“少花钱，多做事，做好事”。

1. 财政支出效益

财政支出效益是指政府为满足社会共同需要进行的财力分配与所取得的社会实际效益之间的比例关系。它的基本内涵是政府资源分配的比例性和政府资源运用的有效性。财政支出效益好是财政支出产生的成果较多，或者取得一定的成果所耗用的财政资金较少。

经济效益是经济活动的核心问题，财政支出的效益也是财政管理的核心问题，争取财政活动的最佳效益，是财税改革和财政工作中的一个重要课题。对一个生产经营的企业来说，提高经济效益，有着十分明确而且易于把握的标准，花了一笔钱，赚回更多的钱，实现了扩大再生产，这项支出即是富有效益的。由于国家财政的职能主要是用无偿性税收来满足社会公共需要的，而且各支出项目在性质上又千差万别，所以，财政支出效益同生产经营企业效益相比，有着自己的特点。财政支出的所得侧重于社会效益而非经济效益，也就是说财政支出不一定要赢利，但要保证有较高的社会效益。

2. 财政支出效益的分析方法

由于财政支出的复杂性和多样性，在衡量效益时必须根据财政支出项目的性质和种类采用适合的分析方法。常用的财政支出效益分析方法有以下三种：

（1）成本-效益分析法。一些大型基建项目，如电力、通信、水利建设等产业投资之类，其成本和效益都可以用货币计算，可以将一定时期内项目的总成本和总收益进行计量对比分析。

（2）最低费用选择法。对于文化、卫生、军事、行政、公安以及义务教育等财政支出项目，成本费用可以计量，但效益却不易用货币计量，这类项目主要看成本费用的高低，要求用最少的钱办好更多的事，即成本费用最低化。

（3）公共劳务收费法。对于一些财政支出项目，如属于公共设施的公路以及属于社会公益性的文教、科学事业费等支出，也是成本费用可以计量而效益不易精确计量的，但由这些项目提供的商品或劳务可以按政府定价或收费标准全部或部分地进入市场。因此，通过制定和调整这些公共商品或劳务的价格，使其被最有效地使用，达到提高财政支出效益的目的。

即学即练

将财政支出项目与对应的效益分析方法连线，并在相应分析方法后再列出几个对应的现实财政项目。

财政支出项目	分析方法
（1）重庆市城口县龙峡水库工程	成本-效益分析法
（2）合肥循环经济示范园义和家园东区驻地网通信、智能化施工工程	
（3）西安至临潼高速公路路面专项维修工程	
（4）湖南省大中型灌区续建配套节水改造骨干工程	最低费用选择法
（5）全军激光惯性约束核聚变技术教育项目	
（6）农村义务教育学生营养改善计划	
（7）杭州西湖白塔公园建设项目	公共劳务收费法
（8）上海市城乡基础教育一体化建设工程	
（9）河南省新乡市获嘉县新型社区道路建设工程	

第二节　财政支出规模分析

财政支出规模是指在一定时期内，政府安排和使用财政资金的数量。财政支出规模是否适当，关系到国家职能的实现，在一定程度上反映了政府的财政活动对国民经济的影响程度。

在国家发展的不同阶段，财政支出的规模对社会经济有着不同程度的影响。

一、财政支出规模的衡量指标

财政支出规模的度量一般可以使用绝对指标和相对指标。一般来讲，绝对量指标在对一国财政支出变化进行纵向比较时有实际意义，而相对量指标对一国财政支出与他国财政支出进行横向比较及对本国财政支出变化进行纵向比较时有极大的参考意义。我国习惯上采用财政支出占国内生产总值的比重来说明财政支出的规模及其变化。

1. 绝对指标

财政支出的绝对指标是指以一国货币单位表示的财政年度内政府实际安排和使用的财政资金的数额。这个指标可以比较直观地反映一定时期内财政活动的规模和政府提供公共事物的能力。通常财政支出的绝对数量越大，政府活动范围就越大，政府对经济社会的干预程度也就越大。但是这种指标不能充分反映政府在整个社会经济中的地位，由于以本国货币为单位，也不便于进行国际比较；另外，要反映实际的财政支出规模总量，还必须剔除通胀因素的影响。由于绝对量指标局限性大，在分析财政支出规模时，用得最多的还是相对量指标。

2. 相对指标

财政支出的相对指标是指财政支出与其他宏观经济指标的比值。不同财政支出相对指标对分析财政支出起着不同作用，举例如下。

（1）财政支出与财政收入的比值。该指标可以反映财政支出与财政收入规模的变化是否一致，从而看出一国财政支出是否遵循量入为出的原则。

（2）财政支出与国内生产总值的比值。该指标反映一国政府占用社会经济资源的比重，可以用来分析一国财政支出对经济影响的程度。

（3）财政支出与人口数量的比值，即人均财政支出。该指标可以反映国民从政府公共支出中所得到的平均公关产品和服务，即平均福利水平。

二、财政支出规模发展变化的一般趋势——财政支出规模扩张主要理论

财政支出将随着一国的经济发展而不断增加，这是财政支出发展的必然趋势，对于财政支出增长的原因，许多学者做了大量的研究工作。

1. 瓦格纳法则

阿道夫·瓦格纳（Adolf Wagner，1835－1917）是德国经济学家、财政学者，他在考察了一些欧洲国家和美国的公共支出增长情况后，于 19 世纪提出了被后人称为“瓦格纳法则”（Wagner’s law）的公共支出不断增长理论。其基本原理是：当国民收入增长时，财政支出会以更大比例增长，随着人均收入水平的提高，政府支出占国内生产总值的比重将会提高，这就是财政支出的相对增长。该理论的特点是从整个政府活动范围的扩大来解释公共支出的增长。

瓦格纳把导致政府支出增长的因素归结为政治因素、经济因素。随着经济的工业化，市场中的当事人之间关系也愈加复杂，由此引起对商业法律和契约的需要，要求建立司法组织，这样就需要增加政府公共支出，把更多的资源用于提供治安和法律设施，此为政治因素。经济因素是指工业发展带来人口居住密集化，由此将产生外部拥挤性等问题，这样就需要增加公共部门进行管理。另外，由于需求的收入弹性原理，随着实际收入的增长，这些项目的公

共支出的增长将会快于国内生产总值的增长。

瓦格纳的结论是建立在经验分析基础之上的，经济发达国家自18世纪末到如今100多年经济发展的实践证明了瓦格纳法则符合财政支出占国内生产总值比重的发展变化的一般趋势。尽管由于各经济发达国家的国情有所不同，因而财政支出占国内生产总值比重的高低以及变化情况也有所不同，但明显存在一种共同的趋势，即随着人均国内生产总值的增长而逐步上升。同时，历史数据也说明，财政支出占国内生产总值比重的上升不可能是无止境的，当经济发展达到一定高度，则呈相对稳定的趋势，即稳定在一定的水平上，上下有所波动，目前的经济发达国家已经达到这个阶段。

2. 阶梯渐进增长论

英国经济学家皮考克（A. T. Peacock）和威斯曼（J. Wisemen）于20世纪60年代提出了"时间形态"理论。在瓦格纳分析的基础上，他们根据对1890－1955年间英国的公共部门财政支出情况的研究，提出了财政支出是内部稳定增长和外部突发增长交替进行的。并认为，外在因素是说明财政支出增长超过国内生产总值增长速度的主要原因。

在经济社会发展相对稳定时，由于经济增长，政府税收会相应增加，财政支出规模也会随之扩大。但是政府财政支出很难有额外或大幅度的增加，因为此时纳税人对所处社会环境相对满意，不愿意额外增加纳税成本。但是如果社会发生战争、饥荒或危机等突发事件，其冲击使得人们的"可容忍纳税水平"提高，这时政府的财政支出就会大规模增长，从而使原有的渐进趋势被打破。而动荡过后，财政支出虽然会有所下降，但难以回落到以前的水平，从而使公共支出在一个更高的新起点逐渐增长。总之，该理论的特点是从社会动荡因素（如战争、动乱等）在不同时间形态对政府支出的影响来解释公共支出增长的原因。

3. 非均衡增长理论

美国经济学家鲍莫尔（William Jack Baumol）通过分析公共部门平均劳动生产率的状况对公共支出增长原因做出解释。鲍莫尔将国民经济部门分为生产率不断提高和生产率提高缓慢两大类别，前者被称为进步部门，后者被称为非进步部门。两个部门的差异来自技术和劳动发挥的作用不同，在进步部门，技术起着决定作用；在非进步部门，劳动起着决定作用。假设两个部门工资水平相同，且工资随着劳动生产率提高而上升，由于劳动密集的公共部门是非进步部门，而该部门的工资率与进步部门的工资率呈同方向等速度变化，因此，在其他因素不变的情况下，非进步部门的规模会随着进步部门工资率的增长而增长。

如果消费者对非进步部门的产品的需求富有弹性，该部门的产品产量将越来越少，甚至可能完全停产。若要维持生产率较低部门的产品产量在整个国民经济中的比重，必须使劳动力不断涌入该部门。政府部门为了维持两类部门的均衡增长，必然要对非进步部门予以扶持，从而导致财政支出的规模不断扩大。

思考与讨论

你认为以上三种财政支出规模扩张理论的主要观点是什么？这些理论可以帮助你分析我国的财政支出现象吗？

三、影响财政支出规模的因素

影响财政支出规模的因素是多方面的，通过上述分析可以得出其影响因素主要包括以下几个方面。

1. 政治因素

政治因素对财政支出规模的影响主要体现在两个方面。一是政治环境是否稳定：当一国社会经济出现动荡不安、政局不稳，出现内乱、战争等突发事件时，财政支出规模会超常规地扩大。而在政治环境趋好时，财政支出规模会趋于正常。二是政治体制的行政效率是否高：政府工作效率对财政支出规模影响很大。当一国的行政机构臃肿、人浮于事，效率低下，其经费开支必然会增大。如果政府工作效率高，则政府可以设置更少的机构来实现政府职能，因而财政支出规模也会相应较小。

2. 经济因素

这主要是指一国的经济发展水平和相应的经济体制及政府对经济干预的程度。首先，经济规模决定财政支出规模，生产力水平提高，经济增长，税基扩大，税收增加，财政支出规模也相应增大。其次，一国的经济体制对财政支出规模也有很大影响。一般来说，实行高度集中的计划经济管理体制，政府干预经济的范围和程度较大，其财政支出规模会较大，因而财政支出占国内生产总值的比重相应较高。最后，政府干预经济程度的增加，政府活动范围的扩大是导致各国支出不断增长的重要原因。在自由经济时代，政府只履行守夜人的角色，对经济生活领域的活动不予干涉。随着资本主义经济矛盾的激化和经济危机的周期性爆发，人们逐渐认识到市场并不能自动解决一切经济问题，认识到政府干预经济的重要性。20 世纪 30 年代的世界性经济危机更强化了人们关于国家干预经济的意识，随着凯恩斯主义的盛行，各国政府逐步加强了对经济的宏观调控。第二次世界大战后，为防止社会动荡，缓解社会矛盾，政府又不得不设法提高人民生活水平并向其提供基本的社会保障。随着社会发展和人民生活水平的提高，社会对公共商品的需求越来越多，质量要求也越来越高，从而使政府提供的公共商品范围不断扩大。总之，由于政府职能呈现扩大的趋势，推动着财政支出规模不断增长。另外，在经济体制相同时，不同福利制度的差异，也会影响财政支出规模。比如，实行高福利政策的瑞典，其财政支出占国内生产总值的比重就远远高于同为市场经济体制的其他国家。

3. 社会因素

人口状况、社会福利、文化背景等社会因素也在一定程度上影响着政府支出规模。在发展中国家，人口基数大、增长快，相应的教育、医疗和社会救济支出压力较大，而在发达国家，公众要求改善社会生活质量、提高社会福利等的意愿更加强烈，也会对政府财政支出提出新的要求。这些客观上都要求政府不断地增加财政支出。

思考与讨论

结合实际情况具体分析政治、经济和社会三因素对我国的财政支出规模的影响，除此之外我国财政支出规模还会受到哪些因素影响？

四、我国财政支出规模变化分析

改革开放以来，我国的财政支出规模变化经历了不同的阶段，其具体数据如表 5.4 所示（有兴趣的读者可将 2014 年后数据补全，网址见附录）。

表 5.4　　我国改革开放后的财政支出规模

年份	财政支出（亿元）	年增长率（%）	财政支出占GDP比重（%）	年份	财政支出（亿元）	年增长率（%）	财政支出占GDP比重（%）	年份	财政支出（亿元）	年增长率（%）	财政支出占GDP比重（%）
1978	1 122.09	33.0	30.78	1992	3 742.20	10.50	13.90	2006	40 422.73	19.13	18.69
1979	1 281.79	14.23	31.55	1993	4 642.30	24.05	13.14	2007	49 781.35	23.15	18.73
1980	1 228.83	−4.13	27.03	1994	5 792.62	24.78	12.02	2008	62 592.66	25.74	19.93
1981	1 138.41	−7.36	23.27	1995	6 823.72	17.80	11.22	2009	76 299.93	21.90	22.38
1982	1 229.98	8.04	23.11	1996	7 937.55	16.32	11.12	2010	89 874.16	17.79	22.39
1983	1 409.52	14.60	23.64	1997	9 233.56	16.33	11.69	2011	109 247.79	21.56	23.09
1984	1 701.02	20.68	23.60	1998	10 798.18	16.94	12.79	2012	125 952.97	15.29	24.25
1985	2 004.25	17.83	22.23	1999	13 817.67	27.96	15.41	2013	142 292.64	12.97	25.01
1986	2 204.91	10.01	21.46	2000	15 883.5	14.95	16.01	2014	151 661.54	8.2%	10.23
1987	2 262.18	2.60	18.76	2001	18 902.58	19.01	17.24				
1988	2 491.21	10.12	16.56	2002	22 053.15	16.67	18.33				
1989	2 823.78	13.35	16.62	2003	24 649.95	11.78	18.15				
1990	3 083.59	9.20	16.52	2004	28 486.89	15.57	17.82				
1991	3 386.62	9.83	15.55	2005	33 930.28	19.11	18.35				

财政支出绝对数量快速增长。1978 年为 1 122.09 亿元，1999 年则达到 13 187.67 亿元，增长了 10 倍以上，平均年增长率接近 12%。

财政支出占国内生产总值比重逐年下降。在财政支出绝对数量不断增加的同时，其占 GDP 的比重却呈下降态势，从 1978 年的 30.78%降至 1996 年的最低点 11.12%。在分税制的财税管理体制改革之后，这种下降态势才逐步扭转，至 2000 年回升至 16.01%，指标相对于其他国家，还是很低。这说明，在经济快速发展的同时，政府控制的财政资源却相对减少。

财政支出增长快于财政收入的增长。改革开放之后的二十多年里有 12 个年份财政支出快于财政收入增长。从 1978 年到 1997 年，财政收入平均增长 11.3%，而财政支出平均增长 11.7%，这种差异使财政赤字逐年扩大。

补充阅读

中国财政支出占 GDP 比重 30 年间呈“V”形翻转

据 2007 年 6 月 12 日《人民日报·海外版》05 版报道（高培勇）　在改革开放刚刚启动的时候，为了加大市场配置社会资源的比重，中国曾将降低财政支出占国内生产总值的比重作为改革的目标加以追求，并且为此推出了一系列以“减税让利”“放权让利”为主调的改革举措。在这些举措的交互作用下，伴随着财政收入的减少及其占国内生产总值比重的下降，财政支出占国内生产总值的比重数字，从 1978 年的约 31.0%一路下滑。至 1994 年，在短短 15 年内，这个比重数字已经退居到约 12.0%的低水平。下滑势头之大，速度之快，令人瞠目结舌。

面对着日渐削弱的宏观调控能力和日益严峻的财政运行困难，在加强政府的宏观调控能力、实现财政状况根本好转的目标下，便有了 1994 年的财税

本报道原文：http://paper.people.com.cn/rmrbhwb/html/2007-06/12/content_13194697.htm

改革。作为那一次改革的重要成果，财政收入减少及其占国内生产总值比重下降的势头得以扭转。并且，以此为转折点，财政支出及其占国内生产总值的比重数字开始呈现上升的势头。13 年间，年均增长 19.94%。与之相对应，财政支出占国内生产总值的比重数字，也一步步提升至 2006 年的 19.73%。

以 1994 年划界，中国财政支出占国内生产总值的比重数字，在以往的近 30 年间，前 15 年和后 13 年分别走出了一条迥然相异的轨迹，恰似一个不完全对称的“V”字形（参见图 5.1）。

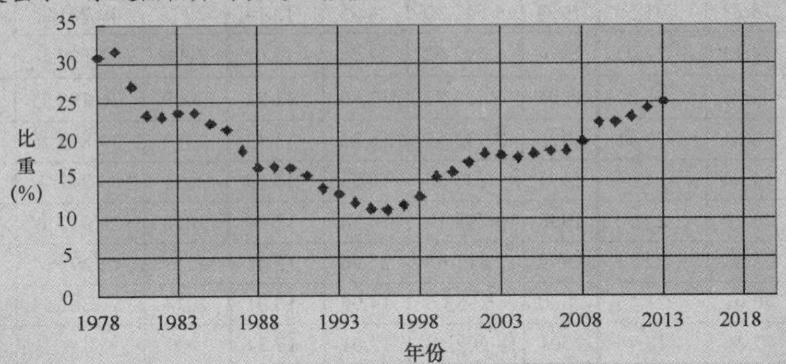

图 5.1　1978 年之后我国财政支出占国内生产总值比重（%）

问题还有复杂之处。同改革开放之前的情形有所不同，准确地讲，现实中国的财政支出规模只是预算内的政府支出，并非是政府支出规模的全部。除了纳入预算内的政府支出外，游离于预算外的政府支出并未进入上述的统计范围。倘若换一种口径，以实际发生的政府支出计算，那么，在 2006 年，还要在 41 326.16 亿元财政支出规模的基础上，至少加上当年未列入预算的偿还到期国债支出、统筹层次不一的社会保障支出、预算外支出和制度外支出等几个类别的支出项目。而一旦如此，中国政府支出占国内生产总值的比重数字，便可能由此叠加至 30%以上。这个比重数字，已经相当于 1978 年的水平了。到了这个时候，一个更具戏剧性的轨迹出现了：从 1978 年至 2006 年，在经过了近 30 年的市场化改革历程之后，以中国政府支出占国内生产总值的口径而论，又回到了改革的起点。接着上面的话题，将前 15 年和后 13 年分别走出的迥然相异的轨迹统统收入视野，它已经恰似一个完全对称的“V”字形了。

事情并没有到此结束。往前看，在税收收入强劲增长特别是巨额财政“超收”的带动下，中国政府支出占国内生产总值比重数字的提升势头依旧十分强盛。也就是说，中国仍在沿着这个“V”字形右半部分的轨迹奔跑。并且，仍旧在主观层面上致力于提升这个比重数字。

再进一步看，在中国历史上，政府支出占国内生产总值比重数字的最高水平发生在 1960 年，为 39.3%。这就是说，在当前的中国，政府部门占用并处置的国内生产总值份额，正处于由改革的起点向历史最高点的迈进过程中。

以政府支出占国内生产总值的比重数字而论并以其作为衡量社会资源配置格局的指标，当前中国的社会资源配置格局已经走出了一条极具戏剧性的“体制复归”轨迹。似乎已经到了重新审视社会资源配置格局及重新评估目标取向的时候。

注意到这一轨迹的形成，是以税收收入的持续高速增长和财政预算制度的不规范为基础，并在两者的交互作用下发生的。可以得到的又一个重要判断是：除非拟议中的新一轮税制改革得以全面启动，除非财政预算制度得以步入规范化的轨道，否则，反映在社会资源配置格局上的这种“体制复归”势头，很可能继续蔓延下去，甚至带来与市场化改革初衷相悖的结果。

第三节　购买性支出

购买性支出是指政府作为一般的市场主体，按照等价交换的原则在市场上购买商品和劳务的支出。购买性支出可以直接增加当期的社会购买力，并由政府直接占有社会产品和劳务，运用得当，有助于优化资源配置，提高资源的利用水平，能够对社会生产和就业产生直接的影响。但对国民收入的分配只能产生间接的影响，因为购买性支出并不能直接干预社会分配。购买性支出主要包括消费性支出和投资性支出。

一、消费性支出

社会公共消费性支出是政府用于满足社会公共消费需要的支出，主要用于购买其进行日常政务活动所需的商品和劳务的支出。在国家财政支出项目中属于社会消费性支出的有行政管理支出、国防支出和文教科卫支出等内容。

1. 行政管理支出

行政管理支出是财政用于国家各级权力机关、行政管理机关和外事行使其职能所需的费用支出。它是一种纯消费性支出，是财政支出中重要的经常性支出项目，是各级政府机构履行社会管理职责的物质保障，反映着国家性质及一定时期政治经济任务的主要方向。我国的行政管理支出主要包括党政机关经费、公检法与武警经费、外交经费等几个方面。我国行政管理支出费用的数据见表 5.2。

行政单位属于非生产性组织，不创造物质财富，没有经常性收入来源，其所需经费完全由国家预算拨给。国家行政管理支出水平与国家政治经济任务及其经济发达程度是紧密相关的。经济体制改革以来，在我国的各项财政支出中，行政管理费支出增长的速度较快，占全部财政支出的比重迅速上升，1978 年为 4.37%，2000 年增加到 11.25%，2005 年达到 14.25%。在有些年份，行政管理支出的增长速度甚至超过了财政支出的增长速度，如 1994 年行政管理支出增长率为 36.15%，而当年的财政支出增长率为 24.78%。行政管理支出费用出现了与改革不相吻合的“弹跳式”增长，成为困扰我国财政的一个突出问题。影响一国行政支出规模的因素有很多，包括经济发展水平、财政支出水平、国家行政机构的设置以及运作效率等。我国行政管理费增长迅猛，除了国家职能转变及不断拓展的需要之外，国家机关的机构和编制不断膨胀，人员过多且效率低下是其增长迅猛的主要原因。要彻底扭转我国行政管理费增长过快的趋势，关键是要大力推进机构改革，控制和压缩人员编制。同时，还应当加强行政单位的财务管理，严肃财经纪律。

2. 国防支出

国防支出是指一国政府为维护国家主权、保证领土完整所必须的用于国防建设和军队方面的费用。我国国防支出的内容主要包括国防费、民兵建设费、国防科研事业费和防空费等。影响国防经费支出比重变化的因素主要有政治因素、经济因素、经费的使用效率等，同时还与国际政治形势的变化及战争的发生与结束相联系。

我国一贯注重控制国防费用规模，按照国防建设与经济建设协调发展的方针合理安排国防经费。

据国务院新闻办公室 2005 年 9 月 1 日发表的《中国的军控、裁军与防扩散努力》白皮书表明，中国国防支出的总体水平在世界上相对较低，这种低水平不仅反映在国防费用的绝对值上，也反映在国防经费占国内生产总值和国家财政支出的比重上。2004 年，中国的国防经费为 2 199.86 亿元人民币，占当年国内生产总值和国家财政支出的比重分别为 1.61%和 7.76%；2004 年，中国的国防经费仅相当于美国的 5.77%、英国的 41.03%、法国的 77.65%、日本的 63.97%。

另外，从历史上看，我国历年来的支出数额虽有所增长，但国防支出占同期国家财政支出的比例总体是下降趋势的，1979 年为 17.37%，2004 年与 1979 年相比下降近 10 个百分点。确定合理的国防费规模，实质是在不损害国家安全的前提下尽可能降低国防负担的问题，即一方面国防费规模应能保证国家安全；另一方面国防开支又不能损害国家其他职能的正常执行。

2005 年之后我国国防费规模绝对数值增加较快，但在我国国内生产总值、国家财政支出快速增长的背景下，占比并没有明显变化。

补充阅读

中国国防费增长 10.7%

新华网北京 2013 年 3 月 5 日电（记者李宣良　桂涛）5 日提请第十二届全国人大一次会议审查的 2013 年中央和地方预算草案的报告中，中央财政国防预算支出为 7 201.68 亿元，比 2012 年增长 10.7%。

新华网电原文：http://news.xinhuanet.com/politics/2013-03/05/c_114893360.htm

“在经历持续多年的补偿性增长之后，我国国防费正在逐步迈向与经济发展相同步的协调性增长阶段。”全国人大代表、军事科学院研究员陈舟 5 日在接受新华社记者采访时说。

中国国防预算三年来保持两位数增长。2012 年，中国国防预算增长 11.2%，2011 年增长 12.7%。据了解，今年中国新增国防费主要有四方面的用途：

一是适应推动国防和军队建设科学发展，加快转变战斗力生成模式的需要，适当增加高新武器装备及其配套设施的建设投入。

二是推进部队后勤基础设施建设，改善官兵工作生活条件。

三是适应国家经济社会发展情况，缓解物价上涨影响，适当调整部队维持性费用。

四是推动反恐维稳、抢险救灾等非战争军事行动能力建设，提高部队应对多种安全威胁、完成多样化军事任务的能力。

中共中央总书记、中共中央军委主席习近平 2012 年年底在广州军区考察时强调：“能打仗、打胜仗是强军之要。”

全国政协委员、海军信息化专家咨询委员会主任尹卓认为，国防费适度增长将更好地保障人民解放军实现这一建设目标。“我军正处于加紧完成机械化和信息化建设双重历史任务的阶段，正是需要加大国防建设投入的关键时刻。”他说，“只有保持军费的适度增长，才能保障作战能力的持续提高。”

中共十八大报告提出，建设与中国国际地位相称、与国家安全和发展利益相适应的巩固国防和强大军队，是中国现代化建设的战略任务。按照国防和军队现代化建设“三步走”战略构想，到 2020 年，中国军队要基本实现机械化，信息化建设取得重大进展。

从国防费占国内生产总值比重、国民人均国防费，以及军人人均国防费来看，中国是世界上国防费投入相对较低的国家。近年来，中国国防费占国内生产总值比重始终保持在 1.6%左右，而美国超过 4%，英、法等国都超过 3%。中国政府依据预算法和国防法，对国防费实行严格的财政拨款制度，每年的国防费预算都纳入国家预算草案，由全国人大审批，按规定程序下达各级部门执行，并接受国家和军队审计部门监督。1998 年之后，中国政府每两年发表一次国防白皮书，详细介绍国防费投入规模和使用方向，并于 2007 年正式参加联合国军费透明制度，每年向联合国提交军费开支报告，国防费公开透明。

3. 科教文卫支出

科教文卫支出是指财政用于科学、教育、文化、卫生、体育等项事业的费用。科教文卫支出是涉及国家长远利益和近期利益的集合体，是涉及整个民族发展的基本支出，它在整个财政支出中具有非常重要的地位。

科教文卫部门是非物资生产部门，它们不生产产品，也不提供生产性劳务，因此科教文卫支出属于非生产性支出。但是，科教文卫事业的发展与物质财富的生产有着密切关系，大力发展文教科学卫生事业，有利于提高全体国民的素质，从而促进经济健康、持续发展。科教文卫支出应当在国民收入中占有一定的份额，而且这一份额应逐步增大。由于科教文卫服务并非是一种纯公共产品，而是一种准公共产品。因此，从总体上来说，为了促进科教文卫事业的发展，政府和社会公众都应当给予一定的资金投入。具体来说，在文教事业方面，政府应当为那些有助于普遍提高全民文化素质的文化教育事业出资；在科学研究方面，应当主要为基础科学研究出资；在医疗卫生方面，则应当主要为卫生事业出资。除此之外的科教文卫事业，原则上都是可以由社会公众出资的。当国家财力充裕时，应适当加大这方面的资金投入。

2013 年科教文卫支出

2013 年 1—12 月累计，全国教育支出 21 877 亿元，增长 3%，主要是上一年基数较高（增长 28.3%）；科学技术支出 5 063 亿元，增长 13.7%；文化体育与传媒支出 2 520 亿元，增长 11.1%；医疗卫生支出 8 209 亿元，增长 13.3%。

本类资料见于财政部网站“政务信息—财政数据”栏目，名称为“×××财政收支情况”：http://www.mof.gov.cn/zhengwuxinxi/caizhengshuju

二、投资性支出

投资性支出是指用于形成资产的资金支出，投资能刺激需求的增长，也能增加供给，是经济增长的主要因素。政府投资性支出，是用于进行国家投资所需的商品和劳务的支出。政府的投资性支出是国家宏观经济调控的必要手段，在社会投资和资源配置中起重要宏观导向作用。政府投资可以弥补市场失灵，协调全社会的重大投资比例关系，进而推动经济发展和结构优化。

案例阅读与分析

海河等水系污染问题

国务院新闻办公室2011年6月3日上午10时举行新闻发布会，环境保护部副部长李干杰介绍了中国环境状况等方面的情况。长江、黄河、珠江、松花江、淮河、海河和辽河七大水系总体为轻度污染。204条河流409个国控断面中，Ⅰ～Ⅲ类、Ⅳ～Ⅴ类和劣Ⅴ类水质的断面比例分别为59.9%、23.7%和16.4%。长江、珠江总体水质良好，松花江、淮河为轻度污染，黄河、辽河为中度污染，海河为重度污染。湖泊（水库）富营养化问题依然突出，在监测营养状态的26个湖泊（水库）中，富营养化状态的湖泊（水库）占42.3%。太湖、巢湖、滇池三大湖泊氮、磷污染严重，富营养化问题突出。其中太湖五类、劣五类水质之和已占全湖的60%；巢湖五类、劣五类水质

本资料整理自国务院新闻办公室 2011 年 6 月 3 日新闻发布会，本次发布会有专题视频、文字、图片报道可供读者参考：http://www.scio.gov.cn/xwfbh/xwbfbh/wqfbh/2011/0603/

各占一半；滇池外海为五类水质，草海全为劣五类水质。由国家环境保护总局、国家发展和改革委员会等部门及相关省、自治区、直辖市编制了“三河”“三湖”（指淮河、海河、辽河以及太湖、巢湖、滇池）水污染防治计划，已经国务院批复实施。防治计划主要包括城市污水处理工程、截污导流工程、农业面源污染治理、流域综合治理、引水工程等。2009年国家审计署“三河三湖”水污染防治绩效审计调查结果显示：2001至2007年，中央和地方各级政府投入910亿元财政性资金及国内银行贷款，用于“三河三湖”流域城镇的环保基础设施、生态建设及综合整治等七大类共8 201个水污染防治项目建设。但调查结果指出，部分水污染防治资金管理和使用不够规范，挪用和虚报多领水污染防治资金5.15亿元。污水处理费和排污费被“少征、挪用和截留”数额更甚，多达36.53亿元。其中，九省份“应征未征、单位欠缴”污水处理费和排污费21.43亿元；13个省的相关企业、单位和部门挪用、截留污水处理费和排污费15.10亿元。调查发现，10个省的水污染防治资产闲置，涉及金额8.06亿元；“三河三湖”流域有206座污水处理厂实际污水处理能力达不到设计要求。

杭州湾跨海大桥

综合媒体报道　横跨中国杭州湾海域的跨海大桥，于2003年11月14日开工，2007年6月26日贯通，2008年5月1日启用。它北起浙江省嘉兴市海盐郑家埭，南至宁波市慈溪水路湾。它是沈海高速公路的一部分，全长36千米，是世界第三长的跨海大桥，比连接巴林与沙特阿拉伯的法赫德国王大桥长11千米，成为继山东省青岛市胶州湾跨海大桥及美国的庞恰特雷恩湖桥之后的世界第三长的桥梁。在浙江省高速公路规划中，杭州湾跨海大桥又被定名为“杭州湾宁波通道”，为未来浙江省高速公路网“两纵两横十八连三绕三通道”中的“三通道”之一，具体地理位置见图5.2。

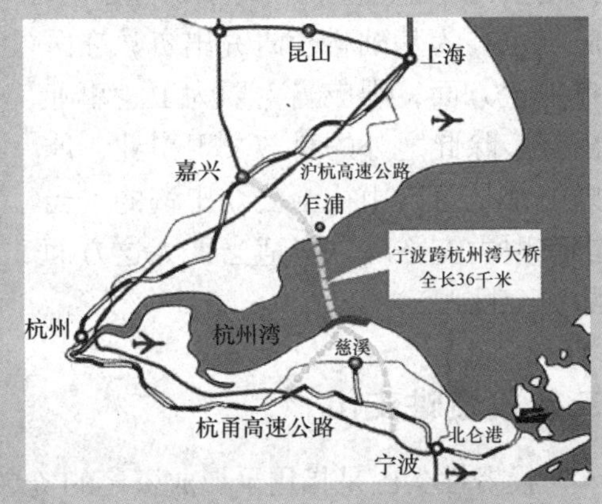

图 5.2　从 V 到 A——杭州湾交通新版图

杭州湾跨海大桥主要投资来自浙江省地方政府和浙江民营企业，没有依靠国家投资，是浙江的地标之一。大桥总投资预计超过161亿元人民币。其中大桥部分长36千米，耗资118亿元；北岸连接线部分长29.1千米，投资17亿元；南岸连接线部分长55.3千米，投资34亿元。来自民间的资本占了总资本的一半，包括雅戈尔、方太厨具、海通集团等民营企业都参与了对大桥的投资。大桥收费年限为30年，收费标准为80元/辆。

问题：这种关系地方甚至全国经济发展的项目，为什么不完全由政府出资？完全由政府支出、完全使用民间资本、政府支出和使用民间资本相结合三种方式各有什么利弊？

按照全社会固定资产投资的使用方向和不同投资主体的投资范围，以及各类建设项目不同的经济效益、社会效益和市场需求等，将投资大体划分为竞争性项目投资、基础性项目投资和公益性项目投资三大领域。政府在市场经济中的地位和投资的特点决定了政府的投资范围。政府投资一般限于社会公益性项目投资和基础性项目投资。根据我国目前正在实施的投融资体制改革方案的规定，竞争性项目投资由企业自主决策，自担风险，由企业通过市场筹资、建设和经营，中央政府和地方政府逐步从竞争性项目投资中退出，政府主要对基础性项目和公益性项目进行投资，其中，中央政府投资主体负责全国性基础性建设项目和公益性建设项目，地方政府投资主体负责本地区的基础性建设项目和公益性建设项目。

1. 公益性项目投资支出

公益性项目投资支出是指政府用于科技、教育、文化、卫生、体育、环保等事业的投资，公、检、法、司等政权机关的建设投资，以及政府机关、社会团体办公设施、国防设施等投资的支出。这些部门都是社会的公共部门，是政府的组成机构，专门从事公共物品和劳务的管理。为了保证这些部门的建立、存在和发展，行使其必要的职能，就必须有其物资手段，因此，政府的投资性支出首先要保证公共部门的投资支出，即公共需要投资支出或社会公益性项目投资支出。社会公益性项目一般是非生产性、非营利性的，因此，公益性项目投资主要由政府用财政资金安排。除了特别重要的项目和必须由中央政府安排投资的项目由中央政府承担投资外，绝大部分项目应按受益范围由所在地方政府承担投资。科技、教育、文化、卫生、体育、环保等公益事业，在政府不搞摊派的前提下，鼓励捐赠和由企业、个人投资兴办。"三河""三湖"水污染防治计划属于典型的公益性项目，它的资金来源主要由财政安排。

2. 基础性项目投资支出

基础性项目投资支出是指政府用于基础设施和基础工业方面最终形成资产的支出。所谓基础设施主要包括交通运输、机场、港口、桥梁、通信、水利和城市供排水、供气、供电等设施。基础工业主要是指能源工业和基础原材料工业。基础性项目是支撑一国经济运行的基础部门，它决定着工业、农业、商业等直接生产活动的发展水平和社会公众的生活便利与生活质量状况。基础性项目的投资具有自然垄断性、建设周期长、投资量大、回收期长而收益较低的特点。基础性项目对于保证人民的生活质量和生产建设顺利进行是必不可少的。但它们一般是靠市场本身不能进行资源配置或不宜由市场来提供物品的项目，即微观经济主体干不了、不愿干、不宜干的项目。基础性项目投资支出大多属于生产性支出，但是，该项支出在讲求自身经济效益的同时，更加强调社会效益。因此，基础性项目必须由政府来投资兴办，主要由政府集中必要的财力物力，通过经济实体进行投资；但由于政府财力有限，不能够完全满足投资需要时，也可在给予一定资金回报的基础上广泛吸收地方、企业参与投资；鼓励以大型骨干企业为主进行投资，有时还可以吸收外商直接投资。杭州湾跨海大桥建设工程属于基础性项目投资，在政府投资主导的前提下，也广泛吸收了地方、企业参与投资。

发展农业支出是指财政直接用于支援农业的各项支出。其主要包括农业基础设施建设、大江大河治理、农业科研开发与推广、生态环境保护、防治自然灾害等涉及广泛的基础性农业投入。由于我国农业的基础薄弱，其自身积累率低，因此这部分支出主要由财政拨款解决。

第四节　转移性支出

转移性支出是政府将财政资金无偿地、单方面地进行转移，政府不能从中获得相应的产品或劳务，只相当于中介人，政府使财政资金在私人和部门之间进行资源的再分配，主要包括政府部门用于社会保障、财政补贴等方面的支出。

转移性支出收入分配的影响较大，执行国民收入分配的功能较强。因为转移性支出的直接分配功能使得它对调节分配能够产生直接的影响，它使得财政资金直接流向受益单位或部门，甚至流向直接的受益个人。但由于资金的受益人在使用资金的时间上存在着先后的差异，并不会立即形成当期的社会购买力，所以，转移性支出对资源配置的影响是间接的。在我国，转移性支出主要包括社会保障支出、财政补贴等。

一、社会保障支出

社会保障是指国家和社会依据一定的法律和规定，通过国民收入的再分配，对丧失劳动能力、失去就业机会以及遇到其他事故而面临经济困难的公民给予物质帮助，用以保障居民的基本生活需要的一项保障制度。社会保障支出则是指财政用于社会保障方面的支出。

作为一种经济保障形式，社会保障支出有以下基本特征：第一，社会性。社会保障支出是由政府在社会范围内组织实施的，它不同于劳动者就业单位为职工举办的经济保障计划，是覆盖全社会每个成员的经济保障形式。第二，福利性。社会保障支出的目的是保障全体社会成员的基本生活，而非出于营利目的，这是社会保障区别于商业保障的重要特征。第三，强制性。社会保障支出的有关实施范围、实施办法等有相关的法律规定，因此社会保障存在制度上的立法性和强制性。

社会保障的内容主要包括社会保险、社会救助、社会福利和优抚安置等。

（1）社会保险，是国家对劳动者在生、老、病、伤、残、失业时给予的资金补助，是社会保障的核心内容。我国社会保险的主要项目有：养老保险、失业保险、医疗保险、工伤保险、生育保险。

（2）社会救济，是国家通过财政拨款，对遭受灾害、失去生活能力的公民及低收入的生活确有困难的城乡居民提供的特殊救助。社会救济的资金全部由政府从一般财政收入中筹集，受保人不需缴纳任何费用，国家向符合救济条件的个人或家庭提供资助，受保人享受保障待遇需要接受一定形式的经济状况调查。社会救济的目标是扶危济贫，帮助弱势群体，体现了浓厚的人道主义思想，是社会保障的最后一道防线。我国的社会救济主要包括城乡居民最低生活保障、灾害救助、关爱救助三个方面。

（3）社会福利，是国家依法为所有公民普遍提供的首先保证一定生活水平和尽可能提高生产质量的资金和服务的总称。社会福利有广义和狭义之分，广义社会福利是指可提高社会成员生活水平的各种政策和社会服务，狭义社会福利指对生活能力较弱的儿童、老人、残疾人、慢性精神病人等群体提供的社会服务。我国的社会福利主要指狭义社会福利，具体形式表现为社会福利院，如孤儿院、敬老院、精神病福利院等。

（4）优抚安置，是国家和社会保障残疾军人、抚恤烈士家属、优待军人家属，对军人和义务兵等提供就业和服务的社会保障制度。优抚安置是我国社会保障制度的重要组成部分，对于维持社会稳定，保卫国家安全，促进国防和军队现代化建设，推动经济发展和社会进步具有重要意义。

补充阅读

我国社会保障制度的沿革

我国在新中国成立初期，最早于 1953 年由政务院颁布了《中华人民共和国劳动保险条例》。劳动保险的对象仅限于劳动者，保险项目有：疾病、工伤、生育、退休、死亡等。劳动保险金一部分由企业根据职工人数直接支付，一部分由工会组织统筹。当时的社会保障制度对恢复和发展国民经济，保证人民的基本生活发挥了重要作用。

“十年动乱”期间，由于工会组织受到严重破坏，国家被迫取消社会统筹，企业将退休费用、长期病假工资和其他社会保险开支，改在营业外列支。从此之后，社会保险实际变成了企业保险，造成企业负担越来越重，且新老企业负担差距很大，企业之间的苦乐不均。

改革开放以后，我国开始逐步对社会保障制度进行改革。1984 年在部分地区开始探索养老保险社会统筹，确定实行企业补充保险、职工个人交费制度；另有一些地区还探索出社会统筹和个人账户相结合的制度。但总的来看，全国大部分地区仍然沿用老一套的保险制度。

随着经济体制改革的深化，特别是党的“十四大”提出把建立社会主义市场经济作为今后的方向，作为社会主义市场体系的重要组成部分。因此深化社会保障制度改革，建立新型的社会保障制度就成为当务之急。对于我国而言，重点是要建立新型的养老保险和失业保障制度。

（1）在养老保险制度上，全面推行城镇企业职工养老保险制度实行社会统筹的改革，并在部分地区开展农村养老保险制度改革方案的试点工作。改变过去完全统由企业负担的方式，在资金来源上采取“三三制”筹资原则，即由企业、个人和政府三方面共同负担。截至 2000 年 2 月，全国养老金社会化发放率已达 48%，包括了近 1 400 万企业离退休人员。

（2）在失业保障制度建立方面，在转变“社会主义国家不存在失业”这个旧观念的同时，综合考虑失业保险的享受条件、失业津贴标准和享受期限，建立失业保险制度。特别是 1999 年年初国务院发布了《失业保险条例》之后，失业保险制度建设步入了法制化的快车道。到 1999 年年底，全国参加失业保险的人数达 9 912 万人，领取失业保险人数超过 100 万人，全国失业保险覆盖面已达 70%。另外，对于下岗职工，今后要逐步使其由在再就业服务中心领取基本生活费，转而享受失业保险；并通过再就业培训，开办劳动力市场，给予再就业优惠政策等，帮助其再就业。

除此之外，我国还在逐步取消“公费医疗”的同时积极稳妥地推进了医疗制度的建立，并筹划建设包括社会卫生服务组织、综合医院和专科医院三部分的新型医疗服务体系。对社会保障基金的管理和监督也得到了进一步的加强。一个符合社会主义市场经济需要的社会保障体系正在逐步形成。

从劳动和社会保障部的官方网站上了解到的数据显示，到 2010 年，中国城镇基本养老保险参保人数超过 2.23 亿，基本医疗保险参保人数超过 4 亿，失业保险参保人数超过 1.2 亿，工伤保险参保人数超过 1.4 亿，生育保险参保人数超过 1 亿。参加农村社会养老保险和企业年金的人数逐年增长。但是，同样值得关注的是，养老保险体系在中国建立的时间还很短，尽管它的发展方向是好的，但不可否认其还存在很多问题，其中有一些还是几年来一直都“悬而未决”的，主要表现在：

（1）社会保险覆盖低，社会化发放率低，企业发展不均衡。社会保险覆盖面城乡差别大，城镇覆盖面已达 90%，而农村仅为 24%。城镇中，国有企业和集体企业的正式职工投保率高；而国有企业计划外用工、个体户、私营企业及部分三资企业职工投保率低；经济发达地区职工的投保率高于经济欠发达地区。2000 年年初我国养老金社会化发放率平均为 48%，但有 19 个省低于全国平均水平，有 10 个省甚至低于 30%。

（2）多头办保险、多部门管理，社会保险法规不统一。

（3）社会保险基金收缴困难，企业由于观念滞后，以及效益不佳等方面的原因，拖欠保费现象十分严重。

（4）社会保险基金入不敷出，加重财政负担。我国社会保险基金实行“现收现付”制。一方面在资金来源上，由于以前由企业负担，财政没有“家底”，现在又因为企业拖欠缴费严重，造成资金来源紧张。同时，我国有关部门规定，积累的社会保险基金只能进行专项存款，或认购国债，造成基金投资渠道单一，自我增值能力差。另一方面，随着我国经济结构战略调整，一些产业的衰退会产生大量失业人员，不可能完全被其他行业吸收。如 1997—1999 年国有企业减亏脱困，造成大批工人下岗。1999 年全国国企下岗职工达 1 174 万人，当年实现再就业的只有 492 万人，2000 年新增下岗职工 500 万人。同时，我国人口老龄化问题也不可忽视，2000 年老年人口比例上升，总数达 9 300 多万人，是世界老年人口最多的国家，人口老龄化的进程大大超前于经济发展水平。所有这些方面都对社会保险基金的数量造成很大的压力。

（5）难以实施有效管理，制度漏洞很多。在养老保险方面，除逃避参保等问题外，不合规的提前退休以及冒领养老金等问题一直未能有效解决。在失业保险方面，突出的问题是难以有效对就业状态进行甄别，重新就业后仍继续领取失业保险金的情况一直难以控制。医疗保险制度管理中的问题更为突出，远不能实现对个人和机构的有效约束。参保人、非参保人、医疗服务机构对医疗基金的侵蚀行为比比皆是，花样繁多。为了对此进行控制，不少地方对医疗服务机构开始采取了保险费用总额控制方式，虽降低了费用超支风险，却带来了医患矛盾加剧等其他问题。总之，几种主要社会保险基本都陷入这样一种状态：如管理不严，势必出现大量投机行为，加剧财务危机；如严格管理，则大幅度提高管理成本或带来其他方面的矛盾。

问题：我国的社会保障制度存在的问题该如何解决？谈谈你的看法。

二、财政补贴

财政补贴是国家财政为了某种特定的目的，向企业或居民提供无偿补助的一种财政支出形式。按照财政学的分类，财政补贴属于转移性支出。它与社会保障的相同之处，都是国家财政的一部分无偿转移给受益者，使受益者收入增加。但是社会保障对市场价格的影响，是间接的，不确定的。而财政补贴则直接对市场的相对价格发生作用，从而改变资源配置结构、供给结构和需求结构，因此，又被称为价格补贴，或者财政价格补贴。

作为一种特殊的财政分配形式，财政补贴有以下基本特征：第一，政策性。财政补贴源于一定时期特定的国家政策，其产生和废止都必须严格按照国家政策执行。第二，灵活性。财政补贴通过政策的制定、调整可以灵活地确定补贴对象、金额、方式，从而实现对经济的调控。第三，时效性。财政补贴受制于当时的政治、经济、社会环境，当这些条件发生变化时，国家也会对补贴政策做出相应调整。

财政补贴的分类按补贴标准可以划分为多种，按补贴环节划分，可分为生产环节补贴、流通环节补贴、消费环节补贴；按补贴对象划分，可分为企业补贴和个人补贴；从政府是否明确地安排支出来分，补贴可分为明补与暗补；从补贴对经济活动的影响来看，可以分为对生产的补贴和对消费的补贴；按补贴是否与具体的购买活动相联系划分，可分为实物补贴与现金补贴。

下面我们重点介绍按照国家预算的账务处理不同来进行的分类：将财政补贴直接列为支出项目的，如价格补贴支出、财政贴息补贴支出；将财政补贴不列入支出方，而做冲减收入处理的，如目前我国对企业亏损的补贴支出。

（1）价格补贴。这是国家为了稳定人民生活和保证某些关系国计民生的重要产品的生产经营而对企业或居民支付的补贴。它包括农副产品价格补贴、农业生产资料价格补贴、工矿产品价格补贴、日用工业品价格补贴等。

（2）财政贴息。这是国家对鼓励发展的行业和产品，由财政通过政策性银行向企业提供贷款利息补助的财政补贴方式。例如，为促进企业联合，发展优质名牌产品，支持沿海城市和重点企业引进先进技术和设备、发展节能机电产品等。这些行业和产品所使用的政策性银行贷款，可以得到财政贴息。

（3）企业亏损补贴。它一般是对经营政策性亏损产品的企业，为了弥补其经营损失而支付的财政补贴。按照企业的经营性质划分，可分为国内经营企业亏损补贴和外贸企业亏损补贴两种。

视野拓展

推荐读者关注以下三则关于价格补贴、财政贴息和企业亏损补贴的新闻报道，结合正文做相应分析。

2015年4月13日《信息时报》《中央财政首次对工业领域实行保费补贴》（记者 唐敏）：http://finance1.ce.cn/rolling/201504/13/t20150413_5088331.shtml

财政部网站《2014年山东省小额担保贷款财政贴息工作成效显著》：http://www.mof.gov.cn/xinwenlianbo/shandongcaizhengxinxilianbo/201504/t20150402_1212300.html

中国网财经2015年4月10日《东安液压连续两年亏损 过度依赖大客户和政府补贴》：http://money.163.com/15/0410/17/AMRVL76Q00253B0H.html

本章小结

财政支出是国家把筹集到的财政资金，按照一定的方式和渠道，有计划地用于社会生产与生活的各个方面的分配活动。

对财政支出进行科学分类，有利于政府合理分配财政资金，正确处理各项支出的比例关系，确定财政支出的方向和重心，也有利于社会公众对政府财政状况的了解。

在财政支出的过程中应遵循支出总量适度、优化支出结构、讲究支出效益的原则以更好地安排和使用财政资金。

财政支出按经济性质分为购买性支出和转移性支出。购买性支出主要包括社会公共消费性支出、科教文卫支出和投资性支出；转移性支出主要包括社会保障支出、财政补贴支出。

综合练习

一、单项选择题

1. 财政支出按经济性质分类，可分为（　　）。

A. 中央支出与地方支出　　B. 基本建设支出与社会文教支出
C. 有偿拨款与无偿拨款　　D. 转移性支出与购买性支出

2. 考核基本建设投资支出效益时，应采用的方法是（　　）。

A. 最低费用选择法　　B. 公共劳务收费法
C. 最低成本考核法　　D. 成本-效益分析法

3. 下列项目中，适宜用最低费用选择法衡量效益的是（　　）。

A. 军事设施　　B. 水利设施　　C. 文化设施
D. 卫生设施　　E. 电力供应

4. 对文化支出项目的财政效益评价，所适用的分析方法是（　　）。

A. 投入产出分析法　　B. 成本效益分析法　　C. 公共劳务收费法　　D. 最低费用选择法

5. 市场经济条件下，政府投资具备的特点是（　　）。

A. 可以在一切领域发挥作用　　B. 通常不进入竞争性领域

C. 通常在竞争性领域发挥作用　　D. 一般不向有明显经济效益的项目投资

E. 只能是对市场投资行为的补充

6. 下列支出中属于转移性支出的是（　　）。

A. 经济建设支出　　B. 社会保障支出　　C. 财政补贴支出　　D. 社会文教支出

7. 下列支出中属于购买性支出的是（　　）。

A. 行政管理费　　B. 救灾支出　　C. 外交支出　　D. 补贴支出

8. 从经济发达国家的发展历史来看，财政支出规模的发展趋势是（　　）。

A. 不断膨胀　　B. 日渐缩小　　C. 基本保持不变　　D. 无规律波动

9. 1980 年以来，我国财政经济建设支出比重下降的原因有（　　）。

A. 财政困难　　B. 企业流动资金供应方式的改变

C. 政府职能的转换　　D. 财政供养人员增加

10. 1980 年以来，我国行政管理费所占比重上升的原因是（　　）。

A. 人口的增加　　B. 城市化的加快

C. 财政供养人员膨胀　　D. 行政管理职能的加强

11. 我国教育经费的来源主要是（　　）。

A. 社会团体捐赠　　B. 公民个人办学　　C. 财政投入　　D. 向学生收取费用

12. 财政补贴通过直接影响（　　）来影响经济。

A. 资源配置结构　　B. 相对价格结构　　C. 供给结构　　D. 需求结构

二、名词解释

财政支出

三、简答题

1. 如何理解财政支出坚持总量适度的原则？是不是财政支出越节省，越少就越好？

2. 当前我国财政支出在结构方面主要存在哪些问题？如何优化财政支出结构？

3. 政府投资在社会总投资中应扮演什么角色？需要注意什么问题？

4. 转移性支出在解决收入分配、地区及产业发展不平衡起什么作用？

四、实训题

根据给出的案例，回答其后的问题。

财政收入增加了，对我有什么好处

2013年全国财政收入129 143亿元，税收总收入110 497亿元，占财政收入85.56%。

国家财政收入增加了是好事，可以让财政支出发挥出更有效的作用，可以让更多的人享受到公共财政的阳光。然而，作为个体的纳税人，我想问：国家财政收入多了，对我有什么好处？

首先，该不该降低税负？国家财政收入绝大部分来自税收。税收的增加，与经济发展有关，更与税负有关。事实上，我国也是高税负国家。世界银行与普华永道近日联合公布了全球纳税成本调查报告。中国以每年872小时的纳税时间、47项需缴纳的税种、烦琐的税务条目和落后的纳税手段，在175个受调查的国家（地区）中纳税成本高居第八位（《北京商报》2006

本例根据2006年12月22日《中国青年报》《多收了九千亿元对我有什么好处？》（张兴魁）一文改写：http://zqb.cyol.com/content/2006-12/22/content_1619681.htm

年 12 月 19 日）。在国家财政收入连创新高的今天，我们应该按照简税制、宽税基、低税负、严征管的指导思想调整税收政策，如减少税种、降低税率、降低征税成本、“两税合一”等，进一步减少纳税人的纳税负担。

其次，应该补缴“陈年欠账”。我国公共教育投入在 2012 年刚刚实现了 GDP4％的目标，这个比例远远低于西方发达国家的教育财政投入。而且这个投入重城市轻农村、重“重点学校”轻“普通学校”，甚至城市一间教室的投入，相当于偏远地区一所农村小学的全部家当。近年来，大学收费越来越高，尽管有助学贷款和希望工程等资助，但还是屡屡发生上不起大学的悲剧。在国家财政收入连创新高的今天，“再穷也不能穷教育”的誓言，也该变成现实了。

再就是增加公共服务和公益事业投资，提高贫困人口的生活水平，让公共财政的阳光照耀民生。由于我国是发展中国家，用钱的地方太多，国家财政也往往捉襟见肘，很多想办的事情办不了或办不好。随着国家财政收入的逐渐增加，应该还一还“陈年欠账”，让更多的人享受到公共财政的阳光，比如把医疗保险、养老保险进一步扩大范围。

国家财政收入增加了，于国于民都是好事，但前提是用好这笔财政收入。如果这笔财政收入变成了公款吃喝费、公款出国旅游费或填了腐败黑洞，那增加不增加都与老百姓无关。

问题：国家财政收入多了，对个人有什么好处？能否让更多的人享受到公共财政的阳光？

第六章　政府预算

目的和要求

1. 了解政府预算的产生与发展。
2. 理解政府预算体系、编制与执行。
3. 掌握政府预算的含义、特征、种类。
4. 了解我国政府预算体制的类型。

内容导入

钱是我们生活的必需，人的衣、食、住、行离不开钱，我们每天都在自觉或不自觉地运用和处理着钱财。聪明人居家过日子，往往精打细算，岁末月初，要对每年、每月的开销，大体做个估算，对家庭支出做出总体安排，对家庭的财务进行科学的、有计划的、系统的管理，以实现个人财产的合理安排、消费和使用，这就是家庭理财，简单地讲就是处理好家庭的钱财。普通家庭尚且如此，政府要治理亿万民众，收支大进大出，政府预算更是非常重要。

在本章内容中，我们将了解有关政府预算的内容，包括什么是政府预算，每年的国家预算内容对于我们有什么意义。国家预算是如何组成的，中央与地方又该如何处理做事和花钱的问题。我们还会了解有关政府预算编制和执行的相关内容，从而对一年一度的人大和政协两会有深层次的理解。

第一节　政府预算概述

政府预算，也称国家预算，是相对于税收、公债产生较晚的一个财政范畴。政府预算是民权逐渐取代王权的产物，现代政府预算产生于英国，是封建社会末期英国新兴资产阶级同封建统治阶级斗争的产物。新兴资产阶级为了维护自己的阶级利益，要求对封建贵族的大量奢侈消费和盲目的苛捐杂税进行限制，要求议会审议政府财政的收支计划，只有通过议会审议的政府财政收支计划才能执行，否则无效。1816 年英爱综合基金的形成，标志着世界上第一个完整的、现代意义上政府预算的产生。欧美其他国家的国家预算产生较晚，一般在 18、19 世纪资产阶级政权确立后才形成。我国的国家预算产生于 1911 年清朝光绪年间。今天，政府预算已成为财政体系中不可缺少的组成部分，并成为财政学的重要范畴。

在家庭理财中，预算被定义为在一定时期内家庭生活支出的计划安排；对于企业来说，预算被定义为企业对业务、投资、资金、利润、工资性支出以及管理费用等一系列指标的综合性计划；而对于公共财政而言，政府预算是按照一定的法律程序编制和执行的政府年度财政收支计划，是政府组织和规范财政分配活动的重要工具，在现代社会，它还是政府调节经济的重要杠杆。作为政府的公共收支计划，政府预算反映一定时期内政府的活动范围和公共收支状况，通过政府预算，人们可以清楚地了解政府的财政活动。从实际经济内容上看，政府预算的编制是政府对财政收支的计划安排，预算的执行是财政收支的筹措和使用过程。由于政府预算要经过国家权力机关的审批才能生效，因而它又是国家的重要立法文件，体现国家权力机构和全体公民对政府活动的制约和监督。

一、政府预算的体系

多数国家的政府分为两级：中央政府和地方政府。政府预算作为政府基本财政收支计划，与此对应，也可分为中央预算和地方预算。原则上，一级政府对应一级预算，因此，在现代社会，大多数国家都实行多级预算。我国的预算体系也是如此，与国家的政权结构相一致。根据我国预算法第二条规定，国家实行一级政府一级预算，设立中央，省、自治区、直辖市，设区的市、自治州，县、自治县、不设区的市、市辖区，乡、民族乡、镇五级预算。不具备设立预算条件的乡、民族乡、镇，经省、自治区、直辖市政府确定，可以暂不设立预算。所以，我国的国家预算体系原则上分为五级，但某些情况下可能是四级，如图 6.1 所示。

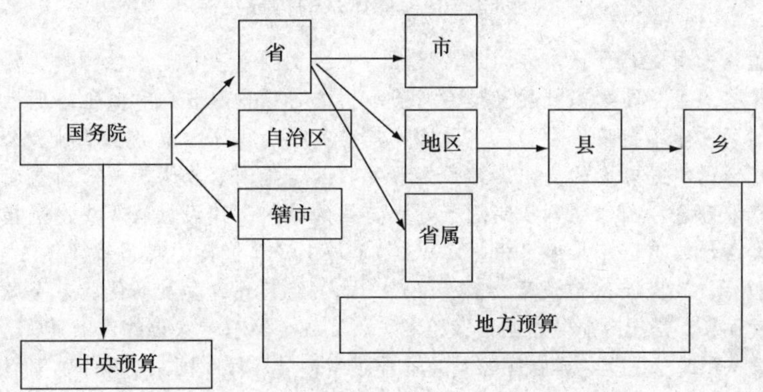

图 6.1　我国政府预算管理体系简图

中央政府预算，也就是常说的中央预算，它经法定程序批准，是中央政府的财政收支计划。地方预算按照行政区划，再分为各省预算、各自治区预算、各直辖市预算等。从预算内容的分合来看，政府预算可以分为总预算和单位预算。其中单位预算是实行预算管理的国家机关、社会团体和其他单位的收支预算，而总预算则是由两个部分组成，其一是本级政府预算，其二是汇总的下一级预算。例如，浙江省的总预算，就应该涵盖浙江省本级预算、省内各地市总预算。依次类推，县下设乡，县的总预算，就又细分为县级预算和乡镇预算。需要指出的是，在我国，各地乡镇发展水平不一，部分乡镇经济发展水平低，财政收支金额较小，内部机构设置也不完善，不具备建立独立预算的条件。对于这些乡镇，经省、自治区、直辖市政府确定，可暂时不设预算。

二、政府预算的分类

政府预算形式多种多样，可按多种方法进行分类。

1. 按编制形式分类

政府预算按其编制形式可分为单式预算和复式预算。

单式预算是把预算年度内国家预算的全部收支汇总成一个统一的预算，形成一个收支项目安排对照表。复式预算是指将政府的全部财政收支按其经济性质汇集编入两个或两个以上的预算，从而形成两个或两个以上的收支对照表。

在单式预算中，所有收入都列入收入预算账户，由国家承担的所有支出都列入预算支出账户。单式预算结构比较简单，可以直接反映国家预算收支全貌，平衡关系比较明了。它的缺点是不能明确反映财政收支的性质，无法说明财政收支之间的对应关系，难以反映财政赤字的形成原因，财政收支透明度不高。因此，现在已经有越来越多的国家不再采用单式预算。

复式预算是将同一预算年度内的全部预算收支按经济性质的对应关系，编制成两个或两个以上的收支平衡表，通常按照经济性质，分为两个或若干个预算，如经常性预算和资本预算。经常性预算也叫经费预算，它的收入来源于税收和其他经常性收入，支出也用于经常性开支。而资本预算，也称建设性预算，其收入来源为国债和经费预算结余，其支出主要为经济建设。复式预算数据罗列清楚，对政府宏观决策大有裨益。

补充阅读

我国政府预算体系的构成

我国政府预算采用复式预算，分为经常性预算（经费预算）和建设性预算（资本预算）两部分。经常性预算收入是指国家以社会管理者身份取得的各项税收收入和其他一般性收入；经常性预算支出是指国家用于维持政府活动、保障国家安全和社会秩序、发展各项社会公益事业以及用于人民生活和社会保障等方面的支出。建设性预算收入是指国家以国有资产所有者身份取得的收入、各种专项建设基金和国家明确规定用于建设方面的收入；建设性预算支出是指国家预算中用于各项经济建设活动的支出。具体可根据 2015 年 1 月 1 日起执行的我国新预算法第三章的规定，分为一般公共预算、政府性基金预算、国有资产（本）经营预算和社会保险基金预算。一般公共预算即公共财政预算，是指政府凭借国家政治权力，以社会管理者身份筹集以税收为主体的财政收入，主要用于保障和改善民生、维持国家行政职能正常运转、保障国家安全等方面的支出；政府性基金预算是国家通过向社会征收以及出让土地、发行彩票等方式取得收入，并专项用于支持特定基础设施建设和社会事业发展的财政收支预算；国有资产（本）经营预算，是国家以所有者身份对国有资本实行存量调整和增量分配而发生的各项收支预算，是政府预算的重要组成部分；社会保险预算是指国家为保证社会成员的基本生活权利而提供救助和补给，以便实现国家社会保障职能、建立社会保障制度而编制的预算，我国在 2013 年 3 月首次将社会保险基金预算纳入政府预算。

2. 按编制方法分类

政府预算按其编制方法分类可以分为基数预算和零基预算。

基数预算是在上年预算安排的基础上，以上年财政收支执行数为基础，再考虑新的年度国家经济发展情况确定最终预算支出数。零基预算是对所有的预算支出项目都以“零”为基数，从根本上重新评估各项收支的必要性及其所需金额。

基数预算编制较为简单，但往往只适用于政府行政管理支出、国防支出、教育经费支出等支出项目。零基预算可使政府在评价各项目必要性的基础上，确定优先安排的项目，对不必要或非优先的项目可适当进行削减，由此提高财政支出效益，节约预算支出，减轻财政的压力。美国是最早采用这种预算编制方法的国家。由于零基预算在编制预算时，一切从零开始，该花多少钱，钱用在哪些方面，与上个预算年度无关，使有限的财政资金获得最佳的效益。所以，零基预算作为新生事物，已有后来者居上之势。虽然我国法律规定应当实行零基预算，但是实际上预算编制部门实行的仍是基数预算。

3．按分级管理要求分类

政府预算按其分级管理的要求分类，可以分为中央预算和地方预算。中央预算是指中央政府预算，由中央各部门的预算及地方向中央的上解收入、中央对地方的返还或补助数额组成。地方预算是指由地方各级政府预算组成的预算，包括本级各部门的预算及下级政府向上级政府上解的收入、上级对下级政府的返还或给予补助的数额。

4．按收支管理范围和编制程序分类

政府预算按收支管理范围和编制程序可分为总预算和单位预算。总预算是指政府财政部门的汇总预算。单位预算是指部门、单位或项目的收支预算。

三、政府预算的编制、执行和决算

预算的决策程序，大体是在每一预算年度开始之前，由政府的预算编制机关编制当年度的预算草案，经立法机关审议批准，成立正式预算；预算年度开始后，由政府行政机关负责执行预算，并由审计机关进行日常监督；预算年度终了后，由预算执行机关就全年度的预算执行情况及其结果编制该年度的政府实际收支报告（决算），经审计机关审核后，由立法机关予以批准。所以，就整个预算决策程序来看，它可以分为预算的编制和审批、预算的执行和预算的决算三个阶段。

1．预算的编制和审批

编制政府预算的程序：大体分为前期准备、正式编制和审批三个阶段。

（1）编制政府预算的前期准备：第一步，预计和分析本年度预算收支执行情况；第二步，拟定计划年度预算控制指标；第三步，颁发编制政府预算的指示和规定；第四步，修订政府预算收支科目和预算表格。

（2）政府预算的正式编制。政府预算的正式编制采取自下而上、自上而下、上下结合，逐级审查汇总的方式，大体经过以下步骤：第一步，制定政府预算收支指标；第二步，中央各部门和地区各省、自治区、直辖市，根据国家下达的预算收支控制指标，结合本地部门、本地区的经济状况，参照所属单位和地区的预算收支建议数，经过认真测算分析，拟定预算收支指标和财务指标，逐级下达；第三步，中央各部门所属的企事业单位，根据上级下达的指标，自下而上地编制单位经费预算草案和财务收支计划草案，经主管部门审查后，报送财政部；第四步，各省、自治区、直辖市所属各单位和各市县根据省、自治区、直辖市下达的指标，自下而上地逐级汇编单位预算草案和总预算草案，经省、自治区、直辖市审查汇编，再报送财政部；第五步，由财政部对中央各部门报送的单位预算草案和各省、自治区、直辖市报送的总预算草案进行审查汇编，再报国务院审定通过，就成为政府预算草案。

（3）政府预算的审批。政府预算草案由国务院依法定程序报请全国人大审查批准，就成为国家法定预算。我国政府预算审批的具体流程见表 6.1。

表 6.1　我国政府预算审批时间及内容

时　间	内　容
10月1日前	财政部向地方财政部门下达下年度预算编制指示
11月底以前	各省级财政部门编制本地区总预算草案，经省级人民政府审定并报同级人大常委会同意后上报财政部
12月底以前	财政部将审查意见通知各地区
次年3月以前	财政部将中央预算和汇总的地方预算草案合编为国家预算草案，经国务院审定后，提交给次年召开的全国人民代表大会审查，经全国人大审查批准后正式成为国家预算
次年4月	地方财政部门根据国家预算修订地方预算草案，并正式提交同级人大审查批准

2. 政府预算的执行

所谓预算的执行是各级财政预算的具体组织实施，是政府预算组织、实现收入、支出、平衡和监督过程的总称。它具体可以分为预算收入的执行、预算支出的执行以及政府预算的调整三部分。

（1）政府预算收入的执行。它要求各地区、各部门、各执行机关严格按照国家税法、其他收入法规和执行计划，及时足额地完成政府预算的收入任务并缴纳国库。

（2）政府预算支出的执行。它要求遵照政府预算项目和金额，考虑支出用途及业务工作计划和进度，及时、合理地拨付资金，并随时检查分析支出的执行情况。

（3）政府预算的调整。预算调整是指经全国人大批准的中央预算和经地方各级人大批准的地方本级预算，在执行中因特殊情况需要增加支出或减少收入，使原批准预算的总支出超过总收入或举借债务的数额增加而对预算进行的部分改变。

国务院和各级人民政府是我国政府预算的执行机构，中央银行代理国库，是我国政府预算的总出纳和总账房。

3. 政府预算的决算

政府决算是对政府预算执行情况的总结，是政府预算执行的真实情况的集中体现。编制政府决算一方面可以向国家权力机关和全体人民全面真实地反映政府预算的执行情况、检验和考核政府行政效率。另一方面它还能为改进政府工作和编制下年预算提供数据资料。

政府决算的编制，通常采用自下而上的汇编方法。先从执行预算的基层单位开始编制决算，经单位领导审核后上报主管部门；主管部门审核后汇总编制成一个部门总决算，上报财政部门；县、市财政部门再汇编成县、市级总决算，然后报送省（自治区、直辖市）财政部门；省（自治区、直辖市）财政部门将本级收支决算和县、市级总决算汇编成省（自治区、直辖市）总决算报送财政部；财政部根据地方总决算和中央总决算编制成国家决算草案，经人民代表大会批准形成国家决算。

视野拓展

财政部预算司“财政数据”栏目中可查询历年的预决算情况，可供读者参考：http://yss.mof.gov.cn/zhengwuxinxi/caizhengshuju/

案例阅读与分析

关于2014年中央和地方预算执行情况与2015年中央和地方预算草案的报告（摘录）

——2015年3月5日在第十二届全国人民代表大会第三次会议上

财政部

一、2014年中央和地方预算执行情况（略）

二、2015年中央和地方预算草案（略）

三、认真贯彻新预算法，做好2015年财政改革发展工作（略）

附：主要名词解释

中央预算稳定调节基金：为更加科学合理地编制预算，保持中央预算的稳定性，建立中央预算稳定调节基金，专门用于弥补短收年份预算执行收支缺口。中央财政收入预算由财政部在征求征管部门意见的基础上编制，不再与征管部门编制的征收计划直接挂钩。中央预算稳定调节基金单设科目，安排基金时在支出方反映，调入使用基金时在收入方反映，基金的安排使用纳入预算管理，接受全国人大及其常委会的监督。

财力性转移支付：是指为弥补财政实力薄弱地区的财力缺口，均衡地区间财力差距，实现地区间基本公共服务能力的均等化，由上级政府安排给下级政府的补助支出。资金接受者可根据实际情况自主安排资金用途。现行财力性转移支付主要包括：一般性转移支付、民族地区转移支付、县乡财政奖补资金、调整工资转移支付、农村税费改革转移支付、年终结算财力补助等。

专项转移支付：是指上级政府为实现特定的宏观政策目标，以及对委托下级政府代理的一些事务进行补偿而设立的专项补助资金。资金接受者需按规定用途使用资金。

预算内经常性建设投资：是指政府预算安排的用于固定资产投资的资金。中央预算内经常性建设投资分为两部分：一部分用于中央本级项目投资支出，另一部分用于专项补助地方项目投资支出。

草案报告的原文见中央政府网：http://www.gov.cn/xinwen/2015-03/17/content_2835417.htm

问题：2014 年我国财政收支是否平衡？如果让你来做 2015 年政府预算，你准备在哪些方面做出调整？

第二节　预算管理体制

预算管理体制是指一国预算的组成体系，是处理中央财政和地方财政以及地方财政各级之间的财政关系、确定各级财政的收支范围和管理权限的一项基本制度。预算管理体制是国家预算编制、执行、决算以及实施预算监督的制度依据和法律依据，是财政管理体制的主导环节。其主要包括两层含义：一是指管理体系，即在政府预算中，中央与地方以及地方各级政府形成的预算管理体系，包括预算管理的组织机构、组织形式、决策权限、监督方式等；二是指预算管理的根本制度，即在预算管理体系中，各级预算之间的职责权限及财力的划分。预算管理体制的实质是正确处理中央财政与地方财政之间财权财力的划分，也就是处理各级预算主体的独立自主程度以及集权与分权的关系问题。

一、我国预算管理体制的演变

预算管理体制体现了中央与地方政府在财权财力分配上的关系，是集中还是分散，主要取决于一国的经济条件和政治体制。通常情况下，一国的生产力发展水平越高，生产出来的社会财富就会越多，中央可集中的财力也就越大。而一个政治权力高度集中的国家，总需要有更多的财力集中在中央政府手中；反之，地方政府的权力就会相对大一些。

从新中国成立之初至今，我国的预算管理体制曾经经历了以下几次变革。

（1）统收统支、高度集权的预算管理体制。它包括 1950—1952 年经济恢复时期的“统收统支”预算管理体制，1961—1965 年的“全国一盘棋”管理体制以及“文化大革命”时期的某些年份。该体制下财力、财权高度集中于中央，地方政府没有财权，所有收入均来自中央政府拨款。在当时特定的历史条件下，这种预算管理体制起到了重要作用。但是，这种体制显然不利于调动地方财政的积极性。

（2）中央集权为主、适当下放财权的预算管理体制。它包括 1953—1957 年的“划分收支、分类分成、分级管理体制。其中的“分类分成”，是将地方政府组织的全部预算收入，分解成若干个项目，逐项确定中央与地方的分成比例的方法。而“总额分成”，则将地方政府组织的全部收入，按一定比例在中央与地方之间进行分成，分成比例一般按中央批准的地方预算支出总额占其收入总额的百分比确定。1958—1960 年的“大跃进”时期下放财权的财政管理体制。该体制下中央政府统一制定预算政策和制度，地方分级管理；有关税权集中于中央，由地方组织征收，分别入库；中央确定地方预算的支出范围；中央统一进行地区间的调剂；地方以支定收，结余留用。这种体制是财权、财力高度集中于中央，对地方基本上实行统收统支的办法，地方政府有一定的财权和财力，但非常小。

（3）逐步分权的财政包干预算管理体制。它包括 1980—1984 年的“划分收支、分级包干”预算管理体制，1985—1987 年的“划分税种、核定收支、分级包干”体制以及 1988—1993 年采用不同形式“财政包干”管理体制。包干办法，是在核定预算收支的基础上，对于收大于支的地区，将收入的一部分采用一定办法包干上解中央；支大于收的地区，对其收不抵支的差额由中央包干补助。在中央统一领导和统一计划下，更多地给地方下放财权，增加财力，以利于地方统筹安排本地区的经济文化事业。该体制在总额分成的基础上对增收或超收部分加大地方留成比例，通过多收多得的激励机制鼓励地方特别是富裕地区增收的积极性，从而保证全国财政收入的不断增长。但由于财政包干的地方收支数仍由中央统一核定，使得中央和地方之间财力分配关系极不稳定，虽然打破了统收局面，但并没有打破统支局面，并且使中央集中的财力过少，负担过重，中央和地方的收支彼此互相挤占，造成中央预算比重下降。地方保护主义日益严重，在一定程度上阻碍了经济的正常发展，而且由于分配关系没有理顺，地方财力虽有增强，但财政不独立，还不能形成真正独立的一级政府，一级预算。

（4）分税制基础上的分级预算管理体制。我国从 1994 年起实行一种新的预算管理体制，即分税分级预算管理体制。该体制在明确划分各级政府职能和支出范围的基础上，按税种划分各级政府自主支配的预算收入来源；建立中央和地方两套税务机构，实行分税、分征、分管、分用；各级政府有独立的预算权，中央与地方预算彻底分开，分别编制，自求平衡；通过补助和专项拨款等转移支付制度，实行中央预算对地方预算的调剂和控制。这种体制有利于充分调动中央和地方的积极性，更好地处理中央与地方的财政分配关系，做到财权与事权的统一，实现责、权、利的有机结合。分税制改革是新中国成立以来，规模最大、范围最广、成效最显著、影响最深远的一次税制改革，也是我国现行财政收支管理体制的基础。下面我们来重点了解有关分税制的相关内容。

二、分税制

分税制财政管理体制，简称分税制，是指将国家的全部税种在中央和地方政府之间进行划分，借以确定中央财政和地方财政的收入范围的一种财政管理体制。其实质是根据中央政府和地方政府的事权确定其相应的财权，通过税种的划分形成中央与地方的收入体系。它是市场经济国家普遍推行的一种财政管理体制模式。

分税制的主要特点是分权、分税、分征和分管，即根据中央政府和地方政府的不同职能划分支出范围——分权；按税种划定各级预算的固定收入来源——分税，分别设置机构，分别征收——分征；各级政府有独立的预算权，中央预算与地方预算彻底分开，分别编制，自求平衡——分管；中央预算通过转移支付制度实行对地方预算的调剂和控制。

（一）主要内容

1. 中央、地方事权与支出的划分

按照中央政府与地方政府事权的划分，合理确定各级政府的支出范围。

中央政府的主要职责是负责国家安全、外交和中央国家机关运转，调整国民经济结构、协调地区发展、实施宏观调控和其他中央直接管理的各项事务以及地方政府无法单独解决的其他事务。中央财政承担的支出具体包括中央行政管理支出，外交支出，国防支出，全国性的公共安全支出，全国性的教育、科学技术、文化体育与传媒等事业经费支出，国债及利息支出，社会保障支出等。

地方政府的主要职责是负责本地区的经济发展。地方财政主要承担本地区行政机关运转所需的支出以及本地区经济事业发展所需的支出，具体包括：地方行政管理支出、部分公共安全支出、城市维护建设支出、地方性的文化教育科学卫生等事业的支出、地区经济发展支出等。

2. 中央和地方收入的划分

根据事权和财权相结合的原则，按税种划分中央与地方的收入。将维护国家权益、实施宏观调控所必需的税种划为中央税；将同经济发展直接相关的主要税种划为中央与地方共享税；将那些收入稳定、适合地方征管的税种划为地方税，以增加地方税收收入。中央税、地方税和共享税的具体分类见表 6.2，不同部门不同的增收管理权限的划分见表 6.2。

表 6.2　　中央税、地方税和共享税分税种收入划分一览表

级次 \ 项目	收入范围
中央政府收入	关税，海关代征的增值税、消费税，中央企业所得税，地方银行和外资银行及非银行金融企业所得税，铁道部门、各银行总行、各保险总公司等集中缴纳的收入（包括营业税、所得税、利润和城市维护建设税），车辆购置税
地方政府收入	营业税（不含铁道部门、各银行总行、各保险总公司集中交纳的营业税），城市维护建设税，个人所得税（不包括上述列入中央收入的部分），地方企业所得税（不包括上述地方银行、外资银行和非银行金融企业缴纳的部分），城镇土地使用税，耕地占用税，固定资产投资方向调节税（已暂停征收），土地增殖税，房产税，城市房地产税，车船使用税，车船使用牌照税，印花税，契税，屠宰税，筵席税，农业税及地方附加，牧业税及其地方附加，遗产或赠予税
共享收入	增值税、资源税、证券交易税等。增值税（中央政府分享75%地方政府分享25%），资源税（海洋石油企业缴纳的部分归中央政府），证券交易税（中央政府分享50%地方政府分享50%）

3. 中央财政对地方税收返还数额的确定

为了保持现有地方既得利益格局，逐步达到改革的目标，中央财政对地方税收返还数额以 1993 年为基期年核定，1993 年中央从地方净上划的收入数额为：消费税加上 75%的增值税减去中央下划收入。1993 年中央净上划收入全额返还地方，保证了地方既得财力，并以此作为后期中央对地方税收返还的基数。1994 年以后，税收返还额在 1993 年基数上逐年递增，递增率按全国增值税和消费税的平均增长率的 1∶0.3 系数确定，即上述两税全国平均每增长 1%，中央财政对地方的税收返还增长 0.3%。如果 1994 年以后中央净上划收入达不到 1993 年的基数，则中央相应扣减税收返还数额。

（二）分税制的意义

1994 年我国实行的分税制，是通过对税收收入的合理划分来处理中央与地方政府之间的财政分配关系的新型财政体制。从税收收入的实现来看，实行分级征管，中央税与共享税由国税局系统征收，以保证掌握全国大部分预算收入的实现与分配。地方税由地税局系统征收，有利于地方培植财源，调动地方组织收入的积极性。从总体上来说，1994 年进行的分税制改革取得了明显的成效，中央与地方的财政收入稳步增长。

（1）分税制财政管理体制的实施，规范了政府间的财政关系。第一，改变了原来中央与

地方一对一谈判确定体制的做法，财政体制全国统一；第二，伴随着2002年所得税收入分享改革的实施，政府与企业间的关系进一步弱化，为企业的公平竞争创造了良好的外部环境，促进了产业结构合理调整和资源优化配置；第三，政府间财政转移支付制度的建立和完善成为分税制财政管理体制的重要内容，转移支付资金的分配方法趋于公平、公开、公正、合理，有效地缓解了地区间财力不平衡的状况。

（2）分税制财政管理体制的实施，调动了中央与地方的积极性，建立了中央与地方财政收入稳定增长的机制。1993—2002年，全国财政收入增长了3.35倍，年均增收1 618亿元；地方财政收入同口径比较增长了3.2倍。全国财政收入占国内生产总值的比重由1993年的12.6%提高到2001年的18.5%。这一阶段财政收入的增幅是新中国成立以来各个时期中最高的。

（3）分税制财政管理体制的实施，更好地发挥了中央财政的再分配功能，实现了中央与地方、东部地区与中西部地区的"双赢"。实行分税制财政管理体制后，尽管中央财政集中了一部分增值税和消费税增量，但中央财政集中的增量并没有用于增加中央本级支出，而是用于对地方，尤其是中西部地区的转移支付。从东部地区与中西部地区的关系看，两者都从改革中受益。中西部地区从分税制改革中得到了实惠，是分税制的直接受益者。对东部地区而言，虽然中央财政集中了部分收入增量，但中央财政承担的出口退税中，大部分用于东部地区，有力推动了东部地区的经济增长。

（三）完善分税制改革

1994年确立并不断调整和完善的分税制财政管理体制，初步明确了各级政府的事权与财权，基本上避免了地方和中央的讨价还价，规范了政府间财政分配关系，增强了中央政府宏观调控能力，有力地促进了国民经济和社会事业的持续、快速、健康发展。10年来的实践充分证明，分税制改革成绩斐然，但由于受到多种因素的影响和制约，分税制改革过程中也出现了一些不容忽视的问题。这些问题主要表现在以下几个方面。

（1）政府间支出责任划分还不够清晰、不够合理。我国现行法律对政府间支出责任只做了原则性划分，还不够清晰，也不够合理。一是一些应当完全由中央承担的支出责任，地方也承担了一部分，如气象及地震等管理职能。二是完全属于地方的支出责任，中央也承担了一部分，如地方行政事业单位人员工资和基础教育等。三是部分支出责任中央与地方职责划分不够合理，执行中经常发生交叉、错位。如我国养老保险由地方政府管理，而实际执行中中央政府又承担了大部分支出责任。四是各省、市、县、乡政府间支出责任划分更为模糊，地区之间差别较大。政府间支出责任不清、风险不明，为财政可持续发展留下了隐患。

（2）政府间收入划分不尽合理，基层政府分享的收入与支出责任不对称。政府间收入划分不合理的首要问题是收入划分与支出责任划分不相匹配，基层政府收入来源有限，不利于基层财政收入的稳定增长，难以满足其正常的公共支出需要。其次是政府间收入划分覆盖面窄，相当数量的政府财政性收入游离于体制之外，既不利于政府间支出责任与收入的匹配，也不利于合理调节地区间的财力差距。此外，我国税制结构中流转税占主体，流转税具有税基流动性强、地区之间分布不均等特点，也为我国政府间收入划分增加了难度。

（3）转移支付项目设立不够合理，监管力度有待加强。分税制改革以来，我国转移支付制度不断完善，初步形成了目前财力转移支付和专项转移支付体系。但是，由于大部分转移支付项目都是出于配合中央宏观调控政策而设立的，随着各项新政策的出台，转移支付项目逐年增多，由此带来财力转移支付专项化、专项转移支付财力化的倾向。同时，转移支付资金的监管力度不够，转移支付资金的效益评估有限。

（4）省以下财政管理体制尚不完善。分税制财政体制的深化进展缓慢，省地（市）县之间、地方政府之间事权划分仍不明晰，出现本属于省、地（市）政府的基本事权转移给了县乡政府承担的情况。省以下政府之间的财权划分模式存在问题，中央政府集中财力的做法被省、市级政府效仿。

目前，各地普遍存在省以下横向财力不平衡问题，而且省以下纵向财力分布也不尽合理。省级政府没有在调节省以下政府财力不平衡方面发挥应有的作用。

4. 继续完善分税制改革

分税制在实施过程中存在的问题，制约了国家财政状况的好转速度及市场经济体制的完善，因此，必须尽快采取措施进一步完善分税制。

（1）要合理划分各级政府的事权。中央政府的职责主要是宏观调控和协调全国经济、社会发展；地方政府的职责主要是完成中央政府下达的宏观调控任务，协调本地区经济和社会发展。各级政府的事权划分要与上述职责划分相适应。

（2）按照事权范围合理划分财权。适当调整中央与地方的支出项目，属于中央事权范围内的项目由中央财政支出，属于地方事权范围内的由地方财政负担。进一步健全中央税收体系和地方税收体系，适当扩大中央和地方共享税范围，以便更好地协调中央和地方两方面的利益，充分调动两个积极性。

（3）建立比较规范的财政转移支付制度。通过一般性转移支付弥补因财力集中及地区经济发展不平衡形成的纵向和横向财政缺口；运用专项转移支付实现中央特定政策目标。目前，我国中央对地方的税收返还和专项补助等形式的转移支付数量已相当大，但现在的转移支付制度主要是在原包干体制基础上形成的，办法不够规范，分配不够合理。由于计算方法不合理，以致税收返还的结果是维护地方、特别是财力充裕地区的既得利益，而不是缩小财力差距。因此，可考虑通过增加中央财政收入，进而逐步增加中央财政对地方纵向转移支付数额，并建立发达地区对落后地区的横向转移支付制度。

（4）进一步完善省以下地方财政分税制体制。对还没有按分税制要求确定省以下地方财政体制的地区，要加强指导和督促工作。按照建立公共财政框架的基本要求，结合国际经验和我国国情，我国政府间财政关系比较规范的目标模式应当是：在明确界定政府职能的基础上，通过法律形式规范政府间支出责任划分；本着财权与事权相统一的原则，合理安排各级政府的收入，赋予地方政府相应的税收立法权；在完善相关法规和严格审批程序的基础上，赋予地方政府按照市场原则适度举债的权力；建立规范有效的信息反馈与监管机制，确保财政资金分配与使用的合法有效。

本章小结

政府预算是政府财政的收支计划，是以收支平衡表形式表现的、具有法律地位的文件。

我国的政府预算根据一级政府一级预算的预算设置体系由中央预算和地方预算两部分组成。国务院和各级人民政府是我国政府预算的执行机构。

政府预算的流程包括编制、执行和决算。管理体制是指规定一国预算的组成体系，是为了处理中央和地方政府之间以及地方各级政府之间的财政分配关系，确定各级财政的收支范围和管理权限的一项重要制度。

预算管理体制的实质是正确处理中央与地方之间财权财力的划分，也就是财权财力如何集中与分散的问题。目前我国采用分税制的预算管理体制。分税制是指在国家各级政府之间明确划分事权及支出范围的基础上，按照事权和财权相统一的原则，结合税种的特性，划分中央与地方的税收管理权限和税收收入，并辅之以补助制度的预算管理体制模式。

综合练习

一、不定项选择题

1. 现代意义上政府预算诞生的标志是（　　）。

A. 新兴资产阶段的产生　　B.《大宪章》的问世

C. 英爱综合基金的形成　　D.《权力法案》的通过

2. 中国实行一级政府一级预算，从中央到基层政府一共分为（　　）。

A. 三级　　B. 四级　　C. 五级　　D. 六级

3. 我国政府预算审批的流程是，财政部汇编中央决算草案报国务院审定，国务院提请（　　）审查批准。

A. 全国人民代表大会　　B. 财政部

C. 审计署　　D. 中央银行

二、简答题

1. 简述政府预算的特点和编制原则。

2. 为什么要建立社会保障预算？

三、实训题

在人民网历届两会数据库内找到最近一年的两会政府工作报告，尝试就上年预算执行情况和本年预算方案进行解读。

人民网历届两会数据库：http://cppcc.people.com.cn/GB/35339/index.html

第七章　金融导论

1. 了解金融的产生与发展。
2. 理解金融的概念和作用。
3. 掌握货币和信用的主要内容。
4. 掌握利息的计算以及利率的决定因素。

生活在现代社会，我们几乎离不开钱。手中常用的是人民币纸币、硬币，存折、银行卡上的数字，出国的话我们要兑换一些美元、欧元，手中有信用卡的还可以“透支”原本不属于我们自己的钱；购物我们可以交现金、刷卡或用网银支付，工作可以挣工资，炒股能挣钱也可能赔钱；同学、朋友间偶尔会相互借钱，上学缺钱我们可以借助学贷款，买车、买房可以向银行贷款，甚至在网店购物也可以“打白条”，“余额宝”们更鼓励把我们的闲钱存在它们的账户上，当然它们会给我们一些利息；生病后医疗保险可能帮我们付一部分医疗费用，父母退休后可以拿养老保险……

钱好像无处不在，那么钱是什么？现在的纸币或存折上的数字和金、银、铜钱有什么异同？谁掌管了钱的发行？朋友、银行凭什么借给我们钱或者网店允许我们“打白条”？

了解货币、信用、金融机构是理解这些问题的基础，本章将简要介绍货币和信用问题。

第一节　金融概述

一、金融的概念

金融是什么？从字面意思上解释，就是货币资金的融通，即货币资金的互通有无。金融主要回答三个问题：一是融通什么？二是怎样融通？三是由谁融通？

金融融通的主要对象是货币，融通采用的方式是有借有还的信用方式，组织和操作资金融通的机构主要是银行和其他非银行金融机构，诸如保险公司、信用合作社、信托投资公司等。

货币资金的融通按有无媒介体作用其间划分为直接金融和间接金融两个大类。直接金融是在没有金融媒介体参加的条件下的一种融通资金方式，比如融资双方直接协商买卖有价证券，预付和赊销商品等。间接金融则是通过金融媒介体，比如银行、保险公司参加的融通资金的方式，间接方式下货币资金的融通是通过各种金融机构来进行的。因此，金融的范围包括相互联系、相互作用的三个范畴，即货币、信用和金融机构。所以，一般来讲，金融主要是指货币资金的融通，就是货币、货币流通、信用以及直接相关的经济活动，诸如货币的发行和回笼，各种存款的吸收和提取，各种贷款的发放和收回，以及各种证券的发行和转让。组织这种活动的机构则是银行和其他金融机构。

金融是商品经济发展的产物，在古代，货币资金的融通主要是依靠经营金银货币各种形式的借贷活动来实现的。随着商品经济的发展和资本主义生产关系的出现，金融活动的范围才随之扩大到货币兑换、保管和汇兑业务方面，到资本主义生产方式确立后的自由资本主义时期，商品经济进一步发展，这种与货币有关的经济活动便迅速发展到以信用为中心的货币和货币资金的流通。

二、金融的产生与发展

由于金融的范围包括相互统一的货币、信用和金融机构三个范畴，因此了解金融的产生，也需要从认识货币、信用和金融机构这三者入手。

金融是一个古老的范畴，它是伴随着商品货币关系的发展而发展的。在金融范畴中，最早出现的就是货币，货币是商品交换发展的产物。最早的商品交换形式是物物交换，即交易双方通过直接交换来获取自己所需要的商品。但随着商品生产的不断发展，参与交换的商品越来越多，简单的物物交换形式在时间和空间上限制了交换的发展，为了克服这种困难，就出现了用于衡量和表现其他一切商品价值的特殊商品——货币。由于货币具有购买其他一切商品的能力，货币产生后，商品交换过程就表现为先与货币交换，再用货币去购买其他商品，货币成为商品交换的媒介，使得买卖行为由统一走向分离，于是简单的商品交换发展成为商品流通。

信用是指经济上的借贷行为，它是以偿还和付息为条件的价值单方面的让渡。这与商品买卖不同，商品买卖是价值双方面的对等转移和运动。信用也是伴随着商品货币关系的发展而产生的，最初的信用是实物借贷，但在商品货币经济中，信用主要采取货币借贷形式。货币的借贷需求主要来源于两个方面：一是在商品交换中，生产者要出售商品，换回货币；购买者要买进商品但缺少货币，这就产生了借贷的需要。二是随着私有制的产生，贫富差距越来越悬殊，穷人为了维持最基本的生存需要，不得不向富人借款。于是，货币所有者贷出货币，是债权人，有权按期索回本金和利息。借入货币的一方是债务人，获得了一定时期内的货币使用权，但要按期偿还本金，并按规定加付一定的利息，这就产生了信用活动。

金融机构是专门经营金融业务的组织或单位，其典型代表是银行，银行是商品货币关系和信用发展到一定阶段的产物，它的前身是货币经营业。早期的资本主义社会，随着商品流通范围的不断扩大，国与国之间的贸易往来越来越频繁，但由于不同的国家使用不同的铸币，一国商人要到另一国去购买货物，就必须将本国货币兑换成当地货币或各国通用的金银，在别国出售商品，也需将外国货币兑换成本国货币或金银，为了适应这种需要，逐渐从一般商人中分离出一部分人专门从事货币兑换业务，出现货币经营业。早期的货币经营业者只是单纯地办理与货币兑换、保管和汇兑有关的货币收付业务，收取一定的保管费和手续费。随着业务的扩大，他们手中集中了大量货币，便开始将这些保管的钱贷放出去，收取利息，同时用支付存款利息的方法，吸收大量存款，赚取存贷利息的差额，这样货币收付与信用活动结合起来，货币经营业便发展成为银行。

可见，货币、信用和以银行为代表的金融机构，这三者之间是相互交织的统一活动，从历史上看，商品交换的发展促使货币产生，商品货币关系的进一步发展又促使借贷活动产生，而随着货币收付和信用活动规模的扩大，又出现了专门组织货币收付和借贷活动的金融机构——银行。在银行出现以后，流通中的货币一般是由银行发行的，社会各单位的货币收付也大都通过银行划转存款来完成，这样货币资金收付、信贷资金收支和银行资金收支相互渗透、相互结合，构成了密不可分的统一活动过程，由此便形成了金融概念。

金融的产生应早于现有的任何文献记载①，在接下来的数千年中金融得到了长足的发展，大体可以把金融的发展划分为自给自足的自然经济社会和市场经济社会。前者主要指以农业经济为主的时代，后者则是以商品经济为主的时代，也可称之为商品经济社会。

三、金融的作用

金融对现代社会而言是不可或缺的组成部分，总的来说有以下几项作用。

1. 金融是资金融通活动的信用中介

在经济社会中，一方面存在着一些资金盈余单位，另一方面又存在着一些资金短缺单位，它们可能是个人、家庭、企业或其他组织，还可能是政府。作为那些资金盈余单位，它们手中的闲置资金，若不进行投资，不会产生任何收益。作为那些资金短缺单位，若不能及时获得资金，就会影响生产或生活，甚至影响政府的公共设施建设。而金融机构通过吸收存款，可以将资金盈余单位的闲置资金集中起来，再通过发放贷款，提供给资金短缺单位使用。由此通过充当贷款者和借款者的信用中介，使得双方互通有无，在资金的供给者和需求者之间进行资金融通。

2. 金融是引导资金流向的指示器

国民经济的各个部门需要按比例、协调地发展，在这些部门中，有的符合经济发展的需要，产品适销对路，经济效益高；有的不符合经济发展需要，产品滞销，经济效益差。而金融可以引导社会资金从效益差的部门流向效益好的部门，因为金融机构从其自身利益考虑，总是把贷款提供给那些有发展前景的赢利企业，以避免贷款到期收不回来，而给自身带来损失。可见，金融还可以通过引导资金的合理流向，使社会资源达到有效配置。

3. 金融是国家对宏观经济进行调控的重要杠杆

金融被称为国民经济的润滑油，金融和财政已成为当今各国进行调控的两大重要杠杆。在市场失灵领域，要求政府必须建立强有力的宏观调控体系，综合运用政府收支、税收、国债等财政杠杆和利率、信贷等金融杠杆，调节社会总需求和总供给保持平衡，调节产业结构和产品结构保持合理，从而使国民经济持续、稳定、协调地发展。

补充阅读

从2001年开始，中国就进入了资金过剩的时代。今天，仅浙江就有9 000亿元的庞大民间游资，其中温州就有 5 000 亿元之巨，是国际金融大鳄索罗斯旗下的投机基金规模的两三倍。而在全国，民间游资总额高达10万亿元！大量的民间游资孕育了一个足以和民营实业家相媲美的群体——民间金融家的生长。

① 编辑注：现代金融体系起源于西方，理论基础也主要来自西方，我国金融史与其有较多的差异，如铜钱与金银的关系、货币和国家的关系等，限于研究成果的成熟度，本书依旧采用传统理论框架，本书配套电子资料“补充阅读资料”文件夹内有少量文献可供学习中参考。

他们成立各种投资公司，主要从事风险投资管理，向有前景的中小高科技企业投资，然后利用自己的优势，运作到境外金融市场上市，套得大笔利润。影响颇大的温州民间金融家却更喜欢投资于房地产等实业，甚至有人评价："某些财团就是更大的温州炒房团"。

（周阳，2005）

第二节　货　　币

在日常生活中，"财富"和"钱"往往成为货币的代名词，虽然经济生活中处处有货币，但若准确地定义"什么是货币"，经济学家从不同的角度出发，对货币进行了不同的定义。马克思认为，货币是从商品世界中分离出来的，是固定充当一般等价物的商品，它反映商品生产者之间的关系。而现代经济学家则把货币定义为：在商品或劳务的支付中或债务的偿还中被普遍接受的东西。在信用货币时代，不仅使用现钞，而且使用在银行账户上开出的支票、汇票作为货币单位。显然，马克思关于货币的定义已经不能够完整地描述货币的特性了。

虽然经济学家对货币进行了不同的定义，但在他们的定义中，至少在两点上达成了共识：第一，都是从货币的职能出发给货币下定义，都在回答"货币能够做什么"的问题，只是各自所强调的重点不同；第二，都认为货币必须具有普遍接受性，普遍的可接受性是货币发挥作用的基本前提。

思考与讨论

问题：Q币是货币吗？

分析：不是的，Q币是一种虚拟货币，货币是从商品中分离出来固定地充当一般等价物的特殊商品。货币的本质就是一般等价物。所以Q币不算是一般等价物。Q币不是真实的货币，只是腾讯公司基于QQ平台推出的一个虚拟货币，最初是为了方便QQ用户购买腾讯公司的各项服务而设置的。

货币是商品交换的产物，是价值形态发展的必然结果，那么在人类货币史上，不同的民族、不同的国家和地区，因经济发展水平和文化条件不同，出现过什么样的货币呢？

一、货币的形态

货币从产生至少已有五千多年的历史，在这期间不同的国家和地区出现过各种不同形态的货币。

（一）以货币材料划分货币形态演变阶段

虽然货币的本质不会发生变化，但货币的形式却随着商品生产和商品交换的发展而不断地演变，这种演变主要集中在货币材料的变化上，货币形式的演变由低级到高级可以划分为五个阶段，即实物货币、金属货币、纸币、存款货币和电子货币。

1．实物货币

实物货币是货币形态发展的第一阶段，最初的实物货币是非金属货币。那时只要能够被人们接受，任何商品都可以作为交换的媒介物。在人类历史上，兽皮、珠玉、粮食、布匹、石刀、农具等，都曾在不同时期充当过货币的角色。

随着生产力的发展，非金属实物货币的缺点逐渐暴露出来。首先，非金属实物货币自身的物理性能很不稳定，不容易保管和计量。其次，第二次社会大分工将手工业从农业中分离出来，随着商品生产和商品流通规模的扩大，相应地对充当交换媒介物的货币产生了新的要求。金属实物货币正是适应这种要求而产生的，它逐渐取代了非金属实物货币。

2. 金属货币

金属货币是指以金属作为货币材料的货币，在历史上，铜、铁、锡、金等都曾经充当过金属货币的材料，由于贵金属具有质地均匀、便于分割、便于携带、体积小而价值大等优点，货币最终便固定在金银上。最初的金属货币大多做成条块的形状流通，每次交易时都要称重量、验成色，这种称量货币很不方便。于是有些大商人凭借其信誉在金属条块上打上印记，保证货币的重量成色。后来，为了向人们提供更权威的证明，由国家统一铸造金属货币，并烙上国家的印记，这就是铸币。

与实物货币相比，金属货币无疑是一种理想的货币，但随着商品流通的进一步扩大，金属货币日益暴露出许多缺点：一是称量和鉴定成色很麻烦；二是贵金属作为货币，流通费用较高；三是人类拥有的可作为货币使用的金属数量有限，不能满足商品流通的需要，例如，黄金、白银的生产量要受到资源和生产条件的制约；四是金属货币可以自由铸造，政府难以控制其数量；五是金属货币容易磨损，使其名义价值与实际价值不相符。因此，货币形式面临着进一步的发展。

3. 纸币

纸币是纯粹的价值符号，或者是货币的符号。所谓货币符号是指本身不足值或没有任何价值，而能代替足值铸币或金属货币执行货币职能的货币替代物。替代物——用纸做的货币、不足值的铸币等，都是货币符号。

纸币是由国家发行并强制流通的货币符号，如我国的人民币、美国的美元及日本的日元等都是纸币。纸币并不具有商品那样的价值，它只是一种标志，是政府赋予持有者支取商品和劳务的法定权利。当货币作为流通手段时，只是商品交换的媒介，人们关心的只是货币能否作为购买手段，买回与它等价的商品，而并不关心货币本身有无价值。早期的纸币是可兑换纸币，纸币持有人随时向发行人兑换金银货币或金银条块做保证。后来，国家又直接发行无金银准备的不兑换纸币，并强制在流通中使用。在现代社会，几乎所有国家的纸币都是“法定不兑现的”货币，即不能兑换成它所代表的同等价值的足值黄金。

中国是最早使用纸币的国家之一，早在 19 世纪末的北宋就已经开始使用纸币——交子。纸币有很多优点，如成本低、易于保管、携带和运输等，在流通中可以克服金属货币沉重、不便运输的缺点，且货币的供应量已成为中央银行实施经济政策的工具。

补充阅读

世界最早的纸币——“交子”

北宋时期，四川缺铜，流通中主要使用铁钱。铁钱易腐烂、价值低，十单位铁钱只相当于一单位铜钱，用起来极为笨重。比如，买一匹布需要铁钱两万，重达 500 斤！一些聪明富有的商人就开起了“交子铺”，人们可以把笨重的铁钱交给交子铺保管，同时换取交子铺开出的纸票——交子，然后拿着轻便的交子去买卖货物，交子铺则收取一定比例的保管费。最早的交子印有密码、花押（相当于今天的印章），以防伪造，金额在兑换时临时填写。

后来，有些富商联合起来，共同发行数额已经写好的标准化交子（参见图 7.1）。

北宋于天圣二年（1024 年）在益州（即成都府）属下设立交子务，正式发行官交子。这种纸制的交子是我国最早的纸币，也是世界上最早的纸币。

北宋交子从诞生、演变到发展，经历过四个阶段：第一阶段是交子诞生的初期（993 年前），为了解决长途贸易中现钱搬运的繁难，它只是一种异地兑现的票据；第二阶段是“私以交子为市”时期（993 年后）；第三阶段是十六富商联保发行时期（1005 年）；第四阶段是官交子时期（1023 年），最终实现真正的货币化。在第一阶段，交子还不是货币，第二阶段以后，交子才逐步取得货币地位，最终成为政府正式发行的法定货币。

图 7.1　北宋交子

4. 存款货币

在信用事业日益发达、银行机构普遍设立的条件下，又出现了存款货币的流通。存款货币是指在银行账户上可用于转账结算的活期存款，因为活期存款可以签发支票，凭支票可以办理转账结算或提取现金，因此支票存款可以代替纸币充当支付手段和流通手段，因而又被称为存款货币。存款货币的流通是以银行信用为基础的，汇票、本票和支票等由发行者负责兑现或清偿，所以存款货币属于一种“信用货币”。存款货币并不存在可触摸或可持有的实体，不外乎是银行账户上的一些阿拉伯数字。存款货币的流通加速了资金的周转，适应了迅速发展的商品经济的需要。

5. 电子货币

信用货币的未来是“电子货币”。货币始终与商品经济一起发展，随着现代商品、经济的高度发达、信用制度的日趋完善和科学技术的迅猛发展，货币形式发生了重大的变化。它的发展趋势主要是从有形到无形，从现金与转账并存到无现金社会。许多银行已经普遍采用电子手段传送系统记录和转移存款，从而把存款货币的票据形式转化为电子信息，使货币由有形的货币转变为无形的货币。电子货币从根本上改变了传统的支付方式，使货币变成了数据，资金的转移通过电信符号的传输进行，最终只表现为电子账户上一个数额的变动。电子货币具有无纸化、迅速、安全和节约费用等特点，它将推动国民经济向无现金、无支票、无凭证的“三无社会”迈进。

（二）以货币本身价值划分货币形态演变阶段

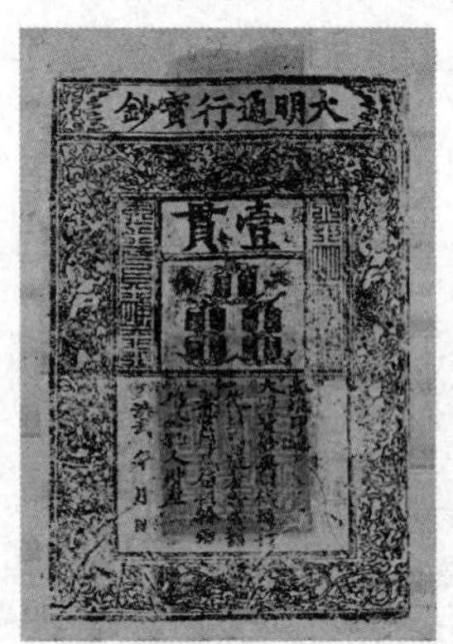

图 7.2　大明通行宝钞

货币的物理形态不同有可能实质相同，如我国古代铜钱与金、银不同，是非足值货币，其本身更接近于可兑换的纸币。

另外，同样的物理形态货币实质也可能完全不同，如现代的纸币、明代的大明通行宝钞（参见图 7.2）等都不能直接兑换为金银，而 1973 年之前的美元、宋代的交子、明清的银票、西方的银行券等却都可直接兑换为金银，很明显它们的实质是不同的。

古代，流通中的货币往往不是一种而是几种，如宋代有金、银，也有铜钱、铁钱，还有交子、会子等纸币，它们的物理形态不同却有着紧密的内在联系。

如果以货币本身价值分类，大体可分为实物货币、足值货币、信用货币，三者之间演变过程中没有严格的时间划分，交叉的时间可能长达数千年。

1. 实物货币

实物货币的特点是有实用价值的"实物",也就是说充当货币的商品有明显的实用价值,多为日常用品,如布匹、农具、羊等,它们不需要"官"方的认可。实物货币起源于民间,官方最多出具标准,如规定布匹的尺寸。

"贝"是否可划归为实物货币尚待进一步研究,从现有资料来看,作为货币的贝有可能经过加工处理,但由谁加工、如何流通等问题尚待进一步考证。

2. 足值货币及其代用货币

实物货币后来逐渐集中到一些易于保存、流通的"一般等价物"上,金、银、珍珠、玉和早期的铜都曾经做过"上币",它们共同的特点是"足值",即货币本身具有相当的价值,后来逐渐归为金、银。

以货币本身价值划分货币形态的内容整理自《有关货币形态演变个人看法》(万国清):http://blog.sina.com.cn/s/blog_59d3962d0101gp9e.html

实物货币和足值货币的划分可用"是否是日常用品"大体区分,还可以是否有国家强制力介入区分,类似春秋战国时期齐国将珍珠、玉作为"上币",这种有国家强制力推行的实物货币可视为"足值货币"。

足值货币不需要官方认可,但官方常以铸造固定规格的金币(如战国时期楚国的郢爰)、金砖、银锭、银元等手段介入流通领域。

金、银、珍珠、玉之类足值货币的一大缺陷是不适合小额交易,珍珠、玉也难以像金属一样方便地切割、熔合,故而出现了各种代用货币,我国历史上长期作为"下币"的铜钱是典型的非足值代用币。随着经济的发展,大额的交易使用金、银也变得不方便,又出现了以北宋交子、明清时期银票为代表的大额"代用货币"。

代用币物理形态多种多样,如铜钱、纸币(交子、银票)等,其本身价值低下甚至无价值可言,但可以按比例兑换为足值货币。代用币一般由官方机构垄断发行,如铜钱一般不允许私铸;历史上也有民间发行的代用币,北宋交子即起源于民间,明清时期银票也由民间发行。

1973 年布雷顿森林体系崩溃之前大部分时间,包括美元在内的各国纸币多数属于代用币性质,和铜钱一样都是"代用货币",背后都有贵金属作为支撑。

3. 信用货币

信用货币从代用货币演变而来,但已经和"足值"的货币完全脱钩,一般以国家信用为支撑。现代世界各国的货币、元代至元二十二年(1285 年)之后不能再兑换为银的"中统元宝交钞"、明代中期之前的"大明通行宝钞"都以信用为基础,不能直接兑换为金、银等足值货币,都属信用货币的范畴。

存款货币、电子货币是信息技术环境下信用货币的一种物理表现形式。

案例阅读与分析

战俘营里的货币

第二次世界大战期间,在纳粹的战俘集中营中流通着一种特殊的商品货币:香烟,当时的红十字会设法向战俘营提供了各种人道主义物品,如食物、衣服、香烟等。由于数量有限,这些物品只能根据某种平均主义的原则在战俘之间进行分配,而无法顾及每个战俘的特定偏好。但是人与人之间的偏好显然是有所不同的,有人喜欢巧克力,有人喜欢奶酪,还有人则可能更想得到一包香烟。因此这种分配显然是缺乏效率的，战俘们有进行交换的需要。

即便在战俘营这样一个狭小的范围内，物物交换也显得非常的不方便，因为它要求交易双方恰巧都想要对方的东西，也就是所谓的需求的双重巧合。为了使交换能够更加顺利地进行，需要有一种充当交易媒介的商品，即货币。那么，在战俘营中，究竟哪一种物品适合做交易媒介呢？许多战俘营都不约而同地选择香烟来扮演这一角色。战俘们用香烟来进行计价和交易，如一根香肠值10根香烟，一件衬衣值80根香烟，替别人洗一件衣服则可以换得两根香烟。有了这样一种记账单位和交易媒介之后，战俘之间的交换就方便多了。

香烟之所以会成为战俘营中流行的“货币”，是和它自身的特点分不开的。香烟容易标准化，而且具有可分性，同时也不易变质。这些正是和作为“货币”的要求相一致的。当然，并不是所有的战俘都吸烟，但是，只要香烟成了一种通用的交易媒介，用它可以换到自己想要的东西，自己吸不吸烟又有什么关系呢？

（佚名）

分析：香烟为什么会成为战俘营中流行的“货币”？

二、货币的职能

到底什么是货币？有个最恰当的说法：“货币就是起货币作用的东西。”执行货币职能的被普遍接受的任何东西都是货币。那么货币都具有哪些职能呢？

1. 价值尺度

货币在计算和衡量商品价值大小时，就发挥着价值尺度的职能。就像我们用秤度量重量、用尺子度量距离一样，我们用货币度量商品和劳务的价值。当商品和劳务的价值用货币来表示时，就是商品和劳务的价格。例如，我国用人民币、美国用美元以及英国用英镑等来表示本国的商品和劳务的价值。商品生产者在给自己的商品规定价格时，其商品并没有转化为货币，只是在用货币来衡量商品价值量的大小，并以此作为交换的依据。因此货币在执行价值尺度时，并不需要现实的货币，只是观念上的货币就可以了。例如，商场老板拿 100 元的实物货币放置在价值 100 元的牛仔裤边的行为显然是可笑的。

2. 流通手段

当货币在商品流通中充当交换的媒介时，就发挥着流通手段的职能。价值尺度与流通手段是货币的两个最基本的职能。在货币出现之前，商品交换采用物物交换的形式，即“商品—商品”（W—W）。即商品所有者拿着自己的商品去寻找有自己所需要商品的所有者进行交换，这需要时间、地点和商品的三重巧合，实现起来很困难。货币出现之后，商品交换就分成了两个既互相对立又互相补充的过程：①由商品转化为货币（W—G），即卖出过程。②由货币转化为商品（G—W），即买进的过程。整个过程表现为买与卖的结合，即“商品—货币—商品”（W—G—W），从而克服了物物交换的缺陷。在这里，货币成了实现商品交换的媒介，以货币为媒介的商品交换，从总体上看，就是商品流通。货币在商品流通中，起着媒介作用，货币即为流通手段。

货币执行流通手段职能，必须是现实的货币，而不能是观念的货币。如果不是现实的货币，商品与货币的换位就不可能实现，而商品和货币的换位又恰恰是商品价值的实现形式。

3. 贮藏手段

当货币从流通领域中退出处于静止状态，或作为社会财富被人们保存、收藏时，便执行着贮藏手段职能。同股票、债券、土地和房产等资产一样，货币也具有价值储藏功能，我们可以利用货币的价值储藏功能将自己取得收入的时间和花费收入的时间分离出来。因为货币可以在任何时间、任何地点，购买到任何可能的商品和劳务，因此货币就成为社会财富的一般代表，谁拥有了货币，谁就拥有了财富，这就引起了人们贮藏货币的愿望。在现代社会，人们除了以金银积累储藏价值外，更多的还是采取银行存款和储蓄等方式来储藏价值。

在金属货币流通的条件下，货币作为贮藏手段，具有自发调节货币流通量的作用，当流通中所需要的货币量过多时，一部分货币便会自动退出流通成为贮藏货币，而当流通中所需要的货币量过少时，贮藏货币又会加入流通领域成为流通手段，因此在金属货币流通的条件下，一般不会发生货币过多或过少的现象。在纸币流通条件下，只要纸币的币值稳定，也能在一定程度上发挥贮藏手段的作用。当货币作为贮藏手段时，不能是观念上的货币，而必须是现实的货币。在信用货币制度下，货币作为价值储藏手段的优劣主要依赖于物价水平的高低。在通货膨胀时期人们在以货币形式持有其财富时便显得较为踟蹰。

4. 支付手段

货币的支付手段职能又称为延期支付的标准。随着商品流通的发展，出现了以信用形式买卖商品的现象，即商品的赊销。在以信用形式买卖商品的条件下，货币已经不是商品流通的媒介，而是价值单方面的转移，如货币可以用于偿还债务、缴纳税费、支付租金和工资等，执行着支付手段的职能。货币作为支付手段的职能，起源于商品赊销，在商品赊销的交换过程中，作为交换媒介的现实中的货币并没有出现，而是在买卖行为完成一段时间后，买者才向卖者支付货币。在这里，卖者变成了债权人，买者变成了债务人，货币不再是媒介商品交换的流通手段，而是作为清偿债务的支付手段。后来货币又被用来支付租金、利息、工资等，从而使货币支付手段的范围扩大到商品流通之外。货币支付手段职能的出现，一方面减少了流通中的货币量，促进了商品生产和商品流通的发展；另一方面也增加了发生债务危机的可能性，在企业之间赊销所形成的债务链条中，一旦某一债务人到期不能支付债务，就会发生连锁反应，一大批企业的生产经营就会随之陷入困境。

5. 世界货币

世界货币是指超越出国内流通领域的贵金属（如黄金和白银），在世界市场上执行一般等价物的职能。在信用货币制度条件下，汇率相对稳定、可以自由兑换的硬通货执行着世界货币的职能。20世纪之前，只有黄金这种金属货币才能被国际社会广泛接受，才能发挥世界货币的职能。但在现代国际市场上，执行世界货币职能的并不只是黄金，还有在国际支付中被广泛接受的一些国家的货币，目前被世界各国广泛接受的是美元，此外还有欧元、英镑和日元等。

截至2014年年底，人民币已经成为全球第二大贸易融资货币、第五大支付货币、第六大外汇交易货币，尽管如此，人民币还不是严格意义上的“世界货币”，但随着2015年年底将被世界银行纳入储备货币篮子，成为世界货币已近在咫尺。

思考与讨论

找出以下故事中包括了货币的哪些职能，画线连接事件与其职能。

张颖考入了某金融学院。

由于入校匆忙，秋冬的服装没有带全，十一长假，她　　　　价值尺度到商场看好了一件羽绒服，价格还不贵，标价 300 元人民币，于是毫不犹豫地掏出 300 元人民币买了回去。

晚上她想给妈妈打个电话，可是手机欠费停机了，便用银行卡充了 100 元人民币，向妈妈报了平安。妈妈对她说，最近要去香港旅游，明天准备去银行换一些港币和美元。张颖对妈妈说，美元在持续贬值，可千万不要多换。

流通手段
贮藏手段
支付手段
世界货币

三、货币制度

货币制度是伴随着金属铸币的出现而形成的[①]。为了维护货币的流通，各个国家都在货币方面制定了种种法规，货币制度就是从这些法规中逐步发展起来的。货币制度简称币制，是指国家对货币的有关要素、货币流通的组织与调节等，以法律形式加以规定并形成的一个体系，即国家以法律形式确定的货币流通的结构和组织形式，是国家制定和颁布的有关货币的印刷、铸造、发行、流通等内容的总称。货币制度主要有两类：金属货币制度和不兑现的信用货币制度。

（一）货币制度及构成

本书所讲的货币制度主要是资本主义兴起之后至当代的货币制度。

1. 规定本位货币的金属材料是货币制度的基础

确定货币金属，就是国家以法律形式规定以何种金属作为货币材料，这是一国货币制度的基础。不同的金属作为货币材料，就构成了不同的金属货币制度。根据流通中货币材料的不同，可将金属货币制度分为银本位制、金银复本位制和金本位制三种类型。现在世界各国都实行不兑现的货币制度，在这样的法令中则无任何金属材料充当货币的规定。

2. 确定货币单位

货币单位是国家法定的货币计量单位，货币单位的确定包括两个方面的内容：①确定货币单位的名称；②确定币值，即确定每一个货币单位所包含的货币金属的重量。如美国货币单位的名称为美元，根据美国在 1934 年 1 月颁布的法令，1 美元含纯金的重量为 0.888 671 克。

3. 本位币和辅币的铸造、发行

本位币亦称本币，是一个国家计价、结算的唯一合法的货币单位。本位币的特点是：足值货币，可自由铸造（仅指金属货币），具有无限法偿的能力。所谓足值货币，是指本位币的名义价值（面值）与实际价值相一致。所谓自由铸造，是指国家允许个人向造币厂提供货币金属，请求代铸本位币，其数量不受限制。自由铸造的作用有两点：一是保证本位币的面值与实际价值保持一致；二是可以自发地调节货币流通量。所谓无限法偿，即法律规定的，无任何限制的偿付能力。凡以本位币对一切公私款项和商品交易进行支付的，不论数额多少，受款人不得拒绝接受。

辅币又称辅助货币，指本位币以下的小额货币，专供日常零星交易和找零之用。辅币的特点是：①票面金额小，使用次数多，磨损快。通常用铜、铁等贱金属铸造，以节省流通费用。②辅币是不足值的货币，即实际价值低于名义价值。③辅币由国家统一铸造，防止有人通过私自铸造而谋利。④辅币是“有限法偿”货币，即在支付行为中，一次使用辅币的数量有规定的限额，如超过限额，受款人可以拒绝接受。

① 本部分内容仍旧以西方学者研究成果为基础，我国古代货币制度与之有不少差异。

4. 银行券和纸币的发行和流通程序

在金属货币制度下，流通中的货币除了铸币形式的主币和辅币之外，还有在信用活动中产生的银行券、纸币等信用货币。银行券是由银行凭借其信誉发行的一种不定期的债务证券，由于持有人可以随时用它向发行的银行兑换金属货币，人们愿意接受它，因此它能代替金属货币在市场上流通。纸币是由国家发行并强制在流通中使用的一种货币符号，纸币本身没有价值，也不能兑换成金属货币。

5. 建立准备金制度

金本位制度下货币发行的准备为金准备，又叫黄金储备，它是一国货币稳定的基础。黄金储备一般都由中央银行掌握。金准备主要有以下三个作用：作为时而扩大时而收缩的国内金属货币流通的准备金，作为支付存款和兑换银行券的准备金，作为国际支付的准备金。

值得指出的是，现在各国实行的都是不兑现的信用货币制度，流通的是不能兑现金属货币的纸币，这使得货币制度的构成要素发生了一些变化，主要表现在：①不再存在货币金属即币材确定的问题；②币值的确定不再与金属的重量挂钩，而是表现为本国货币与外国货币的比价；③本位币不再是足值的金属货币，而被不兑换的纸币所代替；④银行券的发行权集中在中央银行，丧失了可兑现性，与纸币不再有本质差别；⑤准备金制度的后两项作用基本上失去了意义，各国储备黄金的目的只是用于国际支付。

（二）我国的货币制度

人民币是从 1948 年 12 月 1 日开始发行的。1955 年 3 月 1 日起，发行新版人民币，规定以新币 1 元兑换旧币 1 万元，即按 1:10 000 的比例收兑旧版人民币，提高了人民币单位“元”所代表的价值量。

我国现行的货币制度包括以下一些基本内容：

（1）人民币是我国法定货币，以人民币支付我国境内一切公私债务，任何单位和个人不得拒收。人民币没有法定含金量，也不能自由兑换黄金。

（2）人民币的单位为“元”，元是主币，辅币单位是“角”和“分”。人民币符号为“¥”，是取“元”字汉语拼音首字母加两横线而成。

（3）人民币由中国人民银行统一印制、发行。

（4）黄金储备和外汇储备，主要用于平衡国际收支，同时对人民币的发行也起着保证作用。

（5）禁止伪造、变造人民币，禁止出售、购买以及运输、持有、使用伪造或变造的人民币。禁止故意毁损人民币。禁止在宣传品、出版物或者其他商品上使用人民币图案。

（6）任何单位和个人不得印刷、发售代币票券，代替人民币在市场上流通。

（7）残缺、污损的人民币，按照中国人民银行的规定进行兑换，并由中国人民银行负责收回、销毁。

（8）中国人民银行设立人民币发行库，在其分支机构设立分支库。分支库调拨人民币发行基金，应当按照上级库的调拨命令办理。任何单位和个人不得违反规定，动用人民币发行基金。

（三）货币制度的演变

世界货币制度经历过银本位、金银复本位、金本位和纸币本位（不兑现的信用货币制度）等多种货币制度。

1. 银本位制

银本位制，指以白银为本位货币的货币制度。历史上，银比金更早地充当本位币的币材，银本位制是世界上最早的货币制度。但它在一些国家存在的时间并不长，这主要是到了 19 世纪后期，由于白银产量增加、银价下降，加之白银体积大、价值低，银本位制不再适应商品经济的发展，于是各国纷纷放弃了银本位制。

银本位制的基本特征是：白银本位币的价值与所含的白银价值相等；银币可以自由铸造、自由熔化；银行券可自由兑换银币；银币具有无限法偿能力；白银和银币可以自由输出、输入国境等。

2. 金银复本位制

金银复本位制，指金和银两种金属同时作为本位币的货币制度。其特点是：第一，金银两种金属同时被确定为法定货币。第二，金银两种铸币均为主币，均可自由铸造，均有无限法偿能力。金银复本位制是一种不稳定的货币制度，它与货币本身所固有的独占性、排他性相矛盾。因此，从 19 世纪起，英国及各主要资本主义国家都先后放弃了金银复本位制，改行单本位制。金银复本位制在资本主义展初期（16—18 世纪）流行过，流行于西欧各国，先后经历了下面三种形式：

（1）平行本位制。平行本位制，是指金、银两种货币都按其各自的实际价值在市场上流通，国家对两种货币的比价不做规定。其缺点是：每一种商品都具有双重价格，且商品双重价格的比例随市场上金价、银价的变动而经常波动，给商品交换带来了混乱。

（2）双本位制。双本位制，是指金、银两种货币按国家法定比价在市场上各自流通，意在克服平行本位制的缺点。但当两种名义价值相同而实际价值不同的金币和银币同时流通时，实际价值较高的货币（良币）必然会被熔化、收藏或输出而退出流通领域，实际价值较低的货币（劣币）必然会充斥市场，即银贱则银币充斥市场、金贱则金币充斥市场，这种“劣币驱逐良币”的现象被称为“格雷欣法则”。

（3）跛行本位制。在这一制度下，金币和银币仍同为本位币，按法定比价同时流通，但国家规定金币能自由铸造，而银币不能自由，并限制每次支付银币的最高额度，银币实际上变成了辅币。跛行本位制可以防止“劣币驱逐良币”，但它是一种不完整的双本位制，因为它对银本位币进行了限制，因此被形象地称为跛行本位制，它是复本位制向金本位制的过渡形式。

3. 金本位制

金本位制，指以黄金为本位币的货币制度。广义的金本位制包括“金币本位制”“金块本位制”和“金汇兑本位制”。纯正的金本位制，仅指金币本位制。金本位制是一种相对稳定的货币制度，对内表现为不发生通货贬值，对外则表现为外汇行市的相对稳定。这种货币制度对资本主义发展起到了促进作用。但到了 20 世纪初，黄金大量集中于少数发达国家，其他国家货币流通的黄金基础则相对缩小，流通中的黄金急剧减少，黄金的自由铸造、自由兑换和自由输出入，实际上已不可能，这就使金本位制的基础不断遭到破坏。1929—1933 年世界经济危机之后，各国先后宣布放弃金本位制，代之以不兑现的信用货币制度。

4. 纸币本位制

纸币本位制，是以国家发行的不兑现的纸币为本位货币的货币制度，它是自 20 世纪 30 年代以来，世界各国普遍推行的一种货币制度。其特点是：以纸币为本位货币，由国家授权中央银行发行，并由国家法律赋予其无限法偿能力并强制流通；不与任何金属保持等价关系，也不能兑换黄金；纸币的发行一般通过信贷程序进行，中央银行通过调节和控制货币量来保持货币流通稳定。以上特点决定了纸币本位制度是较易导致通货膨胀的货币制度。

补充阅读

白银风潮和废两改元结束中国几千年银本位制

1897 年 5 月 27 日，中国人自己办的第一家银行——中国通商银行在上海外滩 6 号正式开业，不久即仿照西方银行制度，发行面值分别为一两、五两、拾两、廿伍两、伍拾两、壹佰两，一元、伍元、拾元、廿伍元、伍拾元、壹佰元的纸钞。之后，中国又有大清户部银行（中国银行的前身）、浙兴银行、交通银行、四明银行、中南银行等 12 家总行设在上海的银行获得发行纸钞权。不过，这些纸钞都是兑换券，不是法定货币，白银和银元才是真正的通货。

20 世纪 20 年代后期，世界连续多年发生经济危机，美国也因受到冲击而发生严重通货膨胀。1933 年新当选的罗斯福总统决定采取美元贬值的手段来保护美国利益，并计划以“金三银一”的比例，用 13 亿美元向世界收购金银，作为国库储备，于是引起世界银价上涨，而银本位制根深蒂固的中国首当其冲。当时，将白银运到美国可获 20%的利润，于是在华的商行大量套购白银出口。“南京国民政府”为了应对白银外流，立即通过增收白银出口税 7%的提案，但所增加的税率仍赶不上世界银价上涨的幅度，不久又公布“废两改元”法，即取消银两作为通货流通，一律以银元作为流通货币。但是，中国的银元价仍低于世界银价，商家又套购银元出口。

通货不足给中国经济带来灾难，上海的银行、钱庄为保护自己，就紧缩放贷款，而企业得不到银行的支持，资金周转失灵，商家则被迫以“大拍卖”“大减价”的方式倾销商品，回笼资金，据 1935 年统计，上海受此影响而倒闭的工商企业 1 065 家，银行、钱庄因无法收还已倒闭企业的资本，也跟着倒闭，这次事件史称“白银风潮”。

为了防止事情进一步恶化，“南京国民政府”又通过新的货币法案——政府授权“中央银行”“中国银行”“交通银行”等发行法定货币，简称“法币”，取消白银、银元为流通货币，法币一元等于原银元一元，合白银 23.493 448 克；同时取消已获准发行纸钞银行发行的纸钞，规定“法币”为中国唯一的法定货币。

这次货币改革结束了中国的银本位制，结束了中国货币混乱的局面。

第三节 信 用

一、信用的概念

在日常生活中，我们经常可以听到有关信用方面的话题，但它们所代表的意义是有所不同的。它是一种在参与社会和经济活动的当事人之间建立起来的以诚实守信为道德基础的践约行为，即我们通常所说的“讲信用”“守信誉”“一诺千金”，它是一种普遍的处理人际关系的道德准则。而资本借贷活动中，受信人和接信人的信用约定则是一个经济学、法律学的范畴。

信用是商品货币经济发展到一定阶段的产物，在西方，“信用（Credit）”一词来源于拉丁文 Credo，其原意是声誉、相信和信任等，但作为一个经济范畴，信用则与中国“借贷”这一概念更近似。

本书所讲信用，是指经济上的一种借贷行为，是以偿还和付息为条件的价值运动的特殊形式，是指商品买卖中的延期付款或货币的借贷行为。在商品货币经济条件下，这种借贷行为表现为以偿还为条件的商品或货币的让渡，即商品或货币的所有者暂时地出让商品或贷出货币，而借入者则要在约定的日期还本并支付一定的利息。因此，信用具有两个基本特征：一是以偿还为条件，即到期必须归还本金；二是在偿还时有一个增加额，即支付利息。

借贷行为是对信用最一般的理解。凡是借贷行为都要包括贷者和借者两个当事人。贷者即债权人，借者即债务人。显然，债权和债务是构成信用这种经济行为的基本要素。

信用有两种载体，一是实物，二是货币。在商品经济不发达的条件下，较多采用实物借贷形式，如新中国成立之前的高利贷就盛行实物借贷。而在发达的商品经济条件下，信用更多采取货币的借贷形式。但无论是实物还是货币，借贷的实体都是价值。所以，信用即借贷行为的内容，是价值的运动或转移。

不过，信用作为一种价值运动有其特殊之处，主要有以下两个方面。

第一，信用是先让渡商品或贷出货币，做价值单方面的转移；而一般的价值运动，如商品交易，商品与货币同时做相向运动，表现为一手交钱，一手交货，钱货两清。

第二，信用以偿还和付息为条件，即在信用交易中，借贷双方的价值量是不对等的。贷者有获取利息的权利，借者则应承担支付利息的任务，转移的价值从中得到了增值。而在一般的价值运动中，商品与货币实行等价交换，两者价值量是相等的，只是商品的价值形态发生了变化。

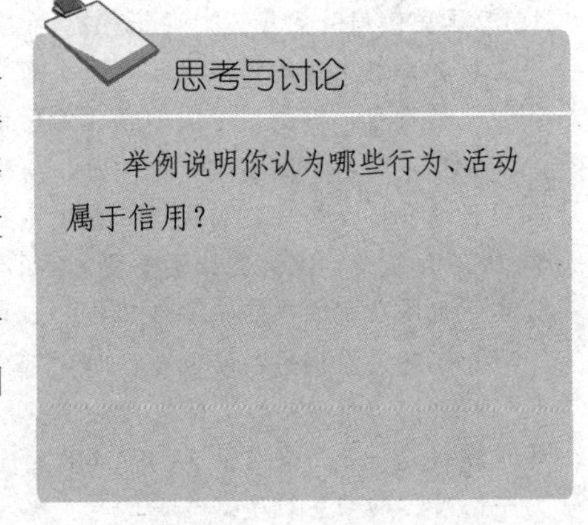

从价值单方面让渡这一点来说，信用与财政似有相似之处。但财政分配具有强制性和无偿性，而信用交易必须以偿还和付息为条件。

二、信用的形式

（一）商业信用

商业信用是较早产生的一种信用形式。在商品经济条件下，各企业之间的生产时间和流通时间经常不一致，使商品运动和货币运动在时间上、空间上产生脱节。例如，有些企业生产出来的商品有待销售，而需要这些商品的企业却因自己的商品还没有生产出来或者没有销售出去而缺乏支付能力。如果商品交易只限于现金的支付，势必出现“卖不出”与“买不进”同时并存的矛盾，影响生产的正常进行。而商业信用正是解决这种矛盾的可行办法之一。

商业信用是指企业之间在买卖商品时采取赊销方式而相互提供的信用。商业信用的具体形式有赊销商品、委托代销、分期付款、预付定金、补偿贸易等。但归结起来，不外乎两大类：一类是以赊销、分期付款等形式所提供的卖方信用；另一类是以预付定金、预付货款等形式提供的买方信用。商业信用按技术处理方式分为记账信用（个别的还有“口头信用”）和票据信用，票据信用的主要工具就是票据。通常说的商业信用票据化，就是指把记账信用转化为票据信用，实现商业信用的规范化。商业信用流程图如图 7.3 所示。

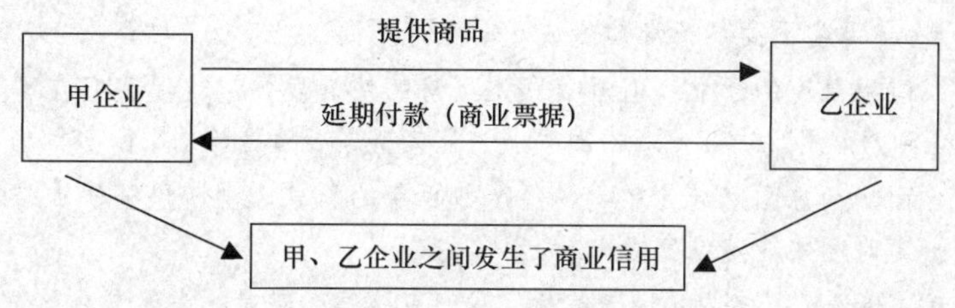

图 7.3　商业信用流程图

商业信用有以下三个特点：第一，商业信用是以商品形式提供的信用，其对象是商品，所以它所贷出去的资本处于产业资本循环过程中的最后一个阶段的商业资本。这种信用活动同时包含了两种不同性质的经济行为——买卖和借贷。这样一方面解决了买方企业资金不足的问题，另一方面也使卖方企业实现了商品的销售，所以，相对于卖方来说商业信用可以起到促销的目的。第二，商业信用的债权人和债务人都是企业。第三，商品生产和流通状况决定商业信用的兴衰。在经济繁荣时期，生产扩大，商品增加商业信用的规模和数量也会相应增加；反之，商品增加商业信用的规模和数量则会缩小。最后，商业信用作为一种优惠的销售条件，是企业促进销售的有力武器，这极大地促进了商品经济的发展。

补充阅读

1596 年，荷兰的一位船长带着 17 名水手，被冰封的海面困在了北极圈的一个地方。8 个月漫长的冬季，8 个人死去了，但荷兰商人却做了一件令人难以想象的事情，他们丝毫未动别人委托给他们运输的货物，这些货物中就有可以挽救他们生命的衣物和药品。冰冻时节结束了，幸存的商人终于把货物几乎完好无损地带回荷兰，送到委托人手中。荷兰人有充分的理由权变，他们可以先打开托运箱，把能吃的东西吃了，等到了目的地，可以加倍偿还托运者，任何人都会同意这种人道的做法。但是，荷兰人没有这样做。他们把商业信用看得比自己的生命更重要，他们用生命做代价，守住信用，创造了传之后世的经商法则。

荷兰曾经只是个 100 多万人口的小国，却因为商誉卓越而成为海运贸易的强国，福荫世世代代的荷兰人。

商业信用也有它的局限性，主要表现在：①商业信用是一种短期信用，只适用于短期融资。由于商业信用是企业向企业提供的，从个别企业来看，它以延期付款方式出售的商品，只是其当时在生产经营过程中暂时闲置的资本，不可能被长期占用。②商业信用提供的资金数量有限，受债权人拥有的资本数量的限制。③商业信用的资金使用方向受限制，只能由卖方提供给买方，且只能用于限定的商品交易上，即买方只能用于购买对方的商品。商业信用局限性，使它不可能成为最主要的信用形式，于是就产生了银行信用。

思考与讨论

“无尖不商”和商业信用缺失

读者看到“无尖不商”是不是认为编者写错字了？

没错，古代的米商做生意，除了要将斗装满之外，还要再多舀上一些，让斗里的米冒尖儿，因此称为无“尖”不商。但凡做生意，总给客人一点添头，这是我国古代商人经商的习俗，如布庄扯布“足尺放三”“加三放尺”，打油、打酒也一样有添头，“信”被视为经商的根本。

随着时代发展，“无尖不商”逐渐演变成了“无奸不商”。

改革开放后，信用制度的建立一时难以跟上经济的快速发展，这使我们在享受富裕生活的同时，也随时能体会到“信用”缺失带来的困惑——拖欠货款、随意违约、假冒伪劣、商业欺诈……

在商业信用方面，西方国家起步较早，经历数百年的积累，现阶段整体水平较高。我国商业信用制度还需要一定时间才能建立完善。

推荐读者思考并讨论：很多人不遵守信用，我们应该怎么应对？为什么古圣先贤教导我们要诚实守信？今后如果我们自己在学习、工作、生活中做一名诚实守信的模范，30年后有可能怎么样？

（二）银行信用

银行信用是指银行等金融机构以货币形式，通过吸收存款、发放贷款等业务活动所提供的信用。银行信用是在商业信用发展到一定水平时产生的，它是最重要的一种信用活动，构成了信用的核心。与商业信用相比，突破了商业信用的局限性，具有以下一些特点：

第一，商业信用的债权人和债务人都是企业，而银行信用必然以金融机构为媒介，体现以银行为一方，以企业或个人为另一方的信用关系。

第二，银行信用集中起来的资金，不仅包括各个企业闲置的货币资金，还包括社会公众用做储蓄的货币收入。因此，银行信用，突破了个别企业所拥有的资金数量的限制，在信用规模上大大超过了商业信用。

第三，银行的信用载体是以货币形态存在的资金，其流向可以不受商品流转方向的限制，克服了商业信用授受在方向对象上的局限性。

正是由于银行信用的这些特点，使得银行信用能够克服商业信用的缺陷。由于银行的贷方资金是从社会各阶层吸收来的存款，可以积少成多、续短为长，因此能够提供期限长、数量大的贷款；又由于银行信用是以货币形式提供的，因此可以提供给任何地区、任何部门、任何企业，资金的使用方向不再受限制。

虽然银行信用是一种较发达的信用形式，但它不能完全取代商业信用。商业信用直接与商品生产和商品流通相联系，企业通过商业信用可以直接融通资金，往往不求助于银行，因而在当今世界，商业信用仍被广泛使用。

案例阅读与分析

银行信用

某小型高科技企业，生产的通信电源技术含量高、专业性强，产品主要销售给国内大型通信设备制造商。由于企业处于起步阶段，研发资金投入大，而公司规模小，自由资金有限，在扩大生产经营方面受到较大的阻碍；加之公司处于弱势地位，无法从购货商处获得优惠的价格，公司面临资金周转的困难。

某商业银行向其提供了应收账款融资业务，公司将购货商的应收账款转让给银行，银行按照应收账款金额给予一定比例的融资，等到购货商到期支付货款后再归还银行。就这样该公司成功做好了这笔应收账款融资业务，金额200万元，解决了资金周转的困难。

之后，该公司陆续在银行办理应收账款融资业务，融资金额不断扩大。

分析：以上融资属于银行信用，该企业正是通过银行获得一定的融资金额，银行以货币形态对企业提供的信用予以认定，以此来解决企业的资金困难。

问题：银行信用的优越性体现在哪些方面？

（三）国家信用

国家信用是指国家及其附属机构以债务人身份，借助于债券筹集资金的一种信用形式。国家信用的债务人是国家（政府），债权人是购买债券的企业和居民等。

国家信用也称公共信用制度，是一种古老的信用形式，伴随着政府财政赤字的发生而产生。随着经济的发展，各国政府的财政支出都在不断扩大，财政赤字已经成为一种普遍的现象。在金属本位的条件下，为了弥补财政赤字和暂时性的资金不足，向社会公众发行债券或向外国政府举债成为各国政府的必然选择。目前世界各国几乎都采用了发行政府债券的形式来筹措资金，形成国家信用的内债。国家信用的外债一般是通过国与国之间的政府借贷来实现的，是国际化了的政府间的债权债务关系。随着全球经济金融的一体化，各国政府间的债权债务关系也日趋普遍。

1. 国家信用的工具

国家信用有多种形式，如发行公债券、发行国库券、专项债券、向银行借款、向国外借款等，其中典型的形式是发行公债券、国库券、专项债券（见图 7.4）。

（1）公债券。公债券是一种长期负债，一般在 1 年以上，甚至 10 年或 10 年以上。通常用于国家大型项目投资或较大规模的建设。发行公债时并不注明具体用途和投资项目。公债券是政府弥补长期的财政赤字而发行的期限在 1 年以上的长期债券。

图 7.4　公债券、国库券、专项债券票样

（2）国库券。国库券是政府为解决短期的预算支出而发行的期限在 1 年以下的债券。国库券是一种短期负债，以 1 年以下居多，一般为 1 个月、3 个月、6 个月等。

（3）专项债券。专项债券是一种指明用途的债券，如我国发行的国家重点建设债券等。

2. 国家信用的特点

国家信用是现代信用体系中一种重要的信用形式。它具有以下特点：

（1）国家信用的主体是政府。其信誉高、风险小。国家信用的债务人是政府，而政府不仅有稳定的税收收入作为还款的保证，更有国家信誉作为担保，因此，国家信用常常被看作是无风险信用。

（2）国家信用的稳定性强，适用于长期投资。国家信用的主要形式是公债，由于公债的还款期限较长，而且公债在未到期前只能贴现，不能兑付，因而聚集资金的稳定性较强，可用于长期投资。

（3）国家信用的范围更广泛。由于国家信用有时带有强制性，再加上政府的信誉程度较高，使得国家信用可以动用银行难以动用的那部分资金，因此，国家信用的范围可以比商业信用和银行信用都更加广泛。

3．国家信用的作用

国家信用在现代经济生活中的作用越来越明显。

（1）国家信用是弥补财政赤字的重要手段。国家财政发生季节性和临时性困难以及财政赤字时，必然要设法增加收入以资弥补，一般有三种途径：一是增加税收，但增税立法程序复杂，并可能引起社会不满；二是向银行透支，要求在银行有信贷资金来源的前提下才能进行，否则银行只有印发钞票，这样有可能引起通货膨胀，导致物价上涨；三是发行政府债券，以债券形式举债是较好的方法。

（2）国家信用是国家筹措建设资金、发展经济的重要手段。一个国家不论性质如何，其基本职能都是相同的，这就是要维持国家机器的运转，保障社会经济的发展和公众生活的安定。国家信用所筹措的资金可用于基础设施、公共事业建设等非生产性支出，还可用于军费开支和社会福利支出等。

（3）国家信用是有效调节货币供应量、保证货币供求平衡的有力武器。当资金供求不平衡、产品过剩、经济萎缩时，可通过国家信用增加政府的投资和消费支出，对经济起到扩张作用；反之，如果流通中货币过多，国家信用可吸收社会上的闲置资金，抑制资金过热。

（四）消费信用

消费信用又称零售信用，是银行等金融机构或企业向消费者个人或家庭提供的、直接用于生活消费的信用。当消费信用由工商企业提供时，类似于商业信用；当消费信用由银行等金融机构提供时，类似于银行信用。因此，消费信用与商业信用和银行信用之间没有本质区别，只是信用提供的对象和目的不同。消费信用主要是向消费者个人或家庭提供，目的是为了满足消费者个人和家庭对生活消费品尤其是耐用消费品的需要。

1．消费信用的形式

消费信用的形式主要有以下三种。

（1）商品赊销。企业以赊销的方式，特别是分期付款的赊销方式看，对顾客提供信用；是商业信用在消费者个人消费领域的表现。分期付款的具体做法是先由顾客与商店签订分期付款合同，然后由商店先交货物，再由顾客在规定的时间内根据合同要求分期偿付货款。在货款付清之前，消费品的所有权仍属于卖方。

（2）消费信贷。消费信贷是银行和其他金融机构直接贷款给个人，用以购买耐用消费品、住房、汽车以及支付旅游等，消费者主要以个人收入作为还款的保证，按规定期限偿还本息，期限有的可长达20年甚至30年。

（3）信用卡。由银行向具有一定信用的个人提供信用卡，个人可凭信用卡在可以接受该种信用卡的商店购买商品或享受服务，再由银行定期向顾客和商店结算。

案例阅读与分析

信用卡诞生记

据说20世纪50年代的一天，美国一位叫麦克纳马拉的商人在纽约一家饭店招待客人用餐，就餐后发现未带钱包，深觉尴尬难堪，不得不打电话叫妻子带着现金来饭店结账。随后，他就产生了创建信用卡公司的念头。1950年，麦克纳马拉和他的一位朋友创建了“大莱俱乐部”，发行信用卡，会员只需每年交3美元会费，就可以在纽约27家饭店中的任何一家记账用餐。最初，这种信用卡还没多大影响力，只有几百人被说服加入俱乐部。可没过几年，俱乐部会员人数猛增，信用卡交易额急剧扩大，麦克纳马拉顺势将大莱俱乐部改组成大莱信用卡公司。这位精明的商人可能连做梦都没有想到，他发现的是一个何等巨大的商机——几十年后，信用卡在发达国家几乎人手一张，成了人们日常生活不可或缺的支付工具。

信用卡理财小窍门

信用卡作为一种便捷的支付工具，已经为越来越多的人们所接受和喜爱。其实，信用卡不仅可以作为支付工具，而且可以作为理财工具，充分发挥理财的功能。

其一，信用卡和其他银行卡一样，免去了我们携带大量现金的烦恼。与此同时，消费积分可以兑换各种精美礼品，从而淘到信用卡理财的“第一桶金”。另外，还可以通过银行每月的账单，了解自己的消费习惯和消费结构，慢慢地就会做到心中有数，控制自己的消费。

其二，一般来说，信用卡都具有50～56天的最长免息期。合理利用这一点，可以让银行的钱为我们生钱。例如，日常的消费尽量使用信用卡来支付，而手头的现金可以购买一些低风险、流动性强的产品，如货币基金等，获得的收益高于活期存款利息的几倍，这是信用卡带给我们的“第二桶金”。

其三，信用卡相当于给了我们一笔紧急应变的资金。在日常生活中，难免会发生一些突发的事件，在需要资金应付这些突发事件时，信用卡提供给我们一条解决途径。信用卡具备透支功能，按日计付透支利息，但因借款时间短，对持卡人造成的经济负担不大。

其四，建立良好的个人信用。随着我国个人征信系统的日益完善，信用状况越来越影响个人在金融机构的借贷结果。使用信用卡，养成良好的消费习惯，形成良好的还款记录，利于金融机构评估个人信用等级。

我们要怎样使用信用卡来进行理财呢？这里介绍了以下三点。一是按时还款，不但能减免利息，还能形成良好信用记录；二是信用卡主要用于消费，少取现；三是持有2～3张不同银行、不同账单日的信用卡，尽量享受最长的免息期和不同的优惠商户及优惠活动。

（佚名）

问题：讨论对信用卡理财功能的认识。

2. 消费信用的作用

消费信用在一定条件下，可以促进经济增长。①消费信用实际上是向那些目前并不具备消费条件的个人提供信用，使之消费愿望变为现实。这使得消费者的消费提前了，提前了的消费扩大了总需求，促进了消费品的生产和销售，同时也促进了服务业的发展，因而也促进了经济的增长。据估计，在美国，如果不采用分期付款，住房、汽车等销售量就减少 1／3 到 1／2。②此外，企业通过以赊销方式对顾客提供信用等方式，这一信用形式对于促进新技术的应用、新产品的推销以及产品的更新换代，也有不可低估的作用。

但是，消费信用也有消极的一方面。①消费信用过分发展，掩盖供求矛盾，造成一时的虚假需求，传递错误信息，使一些消费品生产盲目发展。②过量发展消费信用会导致信用膨胀。③延期付款的诱惑下，对未来收入预算过大使消费者债务负担过重，增加社会不稳定因素。1998 年之后，我国出现了通货紧缩现象，当时为了扩大内需、促进消费增长、拉动投资，消费信用的推广成为促进经济稳健持续的增长的手段之一。但是，若消费者需求过高，生产扩张能力有限，消费信用则会加剧市场供

除了以上四种信用形式以外，还有民间信用、国际信用等信用形式。

求紧张状态，促使物价上涨，造成虚假繁荣等消极影响。因此，消费信贷应控制在适度范围内。

补充阅读

20 世纪末 21 世纪初，流传着这样一则幽默故事：一个中国老太太和一个美国老太太死后在天堂不期而遇。美国老太太说："总算还完了几十年的住房贷款。"中国老太太则叹息："总算攒够了买房的钱。"这则幽默将中西方消费观念的差异表现得淋漓尽致，同样是购买住房，中国老太太先攒钱，虽然是无债一身轻，但临死也没住上房；而美国老太太先借钱买房，后还债，结果提前几十年住进了新居。

曾有资料显示，在最早实行消费信贷的美国，约有 $2/3$ 的小汽车和一半以上的电视机、家具等耐用消费品是通过消费信用的方式购买的。

消费信用在我国起步较晚，直到 1998 年 3 月，中国建设银行首先推出个人住房消费信贷，同年 10 月又推出汽车消费信贷，信用消费才逐渐走进了百姓生活。当前，住房、汽车等耐用消费品贷款、教育助学贷款、旅游贷款等消费信贷业务正在成为我国商业银行的重要竞争领域，但目前的规模还不够大，比重还不够高。为了吸引消费者，银行和商家在服务等方面做了不少文章，国家也在政策上大力支持。

三、利息及利率

利息是借贷关系中由借入方支付给贷出方超过本金的部分，或者说，利息是资金所有者由于借出资金而得到的报酬，即借贷资金的增值额。

利息是在信用活动中产生的，没有信用就没有利息，在信用活动中，货币所有者贷出货币资金，让渡其使用权，货币使用者在到期偿还借款时必须支付一个增加额，这个增加额就是利息。正是因为有了利息，才使得贷者愿贷、借者能借，因而利息又是信用产生、存在和发展的必要条件，没有利息就没有信用。

利息额与借贷资本价值之比就是利息率（简称利率），它是计量借贷资本增值程度的数量指标。

（一）利率的表示

简单地说，利率就是利息与本金的比率：

利息率=利息额 / 借贷资本金×100%

利率的表示方法有三种，即年利率、月利率和日利率，亦称年息、月息、日息。年利率以本金的百分之几表示（分），月利率以本金的千分之几来表示（厘），日利率以本金的万分之几表示（毫）。按照我国传统习惯，利率的基本单位是"厘"。如年利率为 6%，称年息 6 厘；月利率为 9‰，称月息 9 厘；日利率 3‱，称日息 3 厘。

年利率、月利率和日利率之间的换算公式是

年利率÷12=月利率

月利率÷30=日利率

年利率÷360=日利率

【例 7.1】 如本金为 1 000 元，1 年的利息为 50 元，1 个月的利息为 3 元，1 天的利息为 0.1 元，则：

年利率=50÷1000×100%=5%，年息为 5 厘；

月利率=3÷1000×1000‰=3‰，月息为 3 厘；

日利率=0.1÷1000×10000‱=1‱，日息为 1 厘。

（二）利息的计算

货币是具有时间价值的，对于一个医生而言，时间就是生命；对于一个将军而言，时间就是胜利；而对于一个经济学家而言，时间就是金钱。所谓一寸光阴一寸金，使用货币资金的时间越长，其价格越贵，而货币资金的价格就表现为利率。

利息额的高低取决于三个因素：一是本金的金额，二是借贷期限，三是利率。计算利息的方法有两种，即单利法和复利法。

1. 单利法

单利法是指在计算利息额时，不论期限长短，仅按本金计算利息，所生利息不再加入本金重复计算利息，适用于短期借贷。单利法的计算公式是

$$I=P\cdot r\cdot n$$

$$S=P+P\cdot r\cdot n=P(1+r\cdot n)$$

式中，I 代表利息额，P 代表本金，r 代表利率，n 代表借贷期限，S 代表本金和利息之和，简称本利和。

【例 7.2】 小张购买某企业债券 20 000 元，年利率为 3%，借款期限为 2 年，则到期应支付利息额和本利和分别为多少？

解:

利息额（I）$=P\cdot r\cdot n=20\,000\times3\%\times2=1\,200$（元）

本利和（S）$=20\,000+1\,200=21\,200$（元）

或　本利和（S）$=P(1+r\cdot n)=20\,000\times(1+3\%\times2)=21\,200$(元)

即学即练

某公司从银行贷款 1 000 万元，年利率为 5%，期限 3 年。用单利法计算该公司共应向银行支付多少利息？本利和是多少？

2. 复利法

复利是单利的对称。复利法是指计算利息时，要按一定期限（如一年），将所生利息加入本金再计算利息，逐期滚算，俗称“利滚利”，其计算公式为

$$S=P(1+r)^n$$

$$I=S-P=P[(1+r)^n-1]$$

式中，S 代表本金和利息之和，n 代表借贷期数，I 代表利息额，P 代表本金，r 代表利率。

【例 7.3】 小王借款 10 000 元，年利率为 4%，借款期限为 2 年，每年计算利息一次，按复利法计算本利和、利息额。

解:

本利和（S）$=P(1+r)^n=10\,000\times(1+4\%)^2=10\,816$（元）

利息额（I）$=10816-10\,000=816$（元）

或　利息额（I）$=P[(1+r)^n-1]=10\,000\times[(1+4\%)^2-1]$

$=816$（元）

即学即练

某公司从银行贷款 1 000 万元，年利率为 5%，期限 3 年。用复利法计算该公司共应向银行支付多少利息？本利和是多少？

补充阅读

时间价值

1626年，印第安人上了荷兰人的当，荷兰人用价值约24美元的东西从印第安人手里买下了纽约。是否上当姑且不论，我们借此认识一下复利的魅力。

设银行年利率为复利6%，24美元一直存到2015年的本利和为

$$S=P(1+r)^n=24\times(1+6\%)^{2015-1626}\approx 0.17\text{ 万亿美元}$$

这是个天文数字，如果年利率提高为复利7%，则存到2015年的本利和为

$$S=P(1+r)^n=24\times(1+7\%)^{2015-1626}\approx 6.46\text{ 万亿美元}$$

如果年利率再提升至8%，则

$$S=P(1+r)^n=24\times(1+8\%)^{2015-1626}\approx 241\text{ 万亿美元}$$

2014年美国国内生产总值不足17万亿美元，我国国内生产总值也刚刚突破10万亿美元，三四百年前的24美元能把全世界都能买下来？

当然不能！以上运算只是假设，我国商业银行一直实行单利，而且最长期限是5年。国外商业银行存款也不会享受如上述计算假设中的好条件。还需要考虑一点，西方发达国家金融市场较成熟，单纯存款利率极低，年利率通常在1%以下甚至接近于零，有兴趣的读者可以将年利率改为复利0.25%，重新计算看看本利和缩水到了什么程度。

> 复利本利和可用计算机、手机自带的计算器或电子表格（WPS表格或Excel表格）计算，以本金24美元、复利0.25%为例，389年后的本利和计算公式如下：
> $24\times(1+0.25\%)^{389}$

银行存款基本上没有实现上述天文数字的可能，但其他金融理财产品却有可能。曾有媒体报道1979年美国耶鲁大学有一群毕业多年的同学聚会，凑了37.5万美元，他们认为学校不会理财，他们帮着做投资理财，想看看25年后（2004年）会是什么结果。2004年，耶鲁大学收到了这笔等待了25年的捐款——1.1亿美元。

类似的故事还有很多，但读者也应该注意，利用复利计算的金融产品利息高，同时风险也大，血本无归的情况也屡见不鲜。

（三）利率的种类

利率的种类很多，可依据不同的分类标准把利率分为不同类别。

1. 名义利率和实际利率

名义利率是以名义货币表示的利息率，也就是借贷契约和有价证券上规定的利率，它不考虑通货膨胀因素对货币币值本身的影响。而实际利率是指在物价不变，从而货币购买力不变的条件下的利率，它是剔除了通货膨胀因素以后的真实利率。理论上讲，其公式为

实际利率=名义利率-通货膨胀率

实际利率等于名义利率，这种情况在现实生活中很少出现，因为物价总在变动。当物价上涨率高于名义利率时，实际利率就成为负数，通常称为“负利率”，负利率不利于储蓄和投资，从而对经济有消极影响。

2. 固定利率和浮动利率

这是根据在借贷期内利率是否调整为标准划分的。固定利率是指在整个借贷期限内，利率不随借贷资金的供求状况而变动的利率。固定利率尽管在计算资金成本时比较方便，但在有严重通货膨胀时，会给债权人带来很大的损失。浮动利率是指在借贷期限内随市场利率的

变化而定期调整的利率。借贷双方可以在签订借款协议时就规定利率可以随物价或其他市场利率等因素进行调整。浮动利率可避免固定利率的某些弊端，但计算依据多样，手续繁杂。

3. 市场利率和官方利率

市场利率是指在货币借贷市场上由借贷双方通过竞争而形成的利率。市场利率随借贷资金供求关系的变化而变化。官方利率是指一个国家政府通过金融管理部门或中央银行确定的利率。它反映了非市场力量对利率的干涉。一方面，官方利率的变化代表了政府货币政策的意向，市场利率随官方利率的变化而变化；另一方面，市场利率反映的是借贷资金的供求状况，是国家制定官方利率的重要依据。

4. 短期利率和长期利率

短期利率一般指借贷期限在 1 年（含 1 年）以内的利率，长期利率一般指借贷期限在 1 年以上的利率。利率高低与期限长短、风险大小有着直接的联系，期限越长的投资，风险越大，因而利率也越高；期限越短的投资，风险越小，因而利率也越低。因此，在一般情况下，短期利率总是低于长期利率。

（四）决定和影响利率变化的因素

决定和影响利率的变化的因素很多，最主要的因素有以下五项。

1. 社会平均利润率

在资本主义社会，利息是利润的一部分，利率同利润率，准确地说是同平均利润率有着密切联系。在其他条件不变的情况下，平均利润率高，银行就要按较高的利率收取或支付利息，因为即使利率较高，生产和经营仍能获得较多的利润。同样，银行也就会向存款者支付较高的利率以吸取更多的存款。而平均利润率下降时，情况就会相反。

2. 借贷资本的供求关系

在商品货币经济条件下，借贷资本是一种特殊商品，利率是借贷资本价格，由借贷资本的供求状况决定。借贷资本作为一种特殊商品，它同普通商品一样要受价值规律的支配，其价格也一样要受供求状况的影响。当借贷资本供不应求时，利率会提高；反之，当借贷资本供大于求时，利率则会下跌，借者可以支付较少的利息，获得更多的利润。所以，资金供求状况是影响利率变动的一个重要因素，它决定某一时刻利率的高低。

3. 物价水平

利率与物价水平呈正方向变动，物价水平上涨，人们持有的货币就会贬值，为了避免物价上涨率高于名义利率，而使实际利率变为负数，就必须提高利率水平；物价水平下降，人们持有的货币就会升值，为了避免实际利率过高而抑制人们的消费，从而对经济产生不利影响，就要降低利率水平。

4. 国家经济政策

在现代市场经济条件下，利率不再完全随着借贷资本供求状况的变化而自由波动，它还要受到国家经济政策的调节和控制，而成为一种重要的货币政策工具。中央银行利用手中所掌握的货币政策工具，通过变通再贴现率调节信用规模和货币供给，或直接干预各种存贷款利率，都会对利率水平产生影响。

5. 国际利率水平

国际市场与国内市场利率如果不平衡，就会引起国际间资金流动，以至影响一国国际收支。如果国内利率高于国际利率，将吸引外资流入，国内信贷资金供应增加；反之，如果国内利率低于国际利率，将引起国内资金外流，国内信贷资金减少。

即学即练

如何保证本息不受损失？

某银行将1亿元本金贷给某企业，在实际利率为6%，通货膨胀率为2%的条件下，该银行收回本息时的利率应如何计算才能保证本息不受损失？

补充阅读

人民银行利率工具

利率政策是我国货币政策的重要组成部分，也是货币政策实施的主要手段之一。中国人民银行根据货币政策实施的需要，适时运用利率工具，对利率水平和利率结构进行调整，进而影响社会资金供求状况，实现货币政策的既定目标。

目前，中国人民银行采用的利率工具主要有：①调整中央银行基准利率，包括再贷款利率，指中国人民银行向金融机构发放再贷款所采用的利率；再贴现利率，指金融机构将所持有的已贴现票据向中国人民银行办理再贴现所采用的利率；存款准备金利率，指中国人民银行对金融机构交存的法定存款准备金支付的利率；超额存款准备金利率，指中央银行对金融机构交存的准备金中超过法定存款准备金水平的部分支付的利率。②调整金融机构法定存贷款利率。③制定金融机构存贷款利率的浮动范围。④制定相关政策对各类利率结构和档次进行调整等。

中国人民银行网站“利率政策”栏目页面内可查询利率水平、利率政策介绍等内容：http://www.pbc.gov.cn/publish/zhengcehuobisi/621/index.html

中国人民银行加强了对利率工具的运用。利率调整逐年频繁，利率调控方式更为灵活，调控机制日趋完善。随着利率市场化改革的逐步推进，作为货币政策主要手段之一的利率政策将逐步从对利率的直接调控向间接调控转化。利率作为重要的经济杠杆，在国家宏观调控体系中将发挥更加重要的作用。

本章小结

本章首先对金融的概念进行阐释，指出金融主要是指货币资金的融通，即货币、货币流通、信用以及直接相关的经济活动，诸如货币的发行和回笼，各种存款的吸收和提取，各种贷款的发放和收回，以及各种证券的发行和转让。

同时指明了金融在当代国民经济中发挥的作用，金融是资金融通活动的信用中介；金融是引导资金流向的指示器；金融是国家对宏观经济进行调控的重要杠杆。

与金融活动相关的货币从原始社会末期产生至今至少有五千多年的历史，在这期间不同的国家和地区出现过各种不同形态的货币，货币形式的演变由低级到高级可以划分为五个阶段，即实物货币、金属货币、纸币、存款货币和电子货币。

货币在执行过程中起着价值尺度、流通手段、贮藏手段、支付手段、世界货币的职能。同样在金融活动中，信用的存在才使得金融活动得以持续发展。信用，是指经济上的一种借贷行为，是以偿还和付息为条件的价值运动的特殊形式，是指商品买卖中的延期付款或货币的借贷行为。

在商品货币经济条件下，这种借贷行为表现为以偿还为条件的商品或货币的让渡，即商品或货币的所有者暂时地出让商品或贷出货币，而借入者则要在约定的日期还本并支付一定的利息。

信用具有两个基本特征：一是以偿还为条件，即到期必须归还本金；二是在偿还时有一个增加额，即支付利息。

信用形式是信用关系借以表现的具体形式，信用的形式是多重多样的，其中有商业信用、银行信用、国家信用和消费信用，这是现代信用的主要形式。

综合练习

一、不定项选择题

1. 货币的本质是（　　）。

A. 金属货币　　B. 纸币　　C. 支付凭证　　D. 充当一般等价物的特殊商品

2. 货币的基本职能是（　　）。

A. 价值尺度　　B. 流通手段　　C. 支付手段　　D. 贮藏手段　　E. 世界货币

3. 人民币是属于（　　）。

A. 金属货币　　B. 商品货币　　C. 代用货币　　D. 信用货币

4. 信用是一种借贷行为，是以（　　）为条件的价值单方面运动。

A. 偿还　　B. 交换　　C. 赢利　　D. 付息

5. 以下属于信用活动的是（　　）。

A. 财政拨款　　B. 商品买卖　　C. 救济　　D. 赊销

6. 商业信用的债权债务人是（　　）。

A. 企业经营者　　B. 银行或其他金融机构　　C. 国家政府和企业　　D. 银行和企业

7. 国家信用的主要形式是（　　）。

A. 发行政府债券　　B. 向商业银行短期借款　　C. 向商业银行长期借款　　D. 自愿捐助

8. 在计算利息额时，按一定期限，将所生利息加入本金再计算利息的计息方法是（　　）。

A. 单利计息　　B. 复利计息　　C. 存款计息　　D. 贷款计息

9. 实际利率是（　　）的利息率。

A. 中央银行规定　　B. 借贷期间可以定期调整　　C. 以名义货币表示　　D. 扣除通货膨胀因素以后

10. 利率的决定与影响因素有（　　）。

A. 利润的平均水平　　B. 资金的供求状况　　C. 物价变动的幅度　　D. 国际利率水平　　E. 政策性因素

二、名词解释

1. 金融　　2. 信用　　3. 货币

三、简答题

1. 货币制度的演变都有哪些？

2. 比较商业信用和银行信用的特点，并说明二者之间的关系。

3. 什么是利率？其怎样表示？

四、实训题

1. 结合我国当前的社会热点问题，选择相关金融新闻进行讨论，并结合本章内容提出金融知识点。

2. 假如你的一位非常要好的朋友王某是一个体育彩票迷，他手气很好，过去的一段时间里基本上是“收支平衡且颇有盈余”。有一天他向你借 3 万元人民币，说是要开办一家打字复印部，并承诺两年后附带利息一并还你。你非常看好打字复印部的市场前景，但担心他用你的钱去购买体育彩票，若中大奖，他肯定有还款能力，若没能中奖，你可能连本金也不能收回。

试问：你是否愿意将钱借给你的这位朋友？若借给他，你将如何规避风险？

第八章 金融机构

目的和要求

1. 了解金融机构体系的内容。
2. 理解中央银行、商业银行的概念、性质和职能。
3. 掌握商业银行的业务。
4. 了解政策性银行的特点。

内容导入

有一则故事，是说某岛上有一些金匠，他们靠加工金银首饰为生。其中，有手艺高超的，他们工艺精湛，做出的东西很好，自然拿着金银找他们加工的人就越来越多，甚至排成了长队等着加工。于是，大家就干脆把金、银存放在他们那儿，并由金匠开出收据做凭证。大家凭收据取回首饰。长此以往，时间长了，金匠就有了市场上的信誉度，慢慢地因为金匠的信誉度非常好，所以他开出的收据被市场所承认，可以直接在市场上流通。此时，金匠开出的收据和他所存的金子是等值的，也就是说金匠开出的一两金子的票据，对应的在他的库房里就有一两金子在那儿放着。随着时间的推移，金匠所存的金子不断地增多，他发现每天只有一定数量多的金子被提走，而另一部分金子基本上是不动的。受此启发，金匠就以存着不动的金子为基础，开出票据到市场上去投资或借给贷款人，用以获得更大的收益。

随着金匠一次次的冒险成功，他的财富在不断地积累。他发现投资越多，财富增长得越快。可他没有那么多金子，怎么办呢？于是，他就超出他实际所拥有的金子数开出更多的票据，到市场上去投资。此时，他所开出的票据和金子是不等值的。因为，他可能只有一两金子，却开出了二两金子的票据。于是十足的准备金制度，演变为部分准备金制度。早期银行就在首饰加工业的基础上产生了。

孤岛金匠的故事比较形象地展示了银行的产生过程，那么现在金融机构体系是什么样子的？中央银行、商业银行、政策性银行都是如何运行的？本章将对这些问题做简要介绍。

第一节 金融机构体系概述

金融机构有狭义和广义之分。

狭义的金融机构是指金融活动的中介机构，即在间接融资领域中作为资金余缺双方交易的媒介，专门从事货币、信贷活动的机构，主要指银行和其他从事存、贷款业务的金融机构。

广义的金融机构是指所有从事金融活动的机构，包括直接融资领域中的金融机构、间接融资领域中的金融机构和各种提供金融服务的机构。直接融资领域中的金融机构的主要任务是充当投资者和筹资者之间的经纪人，即代理买卖证券，有时本身也参加证券交易，如证券公司（投资银行）等。

银行、证券、保险被称为金融业的三大支柱，因篇幅所限，本书参考狭义金融机构的概念，主要介绍银行业。

金融机构体系是指金融机构的组成及其相互联系的统一整体。在市场经济条件下，各国金融机构体系大多数是以中央银行为核心来进行组织管理的，因而形成了以中央银行为核心，商业银行为主体，各类银行和非银行金融机构并存的金融机构体系。

一、金融机构存在的意义

金融机构特别是银行的出现，使融资方式得到了发展和创新。

1. 金融机构作为金融中介，克服了直接融资的局限性

一般来说，直接融资要受融资双方资产数量的限制，要受融资双方资信的限制，还要受融通资金的时间、地点、范围等的限制。也就是说，在资金融通过程中，由于存在上述种种限制，往往使借贷关系难以直接形成。而金融机构以信用中介人身份出现，可以有效地解决这个矛盾。例如，银行通过吸收存款的形式，把社会各阶层的收入和储蓄集中起来，就可以克服融通资金在数量、时间、地点、范围等方面的限制。本来是分散的、小额的货币资金，经银行集中后就可以满足大额投资的需要。本来是期限不同的存款，经过银行的媒介作用，就可以满足不同期限的借款需要。例如若干短期存款，经银行集中并形成一个相对稳定的余额后，能够“续短为长”，以满足长期借款的需要。

2. 可以节约交易成本和提高资金运用安全性

在直接融资过程中，贷款者首先要去寻找借款者，找到之后还要对借款者的信誉、偿债能力等因素进行调查，双方达成交易后还要对借款人的借款使用情况进行监督……因此，贷款者不仅要有大量的时间和精力，还要有专门的知识和技术，这对于单个贷款人而言，是非常困难的。而银行等金融中介机构是专门从事融资活动的，有这方面的知识和技术，能对借款人的报表、资信、偿债能力等情况进行准确的分析，还可以通过在银行开设账户对借款者的用款行为进行监控，从而既省去了贷款者的麻烦，又降低了费用。此外，金融机构所具有的资金雄厚、信誉度好和稳定性强的优势，也可以起到减少和分散借贷双方风险的作用，大大提高了资金运用的安全性。

3. 分散风险

单个的投资者要实现投资的多样化是很困难的，虽然我们经常说“不要把所有的鸡蛋放在一个篮子里”，但假如你只有一个鸡蛋，又怎能把这一个鸡蛋放在多个篮子里呢？即使你有很多鸡蛋，可以放在多个篮子里，你有足够的时间、精力和知识把每一个篮子里的鸡蛋都照顾好吗？银行等金融中介机构可以解决这些问题，它把每一个存款者的少量资金集中起来进行大额投资，它有专门的经验和人力来实现投资的多样化，从而降低风险。

二、金融机构的分类

金融机构种类繁多，为便于讲解，下面按多种分类方式对其进行分类。

1. 按照职能分类

金融机构按照职能（是否经营银行业务）可分为银行类金融机构和非银行类金融机构。

银行类金融机构是以存款、放款、汇兑结算等业务为其主要业务的金融机构。其包括中央银行、商业银行、政策性银行、专业银行四类。

非银行金融机构不以吸收存款作为主要资金来源渠道，而是以某种方式吸收资金，并运用资金从中获利。其包括保险公司、信托公司、证券公司、租赁公司、财务公司等。在金融机构体系中是重要的组成部分，其发展状况是衡量一国金融机构体系是否成熟的重要标志之一。

2. 按是否以营利为目的分类

金融机构按是否以营利为目的可分为营利性金融机构与非营利性金融机构。

营利性金融机构有商业银行、专业银行和保险公司等。

非营利性金融机构有中央银行、政策性银行等。

3. 按地位和功能分类

金融机构按地位和功能不同，可以分为监管性金融机构和经营性金融机构。

监管性金融机构是代表国家行使金融监督和管理权力的机构。我国的金融监管机构主要包括中国人民银行、银行监督管理委员会、保险监督管理委员会、证券监督管理委员会，即“一行三会”。

经营性金融机构是必须接受金融监督和管理的金融机构。经营性金融机构包括政策性银行、商业银行、证券机构、保险机构、信用合作机构、非银行金融机构和其他金融组织。

三、我国的金融机构体系

我国的金融机构体系可参见图 8.1。

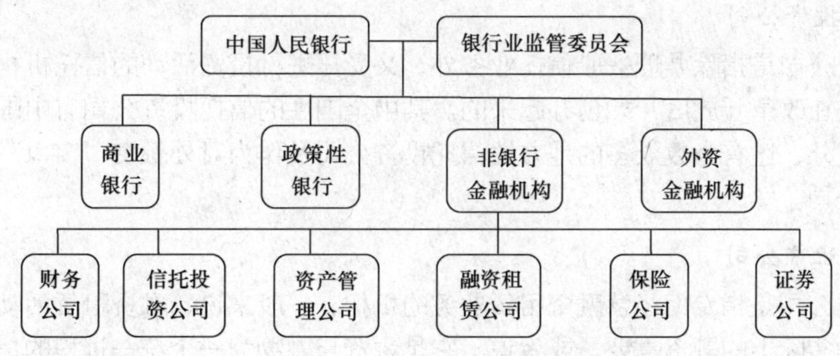

图 8.1　我国的金融机构体系

（一）银行类金融机构

1. 中央银行

所谓中央银行是指专门制定和实施货币政策、统一管理金融活动并代表政府协调对外金融关系的金融管理机构。在现代金融体系中，中央银行出于核心地位，是一国最重要的金融管理当局和宏观经济调控部门。

我国的中央银行是中国人民银行。

2. 政策性银行

政策性银行属于官办或半官的专业信贷机构，一般有三种类型：一是支持国家重点产业发展和新兴产业开发方面的金融机构，二是农业信贷方面的金融机构，三是外贸信贷方面的金融机构。这类金融机构是国家为了加强对经济的干预能力，保证国民经济发展的相对平衡，由政府主导建立的。

3. 商业银行

商业银行亦称存款货币银行，是以经营工商业存放款为主要业务，并以利润为其经营目标的信用机构或特殊企业。在各国银行体系中，商业银行以其机构数量多、业务渗透面广和资产规模大等优势，始终居于其他金融机构不能替代的重要地位。

（二）非银行金融机构

非银行金融机构种类较多，最常见有的以下几种。

1. 保险公司

保险公司是经营保险业务的经济组织，是非银行金融机构的重要组成部分。它是以集合多数单位或个人的风险为前提，用其损失概率计算分摊金，以保险费的形式聚集起来，建立保险基金，用于补偿因自然灾害或意外事故所造成的经济损失的具有法人资格的企业。作为一种补偿经济制度，分为财产保险、责任保险、人身保险、保证保险等。

2. 证券公司

证券公司又称券商，是由证券主管机关批准设立的在证券市场上经营证券业务的非银行金融机构。推销政府债券、企业债券和股票，代理买卖和自营买卖已上市流通的各类有价证券，参与企业收购、兼并。充当企业财务顾问等是证券公司的主要业务。证券公司在各国的称谓有所不同，美国和欧洲大陆称为投资银行，英国称为商人银行，日本和我国则称为证券公司。

3. 信托投资公司

信托投资公司是指除办理一般信托业务外，又受托进行投资活动的信托机构。我国的信托投资公司是在改革开放后开始创办起来的。其中全国性的信托投资公司有中国国际信托投资公司等。此外，还有为数众多的地方性信托投资公司及作为对外融资“窗口”的省、市国际信托投资公司。

4. 融资租赁公司

现代租赁公司是指专门经营融资租赁业务的机构。一般来说，融资租赁活动通过直接融资来满足客户实际上的融资需要，或者说，它是融资与融物为一个统一过程的信用活动。所以租赁公司成为一国金融机构体系中的特殊部门。

世界各国作为金融机构的租赁公司，其组织形式主要有两种类型：第一种是银行或与银行有关的金融机构所属的租赁公司。第二种是独立经营的租赁公司。租赁公司的业务范围相当广泛，几乎涉及从单机设备到成套工程设备、从生产资料到工业产权、从工商业设施到办公设备各个领域，而且许多公司还大量经营国际租赁业务。

5. 财务公司

财务公司又称“财务有限公司”或“金融公司”，它不以投资为目的，其作用是直接对个人或企业供应资金，是一种经营部分银行业务的非银行金融机构。业务主要包括：发放贷款、投资、经营耐用品租赁或分期付款等销售业务。财务公司的资金来源有商业票据、长短期债券、银行借款等，资金主要运用于消费信贷和企业信贷方面。

6. 资产管理公司

资产管理公司通常是指一种“受人之托，代人理财”的信托业务。从这个意义上看，凡是主要从事此类业务的机构或组织都可以称为资产管理公司。

资产管理公司通常可以分为非金融资产管理公司和金融资产管理公司两类。

非金融资产管理公司进行正常资产管理业务的资产管理公司，没有金融机构许可证。一般情况下，商业银行、投资银行、证券公司等金融机构都通过设立资产管理业务部或成立资产管理附属公司来进行正常的资产管理业务。它们属于第一种类型的资产管理业务。基于这种正常的资产管理业务分散在商业银行、投资银行、保险和证券经纪公司等金融机构的业务之中。

金融资产管理公司专门处理金融机构不良资产的金融资产管理公司，持有银行业监督委员会颁发的金融机构许可证。组建金融资产管理公司来管理和处置银行的不良资产是国际上的通行做法。

第二节　中央银行

一、中央银行建立的必要性

在银行的发展历史上，先出现的是商业银行，而后才有中央银行，中央银行是由私人商业银行演化而来的。一般认为，1844 年英国通过的《英格兰银行条例》，使英格兰银行垄断了英国银行券的发行权，标志着中央银行的诞生。中央银行产生的必要性体现在以下几个方面。

1. 统一发行银行券和纸币的需要

在银行业发展初期，没有专门发行银行券和纸币的银行，银行券和纸币的发行权最初几乎每家银行都拥有，但随着发行银行的增加，市场流通的银行券日益增多和复杂化，于是出现了两个问题：一是由于经济危机日益频繁，破产的银行无法保证自己发行的银行券兑现，造成经济上的混乱；二是限于各银行本身的财力和信用，发行的银行券不仅数量有限，而且流通的范围较窄，不能适应商品生产和商品流通发展对货币的需求。因此，客观上要求有一个具有权威性且资本雄厚的大银行，这个银行发行的银行券或纸币能在全国范围内流通并能保证其兑现。

2. 统一进行票据交换和清算的需要

随着信用经济的发展，银行业务不断扩大，银行每天收受票据的数量日益增多，各银行之间的债券债务关系复杂化了，然而，由于没有一个统一的、公正的票据清算机构，使银行间债权债务关系的清算变得困难重重。这样，不仅异地结算矛盾很大，即便是同城结算也有问题。因此，在客观上要求建立一个全社会统一而有权威、公正的清算中心，以便解决商业银行间的票据交换与清算问题。

3. 商业银行需要一个“最后贷款者”

随着生产的发展和流通的扩大，对贷款的要求数量增多而且期限延长，商业银行仅仅靠自身吸收的存款来提供放款，就远远不能满足社会经济发展的需要，同业拆借也只能解决小额的临时困难，存款过多地用于放款，又会削弱银行的清偿能力，影响银行经营的安全与稳定。因此，在客观上就需要有一个统一的金融机构，来集中商业银行和其他金融机构的现金准备，以调剂资金需求，即当一些银行发生资金困难时，给予贷款支持，以避免大规模银行倒闭现象的发生，即在客观上要求有一个“后台”，来充当“最后贷款者”。

4. 强化金融管理的需要

金融活动正常进行事关整个经济的顺利发展，随着金融事业的发展，机构日益增多，业务范围日趋扩大，同业之间竞争日渐激烈，需要政府进行必要的统一管理，但由于这方面工作的专业性、技术性很强，所以需要一个统一的、有权威的金融机构来加强对全国金融机构和金融市场对的管理与监督，规范和调节其业务活动，并代表国家处理有关国际金融事务。

补充阅读

英格兰银行从商业银行到中央银行的过程

英格兰银行是于1694年7月27日由伦敦城的1 268名商人创立的，当时的目的是为了集资120万英镑按年息 8%贷款给英国国王威廉三世，以支持其在欧洲大陆的军事行动。当时，正值英法战争时期，英国政府庞大的战争开支导致了英国的财政危机。为了弥补财政支出，英国皇室特许英格兰人威廉·彼得森（William Paterson）等人的提议，由本来已是政府债权人的金匠们募集120万英镑作为股本，建立银行，对政府放贷。这一倡议于1694年7月27日由英国国会制定法案同意实行。

在此之后，英格兰银行就一直充当政府银行的角色。政府的各项税收和其他收入的财政部户头开设于此，政府的各项支出也来源于此。当政府资金短缺时，英格兰银行保证马上进行资金融通，如直接对政府放款、为政府发行国库券和各种长期债券等。到1746年止，英格兰银行已经借给政府1 168.68万英镑。除此之外，英格兰银行还代理国库和全权管理国家债券。英格兰银行在发行国库券中起着重要的作用，它替政府开价招标、进行配发、发券收款，并到期负责清偿；还通过国库券经纪人，每天进入贴现市场买卖国库券，调节市场，以稳定短期市场利率。

英格兰银行在成立之初，英国政府就给予其其他商业银行所没有的一项特权，那就是允许英格兰银行成为第一家无发行保证却能发行银行券的商业银行，但是这种发行特权只限于伦敦及周围65英里的地区。1826年，英国国会通过法案，准许其他股份银行设立，并可以发行钞票，但限制在伦敦65英里以外，以避免与英格兰银行的发行权相冲突。在以后的发展中，英格兰银行不断补充资本，同时降低对政府的放款利率，并以此为条件，促使英国国会通过法案，限制其他银行的发行权，从而加强了英格兰银行货币发行的特权地位。直到1928年英国通过了《通货与银行钞票法》，英格兰银行最终成为英国唯一的发行银行。

19世纪，英国的商业银行发生了多次银行危机，尤其以1825年和1837年这两次危机最为严重。由于银行过度放款，导致许多银行债权无法按时收回，有些银行因此破产。严重的银行危机，引起了社会的广泛关注。在1837年的银行危机中，英格兰银行采取行动帮助有困难的银行，开始充当最终贷款人的角色。在19世纪30年代，商业银行在资金短缺时就向贴现行贴现，贴现行在资金短缺时就直接向英格兰银行贷款。英格兰银行表面上是充当贴现行的最终贷款人，实际上是间接地充当整个银行系统的最终贷款人。

1946年《英格兰银行法》将英格兰银行国有化，彻底改变了它自1694年以来尽管不断向政府贷款和与政府紧密合作，却一直保留的私营银行的身份。它不再是为本身谋取利润的私营银行，也不再在私人部门业务上与普通银行竞争。该法案还终止了英格兰银行在名义上的独立性，使其成为国家机器的一个组成部分。

二、中央银行的性质

中央银行是具有货币发行权的，代表一国政府制定和实施货币金融政策，对金融业实施监督管理的最高的金融管理机构，是具有银行特征的国家机关。

中央银行首先是国家机关。因为它是全国金融事业的最高管理机构，是政府在金融领域内的代理人。它负责制定和组织执行货币金融政策，监督管理全国金融机构和金融市场的活动，履行着国家管理经济的部分职能，因而是政府的组成部分，具有国家机构的性质。正是如此，人们也习惯把中央银行称作“货币当局或金融当局”。

但是，中央银行又不同于一般的国家行政管理机构，它还具有银行的一些形式特征，它要办理存款、贷款和结算业务。除特定的金融行政管理职责需采用通常的行政管理方式之外，主要的管理职责都是通过日常金融业务的经营来实现的，它以所拥有的经济力量，如货币供应、利率、贷款等，对金融和经济活动进行调节和控制。

中央银行与商业银行及其他金融机构相比较，中央银行业务活动的特征主要有以下三个方面。

（1）不以营利为目的。中央银行也是经营货币的金融机构，但与商业银行和其他金融机构所不同的是，它不是企业而是金融管理机关，其经营目的不是赢利，而是要通过对国民经济的宏观调控和监督管理来促进国家经济政策的实现。

（2）不经营普通银行业务。各国法律都赋予了中央银行在金融活动中享有货币发行，金融监管等特权。中央银行不对社会上的企业、单位和个人办理存贷、结算业务，只与政府或其他金融机构发生资金往来关系。

（3）中央银行处于超然地位。中央银行是代表国家干预经济、管理金融的特殊的金融机构，是金融管理机关。中央银行领导人由政府任命，有的国家的中央银行还直接向国会负责。当代各国的中央银行，不管其资本构成如何，实际上都是国家行政管理机构的一个组成部分，处于本国金融活动中心和金融管理最高当局的地位。中央银行具有相对独立性，不受其他部门或机构的行政干预和牵制，与商业银行和其他金融机构没有任何利害关系。

三、中央银行制度的类型

由于各国的历史传统、文化背景、经济发展水平以及政治体制的不同，各国的中央银行制度往往不大相同。目前世界上中央银行制度大体有单一式中央银行制度、二元型中央银行制度、准中央银行制度和跨国中央银行制度四种类型。

1. 单一式中央银行制度

单一式中央银行制度，是指全国只设一家中央银行作为政府的金融管理机构，全面行使中央银行职能并领导全国金融事业。其特点是权力集中、职能齐全、分支机构较多，总行通常设在首都。目前世界上大多数国家都实行这种类型的中央银行制度，其中典型的有英国、日本、法国、印度等国家，我国的中央银行制度亦属此类。

2. 二元型中央银行制度

二元型中央银行制度也叫复合中央银行制度，是指政府在中央和地方两级同时设立中央银行机构，并按规定在各自的职能范围内分别行使金融管理权。其特点是权力和职能相对分散，分支机构不多。实行联邦制的国家一般采用这种类型，其中最典型的要数美国。

3. 准中央银行制度

准中央银行制度，是指一个国家或地区只设立类似中央银行的机构，执行部分中央银行的职能，或由政府授权某几家商业银行，行使部分中央银行的职能。其特点是国家并不建立完整意义上的中央银行，行使部分中央银行职能的机构或商业银行一般只有货币发行权，或只是为政府提供某方面的金融服务。中国香港采用的就是这种类型，在香港，设有金融管理局和银行咨询委员会，负责对金融机构进行监督和管理，而货币发行职能则由汇丰银行、渣打银行和中国银行三家商业银行履行。

4. 跨国中央银行制度

跨国中央银行制度，即两个以上的国家共同组成一个货币联盟，各成员国不设本国的中央银行，而由货币联盟作为成员国执行中央银行职能的制度。货币联盟的跨国中央银行为联盟各成员国共同拥有并为联盟各国服务。实行跨国中央银行制度的典型代表有西非货币联盟、中非货币联盟、东加勒比海货币管理局。

补充阅读

在美国，中央银行称为联邦储备系统。在联邦中央政府一级，设立联邦储备委员会，作为联邦储备系统的最高决策机构；在地方一级，美国将 50 个州和一个直属区（哥伦比亚特区）划分为 12 个联邦储备区，每一个联邦储备区设立一家联邦储备银行，并在其下面设立为数不多的几家分行。

在新加坡，设有金融管理局和货币委员会两个机构来行使中央银行职能。金融管理局履行除货币发行以外的中央银行的主要职能，被称为“不发行货币的中央银行”。货币委员会的常设机构是新加坡货币局，承担货币发行的职能。

在西非，包括贝宁、科特迪瓦、尼日尔、塞内加尔、多哥、几内亚比绍、马里和布基纳法索 8 个成员国在内的西非经济货币联盟，共同设立了西非国家中央银行，总行设在塞内加尔首都达喀尔，发行统一的货币，执行共同点的金融政策和外汇制度。

而在世界上的大多数国家，如英国、日本、法国、印度等国家，则只设一家中央银行，全面行使中央银行职能并监控全国的金融行业。这些国家一般将中央银行的总行设在首都，根据需要在全国各地设立多个分支机构。

四、中央银行的职能

中央银行的性质决定了其在一个国家金融机构体系中居于领导核心地位，具有不同于普通银行的职能。中央银行的职能可以概括为四个方面，即货币发行职能、金融服务职能、宏观调控职能、监督管理职能。

（一）货币发行职能

中央银行垄断了一个国家的现钞货币发行权，是国家的货币发行机关，是全国唯一的货币发行机构。中央银行独占货币发行权，是中央银行发挥其职能、作用的基础。中央银行通过掌握货币发行，可以影响整个社会的信贷规模和货币供给总量；通过货币供给量的变动，实现中央银行对经济的控制。货币有如经济中的血液，中央银行掌握货币发行权，控制货币供给量，也就成为经济中的心脏。

（二）金融服务职能

1. 为政府服务的职能

首先，中央银行代理国库。中央银行经办政府的财政收支，是政府的出纳。政府的收入和支出，都要通过国家财政部门在中央银行开设的账户来进行。如接受国库存款，根据财政部门的指令向使用财政资金的单位划拨资金，替政府发行国债并代理国债的还本付息等。

其次，中央银行代政府管理和经营国家的外汇、黄金储备。储备一定数量的黄金和外汇，是维持一国国际收支平衡和本币汇率相对稳定的必要条件。为此，中央银行对政府负有保管黄金外汇储备，并根据国内国际的实际情况进行黄金外汇买卖和管理，适时、适量地购进或抛售某种外汇或黄金的任务。

最后，中央银行代表政府从事各种国际金融事务。在国际关系中，中央银行代表政府参加国际金融组织，出席各种国际金融会议，从事各种国际金融活动，为政府制定对外金融政策提供信息和建议。

2. 为银行和非银行金融机构服务的职能

首先，中央银行集中保管各商业银行的存款准备金。各商业银行吸收的存款不能全部贷放出去，必须按法定的比率提取一部分金额交存中央银行统一保管，形成商业银行在中央银行的法定存款准备金。其次，商业银行还要把法定存款准备金以外的一部分存款存入中央银行，形成各商业银行在中央银行的超额准备金。对于法定存款准备金，商业银行无自主支配权，但对超额准备金，却可自由存取。再次，中央银行主持全国的支付、清算体系。中央银行通过各级分支机构为全国各金融机构的票据清算提供服务，以维持国家清算体系的正常运行。最后，中央银行充当最后贷款人的角色。当金融机构资金短缺而周转困难时，可向中央银行请求贷款，其融资方式有票据贴现、抵押贷款等。因此，中央银行也被称为银行的银行。

视野拓展

我国的中央银行是中国人民银行，推荐读者登录网站“关于我们”栏目，阅读中国人民银行的历史沿革、职能、机构设置等内容，其中“机构设置”栏目内可对应查找履行中央银行职能的部门：http://www.pbc.gov.cn/publish/main/530/index.html

（三）宏观调控职能

宏观调控职能就是中央银行指定和实施货币政策的职能，即中央银行运用自己拥有的金融手段，对货币与信用进行调节和控制，进而影响和干预整个社会经济活动，以实现预定的货币政策目标，这是现代中央银行最重要的职能之一。一个国家之所以必须有一个中央银行，是因为在信用货币制度下，必须要有一个“调控器”来调控货币的供应，不然货币供应过多就会引起通货膨胀，使整个社会的经济活动无法正常进行。

（四）监督管理职能

在市场经济条件下，金融业是国民经济的中枢神经系统，牵一发而动全身，对整个国民经济的正常运行和发展具有十分重要的作用。但金融业本身又是一个高风险的行业，需要由中央银行代表政府制定和实施金融监管的法规和政策，以保证金融业健康稳定地发展。中央银行为维护本国金融体系的健康运行，保护存款者的利益，防止金融秩序混乱给社会经济造成困难，中央银行必须对银行和非银行金融机构的机构设置、业务活动及经营状况进行监督检查，对金融市场实施管理和控制。

视野拓展

1984—2003 年，我国主要由中国人民银行执行银行业监督管理职能。2003 年成立的中国银行业监督管理委员会，独立承担我国银行业监督管理职能：http://www.cbrc.gov.cn/index.html

第三节　商业银行

商业银行已经有数百年的历史，是最早出现的金融机构。现代商业银行作为综合性、多功能的金融企业，是各国金融体系中最重要的组成部分，在国民经济运行中占据着特殊地位，在信用活动中发挥着举足轻重的作用。

一、银行的产生与发展

1. 早期银行的产生

银行一词源于意大利语 Banco，意思是板凳，是早期市场上货币兑换商的营业工具。英语转化为 bank，意思为存放钱的柜子，早期的银行家被称为"坐长板凳的人"。

银行的产生和发展是同货币商品经济的发展相联系的，前资本主义社会的货币兑换业是银行业形成的基础。货币兑换业起初只经营铸币兑换业务，以后又代商人保管货币、收付现金、办理结算和汇款，但不支付利息，而且收取保管费和手续费等。这样，兑换商人手中就逐渐聚集起大量货币资金。当货币兑换商从事放款业务，货币兑换业就发展成为银行业。近代最早的银行是 1580 年建于意大利的威尼斯银行。此后，1593 年在米兰、1609 年在阿姆斯特丹、1621 年在纽伦堡、1629 年在汉堡以及其他城市也相继建立了银行。当时这些银行主要的放款对象是政府，并带有高利贷性质，因而不能适应资本主义工商业发展的要求。最早出现的按资本主义原则组织起来的股份银行是 1694 年成立的英格兰银行。到 18 世纪末 19 世纪初，规模巨大的股份银行纷纷建立，成为资本主义银行的主要形式。随着信用经济的进一步发展和国家对社会经济生活干预的不断加强，又产生了建立中央银行的客观要求。1844 年改组后的英格兰银行可视为资本主义国家中央银行的鼻祖。到 19 世纪后半期，西方各国都相继设立了中央银行。早期的银行以办理工商企业存款、短期抵押贷款和贴现等为主要业务。现在，西方国家银行的业务已扩展到证券投资、黄金买卖、中长期贷款、租赁、信托、保险、咨询、信息服务以及电子计算机服务等各个方面。

2. 现代商业银行的产生与发展

现代商业银行的最初形式是资本主义商业银行，它是资本主义生产方式的产物。随着生产力的发展、生产技术的进步以及社会分工的扩大，资本主义生产关系开始萌芽。由于早期银行提供的贷款数量有限，贷款的对象主要是政府等一批特权阶层而非工商企业，新兴的资产阶级工商业无法得到足够的信用支持；同时，由于早期银行具有高利贷的性质，年利率平均在 20%～30%，使得资本主义工商业无利可图。这就客观上要求建立能够使资本主义工商业有利可图、利率适度、贷款规模大、真正发挥中介作用的现代资本主义商业银行。

现代商业银行的建立有两条途径：一是高利贷性质的银行逐渐转变为资本主义商业银行；二是按照资本主义经济的要求组建股份制商业银行。其中，后一条途径是现代资本主义商业银行的主要形式。

1694 年，在政府的帮助下，英国建立了世界上第一家股份制银行——英格兰银行。该银行一开始就把向工商企业的贷款利率定位为 4.5%～6%。英格兰银行成立后，很快动摇了高利贷银行在信用领域的地位，也因此成为现代商业银行的典范。英格兰银行的成立，标志着现代商业银行的诞生。继英格兰银行之后，欧洲其他国家都相继按照英格兰银行的模式建立了自己的现代商业银行。从此，现代商业银行体系在世界范围内得到普及。

与西方的银行相比，中国的银行产生较晚。我国现代银行是在19世纪中叶外国资本主义入侵之后才兴起的。最早来到中国的外国银行是英国的丽如银行（后改称东方银行），其后各资本主义国家纷纷来华设立银行。在华外国银行虽给中国国民经济带来巨大破坏，但在客观上也对我国商业银行的发展起到了一定的刺激作用。1897年，中国通商银行在上海成立，标志着中国自行开办的现代银行的诞生。

二、商业银行的性质

从性质上讲，商业银行是通过办理存款、放款和结算等金融业务获取利润的一个特殊企业。

1. 商业银行是企业，具有企业的一般特征

从商业银行经营特征看，它与其他企业一样，必须取得经营资格许可证，拥有一定数额的自有资本，按照自主经营、自担风险、自负盈亏、自我约束的原则从事经营活动，依法经营，照章纳税。从其经营的目的来看，商业银行是以获取利润为经营目标和发展动力的。这些都是与普通工商企业完全相一致的，是企业的共同特征。

2. 商业银行是金融企业

商业银行不同于一般企业，它以金融资产和金融负债为经营对象，经营的是特殊商品——货币和货币资本。所以，商业银行是一种特殊性质的企业，即金融企业。

3. 商业银行是一种特殊的金融企业

商业银行作为金融企业，它不同于一般企业，一般企业经营对象是普通商品，而商业银行的经营对象则是一种特殊的商品——货币。与作为金融管理机关的中央银行相比，商业银行是以营利为目的、对个人和企业提供金融服务的企业。与非银行金融机构相比，商业银行当属银行类的金融企业。与其他银行机构如专业银行相比，商业银行又具有自身的特点，即商业银行的业务更综合，功能更齐全，为顾客提供几乎所有的金融服务，堪称“万能银行”和“金融百货公司”。而专业银行一般只集中经营指定范围内的业务，为客户提供专门的服务。

三、商业银行的职能

商业银行的性质决定了其职能作用，作为现代经济的核心，商业银行具有以下职能：

1. 信用中介职能

信用中介职能是商业银行最基本、最能反映其经营活动特征的职能。这一职能表现为：银行通过其负债业务，把社会上的各种闲散货币资金集中起来，再通过资产业务，把它投向社会经济各个部门。商业银行在这里充当信用的中介，使社会闲散资金得以有效使用，提高了资源配置的效率。

2. 支付中介职能

支付中介职能是指商业银行利用活期存款账户，通过资金在账户间的划拨和转移，为客户办理各种货币结算、货币收付、货币兑换和转移存款等业务活动。商业银行通过办理这些业务，成为企业或存款户的出纳或支付代理人。

3. 信用创造职能

商业银行的基本业务是吸收存款、发放贷款，吸收存款可以将流通中的现金纳入银行转化为存款，我们将存款人以现金形式存入商业银行等的最初存款称为原始存款。商业银行以原始存款发放贷款时，若借款人不提取现金或不完全提取现金，而是将所获得的全部或一部分借款转存在另一家商业银行，则在整个银行体系中，最初存入银行的那笔现金就会派生出另一笔存款……如此循环下去，就会形成数倍于原始存款的派生存款。

4. 金融服务职能

金融服务职能是指商业银行利用其在国民经济活动中的特殊地位，及其在提供信用中介和支付中介业务过程中所获得的大量信息等优势，运用电子计算机等先进手段和工具，为客户提供的各种服务。这些服务主要有财务咨询、代理融通、信托、租赁、计算机服务、现金管理等全方位的金融服务，因此，有人形象地将现代商业银行称为金融超市。商业银行通过金融服务，一方面扩大了社会联系和市场份额，另一方面也为银行取得不少费用收入，增加了赢利。

四、商业银行的负债业务

商业银行的业务主要可以划分为负债业务、资产业务和中间业务三大类。前两类业务列入商业银行资产负债表，因此称其为表内业务，后一类则不列入商业银行的资产负债表，因此称其为表外业务。

商业银行的负债业务是指形成商业银行资金来源的业务，商业银行的资金来源包括自由资本和吸收外来资金两大部分，而吸收外来资金主要是吸收存款和银行借款，因此，负债业务主要由自有资本、存款业务和借款业务三部分构成。

（一）自有资本

自有资本是商业银行的自由资金，它代表对银行的所有权。银行作为经营货币信用业务的金融企业，和工商企业一样，必须拥有一定数额的最原始的资金来源，即资本金。一定数额资本金是银行存在的先决条件，是客户存款免受偶然损失最后的保障，也是银行经营活动正常进行的基础。

自由资本的组成包括核心资本、附属资本和资本充足率的国际标准。

（1）核心资本，包括普通股、永久性的所有者权益。规定核心资本在总资本中不得低于50%。实收资本是商业银行筹建时股东投资的资本金，是商业银行最原始的资金来源，包括普通股和优先股，其中普通股和永久性的优先股构成银行资本的核心部分，它代表对银行的所有权，而且具有永久的性质。资本盈余，也叫资本公积，是指商业银行发行股票时，股票实际销售价格超过股票面值所带来的额外收入，即股票发行溢价。未分配利润是银行税后利润在提取公积金、派发股息和红利后的余额，它是银行增加自有资本的主要来源。

（2）附属资本，包括未公开的准备金、资产重估准备金、呆账准备金、普通准备金、混合型资本工具和长期次级债务等。规定附属资本在总资本中不得超过 50%。

（3）资本充足率的国际标准，资本充足率是指金融管理当局要求银行在一定资产规模下必须持有的资本数量。其目的是要银行资本真正发挥作用，保持银行体系的稳健运行和公平竞争。

我国《商业银行资本充足率管理办法》第十二条规定：商业银行资本包括核心资本和附属资本。核心资本包括实收资本或普通股、资本公积、盈余公积、未分配利润和少数股权。附属资本包括重估储备、一般准备、优先股、可转换债券、混合资本债券和长期次级债务。

补充阅读

巴塞尔协议

商业银行虽然也是企业，但其社会性决定了其必须接受更严格的监管，《巴塞尔协议》是全球银行业监管的标杆。

第一个巴塞尔协议签署于1975年，1997年东南亚风暴后催生了2004年的《新巴塞尔资本协议》，2008年金融危机又催生了2010年的《巴塞尔协议Ⅲ》。

我国对商业银行的监管相当程度上借鉴了《巴塞尔协议》，推荐读者通过百度百科简单了解《巴塞尔协议Ⅲ》。

百度百科“巴塞尔协议Ⅲ”词条：http://baike.baidu.com/view/4322566.htm

（二）存款业务

存款是银行接受客户存入的货币资金，存款人可以随时或按约定时间支取款项的一种信用业务。存款是银行的传统业务，也是商业银行最主要的资金来源，通常占整个资金来源的70%以上。

存款业务可以从不同的角度划分为不同的种类。按照传统的存款划分方法，一般将存款分为活期存款、定期存款和储蓄存款三大类。

（1）活期存款。活期存款又称支票存款，是指客户无需预先通知银行即可随时提取或支付的存款。客户开立活期存款账户的目的是为了通过银行进行各种支付结算。活期存款的存取不受期限限制，客户可以随时使用支票提取现金或转账支付而不用事先通知银行。

（2）定期存款。定期存款是指客户与银行预先约定存款期限的存款。定期存款的期限通常为3个月、6个月和1年，期限最短的为7天，最长的甚至可达10年以上。定期存款的利率视期限长短而高低不等，但都要高于活期存款利率。定期存款一般到期才能支取，取款时凭银行签发的存单提取存款，未到约定期限而客户急需款项时，也可以提前支取，但按活期存款利率计息。

（3）储蓄存款。储蓄存款主要是针对居民个人积蓄货币和取得利息收入而开办的一种存款业务。储蓄存款按存款形式的不同可分为活期储蓄存款和定期储蓄存款两种，以定期储蓄存款为主。活期储蓄存款通常凭存折或银行卡存取，不使用支票，手续比较简单。定期储蓄存款类似于定期存款，预先约定存款期限，通常由银行发给客户存单，以此作为存款和取款的凭证。由于储蓄存款可以稳定运用，因此银行支付的利率较高。

（三）借款业务

银行借款负债亦称非存款负债，是商业银行主动通过金融市场或直接向中央银行融通的资金。商业银行的生存有赖于按某种价格借入资金，然后以更高的价格把它们通过贷款方式发放出去。随着可供投资者选择的金融产品发展的多样化，商业银行单纯依靠吸收存款来增加资金来源已受到很大挑战，必须主动出击进行筹资，因此借款逐渐成为各国银行重要的资金来源。商业银行借款的途径主要有以下几种。

1．向中央银行借款

向中央银行借款与再贴现是商业银行资金的重要来源。中央银行运用基础货币向商业银行提供多种方式融通资金，行使最后贷款者的职能。

商业银行向中央银行借款有两条途径：再贴现和再贷款。再贴现是商业银行把自己已经贴现但尚未到期的商业票据向中央银行贴现，从中央银行那里贴息取得现款。票据债券相应由商业银行转给中央银行，央行到期收取票据所载款项。在流行商业票据和贴现业务的国家，再贴现是商业银行向央行借款的主要途径。再贷款是在商业信用不普及的国家，商业银行向中央银行借款的主要方式。它分为抵押贷款和信用贷款两种。信用贷款仅靠商业银行信用，无需特定的担保品做抵押；抵押贷款是商业银行将持有的各种证券和票据做抵押，或将企业交来的贷款抵押品再抵押给中央银行而取得的贷款。

向中央银行借款的商业银行负债要受很大限制，并非商业银行可以任意扩大或依赖的资金来源，因为中央银行常常将这种放款作为货币信用宏观调控的重要手段，其数额直接构成具有成倍派生能力的基础货币，其利率受央行调整，略高于同业拆借利率。中央银行借款只能被用于调剂寸头，补充储备不足和资产的应急调整，而不能用于放款和证券投资。

2. 同业拆借

同业拆借是指商业银行从中央银行以外的金融机构借入短期资金的经济行为。银行在同其他的金融机构办理存款、贷款和资金汇出汇入过程中经常出现时间差、空间差，由于银行等金融机构资金收支频繁，资金需求变化快，上述资金需求的两种差异是短暂的，需要及时经常地进行资金余额调剂，这样就产生了银行同业之间的资金拆借。其具有以下特点：①交易双方均为金融机构。②借贷时期较短，由于拆借的目的是调剂短期资金余缺，所以交易绝大多数为短期借贷，最短的为一日。③短期的交易绝大多数属于无担保的信用放款，借出者并不收取抵押品以抵消放款的风险。④每笔交易都属大额交易。⑤拆入行可免交存款准备金。

3. 回购协议

回购协议是指商业银行在出售证券等金融资产时签订协议，约定在一定期限后按照约定价格购回所卖证券，以获得即时可用资金的交易方式。回购协议最常见的交易方式有两种：一是证券卖出和购回采用相同的价格，协议到期时以约定的收益率在本金外再支付费用；二是购回证券的价格高于卖出证券时的价格，其差额就是即时资金提供者的收益。

回购协议大多以政府债券做担保，在相互高度信任的机构间进行，并且期限一般很短。利用回购协议进行资金融通，不需要提缴存款准备金，从而不仅提高了实际资金利用率，而且将这些低成本资金用于收益较高的投资，会给银行带来更高收益。目前回购协议不仅成为商业银行负债管理的得力工具之一，而且也成为中央银行公开市场操作的重要工具。

4. 转贴现和转抵押

商业银行在资金紧张、周转不畅的情况下，也可通过转贴现、转抵押的方式向其他银行借入资金。转贴现是指商业银行将已经贴现但尚未到期的票据转售给其他银行以取得资金的行为。转抵押是指商业银行将发放抵押贷款而获得的借款客户提供的抵押品，再次向其他银行申请抵押贷款以取得资金的行为。转贴现和转抵押虽然能使商业银行借入资金，但转贴现、转抵押的手续和涉及的信用关系都比较复杂，受金融法规的约束也较大。而且，过多地使用这种方式借入资金会使人产生该银行经营不稳定的印象。因此，各银行对转贴现、转抵押借款的运用都比较慎重。

5. 发行金融债券

商业银行发行金融债券是银行筹资的一种方式，是商业银行除了存款负债经营之外的另一种负债经营方式。金融债券可以向投资人直接募股，并且可以在证券市场上流通转让。金融债券的信誉比一般企业债券高。发放金融债券也要严格符合国家法律的规定，发行的规模、发行时间、利率价格、偿还时间等都要得到国家的批准。

五、商业银行的资产业务

（一）贷款业务

贷（放）款是商业银行以一定的利率和约期归还为条件，将一定数量的货币资金提供给借款人使用的一种借贷行为。贷款是商业银行最主要的资产业务，是商业银行取得利润的主要途径，也是商业银行与客户保持良好关系的重要条件。

补充阅读

你可以获得何种个人贷款

当要购房、购车、就学、度假或者进行投资经营时，现有可以使用的资金很可能还有一部分缺口，除了向亲戚朋友筹措外，您还可以从商业银行获得贷款服务。

个人贷款就是商业银行向消费者个人或居民家庭提供的，能满足个人取得消费资金或小额投资经营资金需求的贷款。每家商业银行能够提供的个人贷款种类都不尽相同，产品各有特色，服务也各有所长。一般来说，您可以从商业银行获得以下贷款：个人住房贷款、汽车消费贷款、个人商业用房贷款、个人投资经营贷款、国家教育助学贷款、商业性教育助学贷款、出国留学外汇贷款、个人有价单证质押贷款、商业银行提供的其他贷款。

推荐读者登录招商银行“个人贷款”栏目，了解商业银行贷款的一般程序：http://www.cmbchina.com/personal/credit/

（二）票据贴现业务

票据贴现是贷款的一种特殊方式，是指商业银行以买入未到期商业票据的方式为企业提供的贷款。票据贴现实行预扣利息，票据到期后，银行可向票据载明的付款人收取票款。未到期票据的贴现付款额的计算公式为

银行获得的贴现利息=票据面额×年贴现率×距到期日天数／365

申请企业的贴现所得金额=票据面额×（1－年贴现率×距到期日天数／365）

【例 8.1】 一位客户持一张面额为 10 000 元尚需 35 天才到期的票据来银行贴现，年贴现率为 12%，银行应付多少款？

贴现所得金额=10 000×(1－12%×35÷365)=9 885（元）

（三）银行投资业务

银行投资业务是指商业银行购买有价证券的活动，如购买股票、债券等。商业银行投资有价证券是为了获得更多的收益，它是商业银行收入的主要来源之一。

（四）现金资产业务

商业银行的现金资产具有流动性强、安全性高、交易成本低的特点，是维护商业银行支付能力的第一道防线，也称一级准备。现金资产包括商业银行的库存现金、在中央银行的存款、存放同业存款及在途资金。

1. 库存现金

库存现金是指商业银行保存在金库中的现钞和硬币。库存现金的主要作用是银行用来应付客户提取现金和银行本身的日常零星开支。库存现金是一种非营利性的资产，不但不会给银行带来收益，而且还要花费大量的防护和保险等费用。因此，从经营的角度讲，库存现金不宜太多。库存现金的经营原则就是保持适度的规模。

2. 在中央银行的存款

各商业银行在中央银行存放的存款由法定存款准备金和超额准备金两部分构成。法定存款准备金是商业银行按照法定准备金率向中央银行缴存的资金。规定法定存款准备金的最初目的是为了使商业银行有充足的资金，以保证存款人的提款需要，保持资金良好的流动性，避免挤兑现象而导致银行破产。如今，存款准备金制度已经成为中央银行加强对金融市场进行管理和调控的一种政策性手段。各商业银行必须向中央银行缴存法定存款准备金，而且在一般情况下，不允许动用，具有强制性的特点。超额准备金是指商业银行在中央银行的存款准备金账户中，超过了法定存款准备金的那部分存款。

3. 存放同业存款

存放同业存款是指商业银行存放在代理行和相关银行的存款。在其他银行保持存款的目的，是为了便于银行在同业之间开展代理业务和结算收付。由于存放同业的存款属于活期存款的性质，可以随时支用，因此可以视同银行的现金资产。

4. 在途资金

在途资金指在清算过程中，已记入商业银行的负债，但实际上商业银行还未收到的那部分资金。

补充阅读

资产业务仍为商业银行的主体业务

后危机时期，商业银行依然是社会投资和消费资金的主要来源之一，是重要的金融中介。继续加大资产业务的发展，既是我国经济社会发展的需要，也是商业银行自身发展的需要。

商业银行的资产业务主要是贷款业务。次贷危机以及美国银行业发展的历史均表明：资产业务依然为银行的重要业务，利息收入依然是银行业的主要收入来源，而且是比非利息收入更为稳定的收入来源，商业银行在未来业务发展中依然会注重资产业务和利息收入。在我国，尽管随着我国经济金融环境的变化、银行业务结构的优化，非利息收入会不断增长，但在今后相当长的一段时期内，贷款业务在商业银行业务中仍会处于举足轻重的地位，利息收入还是我国商业银行重要的收入来源，商业银行必须加快贷款业务的创新。

本文节选自《当代金融家》2011 年 7 月刊《后危机时期我国商业银行业务发展战略》（胡少华）一文，以下链接为和讯网转载链接，读者可了解作者对商业银行加快贷款业务创新的建议：http://bank.hexun.com/2011-07-25/131745486.html

六、商业银行的中间业务

1. 支付结算类业务

支付结算类业务是指由商业银行为客户办理因债权债务关系引起的与货币支付、资金划拨有关的收费业务。货币资金收付的方式有现金结算方式和转账结算方式两种，其中，现金结算被限定在相当小的范围内，转账结算占有绝对的比重。

结算业务既包括国内结算业务，也包括国际结算业务。国内结算业务借助的结算工具主要包括银行汇票、商业汇票、银行本票、支票、汇兑、委托收款、托收承付等，银行卡也是重要的结算工具。国际结算业务使用的结算工具除汇兑、托收外，还广泛地使用信用证。此外，在当今银行业务广泛使用电子技术的情况下，大额资金通常是利用中国人民银行的现代化支付系统实现资金的划拨、清算，以及利用银行内外部的资金调拨系统实现转账结算。

2. 银行卡业务

银行卡是由银行发行、供客户办理存取款业务的新型服务工具的总称。它包括信用卡、支票卡、记账卡等。因为各种银行卡是塑料制成的，又用于存取款的转账支付，所以又称之为“塑料货币”。银行卡的出现，是银行业务与飞速发展的科学技术相结合的产物，它使银行业务有了崭新的面貌。

补充阅读

ATM、CDM、POS

ATM：自动柜员机，持卡人自助操作办理取卡、账户余额查询等业务。

CDM：自动存取款机，持卡人自助操作办理存款、取款、账户余额查询等业务。

POS：电子付款机，银行与签约商户合作，使消费者能在安装电子付款机的商家直接刷卡消费，而不需要去银行取款后再携带现金去商家消费。

3. 代理业务

代理业务包括代收、代理融通和代客买卖等业务。代收业务是银行根据各种凭证以客户名义代替客户收款的业务。这些凭证包括票据、有价证券和商品凭证等。代理融通业务是银行代客户收取应收款项的同时，向其提供资金融通的一种业务方式。代客买卖是银行接受委托，代替客户买卖有价证券、贵金属和外汇的业务，代客买卖有价证券主要是指代理发行或购进股票、债券等，或代国家发行的公债。

4. 租赁业务

租赁业务是指商业银行作为出租人向承租人提供某种设备（或其他物件）的使用权并收取租金的一种业务。其特点是设备的所有权或使用权分离，承租人定期缴纳租金，而在整个租赁期内拥有设备的使用权，设备的所有权仍归出租人所有。租赁期满，由出租人收回，也可作价由承租人留购。可供出租的可以是昂贵的设备，如机床、汽车、飞机、轮船、电子计算机等，也可以是耐用消费品，甚至是大型成套设备。

经营租赁业务不但为商业银行提供了新的融资渠道，有利于银行资产业务的多样化和分散投资风险，而且也为商业银行拓展中间业务、加强服务功能提供了新的空间。

5. 信托业务

信托即信任委托，是指委托人为了自己或第三者的利益将自己的财产或有关事物委托别人管理、经营的一种经济行为。信托业务主要涉及三个方面的当事人：即委托人、受托人和受益人。其运作的基本程序是：委托人依照契约的规定，为自己或第三者（受益人）的利益，将财产的权力转让给受托人，由受托人依据“谨慎人”原则（即像一个小心谨慎的人处理自己的财产那样）占有、管理和使用信托财产，并处分其收益。在现代信托业务中，商业银行一般均扮演受托人的角色。因此，商业银行的信托业务是指商业银行作为受托人，接受客户的委托，代为其管理、处理财产、代办事务等，为指定的人谋取利益，自身收取委托费用的经济行为。

补充阅读

揭秘银行保险箱：这个“守财奴”帮你保密

电视剧《潜伏》中，余则成为了与敌人打成一片，收了不少金条，家门口的鸡窝就是藏金条的地方。2010年以来的黄金行情让民间刮起了藏金风，不少人将金条、合同、存单、首饰、产权证、艺术品等存放在一位“守财奴”的手里，而且除了你自己，你的秘密无人知道，这个“守财奴”就是银行保管箱。

租个保管箱防火又防盗，箱内物品只有客户自己知道。例如有位女士对钱币收藏很感兴趣，她觉得手头有些钱暂时不需要用，也不敢拿去炒股，于是换了点连号钞。100套连号钞面值为18 600元，买上几百套放家里不安全，既要防火，更要防盗，于是她便花了400多元到银行开了个保管箱，这远比放在自己家里安全。

七、商业银行的经营原则

商业银行作为企业，必然要追求利润最大化目标。但商业银行作为一种特殊的金融企业，主要是进行负债经营，即利用他人的资金经营获利。商业银行经营的原则就是在保证资金安全，保持资产流动性的前提下，争取最大的赢利。所以西方国家的商业银行都把营利性、安全性、流动性作为业务经营的三大原则。《中华人民共和国商业银行法》中明确规定，商业银行应以安全性、流动性、营利性作为经营原则。

1. 安全性原则

安全性原则是指商业银行在经营活动中要尽可能地避免风险损失，保证资金安全。安全性原则是商业银行经营的首要原则。商业银行实行的是负债经营，因而坚持安全性原则，不仅是商业银行赢利的客观前提，也是它生存和发展的基础；不仅是银行经营管理的微观要求，而且也是社会安定的客观要求。为了保证安全性，商业银行必须要合理安排资产规模，提高资产质量；不断补充自有资本，提高自有资本在全部负债中的比重；遵纪守法，合法经营。

2. 流动性原则

流动性是指商业银行随时应付客户提存以及银行支付需要的能力。商业银行的流动性包括资产的流动性和负债的流动性。资产的流动性是指资产的变现能力，衡量资产流动性的标准有两个：一是资产变现的成本，某项资产变现的成本越低，该项资产的流动性就越强：二是资产变现的速度，某项资产变现的速度越快，则该项资产的流动性就越强。负债的流动性是指银行以适当的价格取得可用资金的能力。衡量银行负债流动性的标准也有两个：一是取得可用资金的价格，取得可用资金的价格越低，该项负债的流动性就越强；二是取得可用资金的时效，取得可用资金的时效越短，则该项负债的流动性就越强。

3. 营利性原则

营利性原则是指商业银行在经营活动中要实现自身赢利与社会利益的统一。赢利水平的提高有利于银行充实资本，使银行扩大经营规模，从而赚取更多的利润。赢利水平的提高增加了银行的实力，提高了银行对客户的吸引力，增强了银行的信誉，有利于提高银行的竞争能力。在市场经济环境下。商业银行提高效益的各项措施最终反映到经济规模、经济速度、经济结构、市场利率水平等宏观经济的诸多方面。

视野拓展

中国银行业监督管理委员会网站“国内银行业金融机构”栏目页面内列有我国所有商业银行和其他金融机构的名称和网址，可供读者查询使用：

http://www.cbrc.gov.cn/chinese/jrjg/index.html

中国四大银行指中国工商银行、中国农业银行、中国银行和中国建设银行四大国有银行，其代表着中国最雄厚的金融资本力量。新中国成立之初，四大行处于各自分工的专业银行阶段，进入 21 世纪后均成为综合性大型银行，并都跻身世界 500 强企业。百度百科“中国四大银行”词条可供读者做简要了解：

http://baike.baidu.com/view/1700988.htm

第四节　政策性银行

政策性银行是指由政府发起、出资成立，为贯彻和配合政府特定经济政策和意图而进行融资和信用活动的机构。政策性银行的产生和发展是国家干预、协调经济的产物。

当今世界上许多国家都建立有政策性银行，其种类较为全面，并构成较为完整的政策性银行体系，如日本著名的“二行九库”体系，包括日本输出入银行、日本开发银行、日本国民金融公库、住宅金融公库、农林渔业金融公库、中小企业金融公库、北海道东北开发公库、公营企业金融公库、环境卫生金融公库、冲绳振兴开发金融公库、中小企业信用保险公库；韩国设有韩国开发银行、韩国进出口银行、韩国中小企业银行、韩国住宅银行等政策性银行；法国设有法国农业信贷银行、法国对外贸易银行、法国土地信贷银行、法国国家信贷银行、中小企业设备信贷银行等政策性银行；美国设有美国进出口银行、联邦住房信贷银行体系等政策性银行。这些政策性银行在各国社会经济生活中发挥着独特而重要的作用，构成各国金融体系两翼中的一部分。

一、政策性银行基本特征

政策性银行与商业银行和其他非银行金融机构相比，有共性的一面，如要对贷款进行严格审查，贷款要还本付息、周转使用等。但作为政策性金融机构，也有其特征：一是政策性银行的资本金多由政府财政拨付；二是政策性银行经营时主要考虑国家的整体利益、社会效益，不以赢利为目标，但政策性银行的资金并不是财政资金，政策性银行也必须考虑盈亏，坚持银行管理的基本原则，力争保本微利；三是政策性银行有其特定的资金来源，主要依靠发行金融债券或向中央银行举债，一般不面向公众吸收存款；四是政策性银行有特定的业务领域，不与商业银行竞争。

政策性银行不同于政府的中央银行，也不同于其他商业银行，它的重要作用在于弥补商业银行在资金配置上的缺陷，从而健全与优化一国金融体系的整体功能。与其他银行相比，政策性银行具有以下特点。

第一，从资本金性质看，政策性银行一般由政府财政拨款出资或政府参股设立，由政府控股，与政府保持着密切关系。如德国（复兴开发银行法）规定：复兴开发银行为政府所有，其中联邦政府占 80%的股份，各州政府占 20%的股份。法国的对外贸易银行，由法国的中央银行持股 24.5%，信托储蓄银行持股 24.5%，以及其他大商业银行投资组成。

第二，从经营宗旨上看，政策性银行不以赢利为目标，而以贯彻执行国家的社会经济政策为己任。其主要功能是为国家重点建设和按照国家产业政策重点扶持的行业及区域的发展提供资金融通。一般包括支持农业开发贷款，农副产品收购贷款，交通、能源等基础设施和基础产业贷款，进出口贸易贷款等。但是不以赢利为目标并不意味着政策性银行都不赢利，或是都无视效益性，而仅仅是以经营的目标角度来讲，不追求赢利或利润最大化。

第三，从业务范围上看，政策性银行不能吸收活期存款和公众存款，主要资金来源是政府提供的资本金、各种借入资金和发行政策性金融债券筹措的资金，其资金运用多为长期贷款和资本贷款。政策性银行收入的存款也不作转账使用，贷款一般为专款专用，不会直接转化为储蓄存款和定期存款。所以，不会像商业银行那样具备存款和信用创造职能。政策性银行有自己特定的服务领域，不与商业银行产生竞争。它一般服务于那些对国民经济发展、社会稳定具有重要意义，且投资规模大、周期长、经济效益低、资金回收慢的项目领域，如农业开发、重要基础设施建设、进出口贸易、中小企业、经济技术开发等领域。

第四，从融资原则上看，政策性银行有其特殊的融资原则。在融资条件或资格上，要求其融资对象必须是从其他金融机构不易得到所需的融通资金的条件下，才有从政策性银行获得资金的资格，且提供的全部是中长期信贷资金，贷款利率明显低于商业银行同期同类贷款利率，有的甚至低于筹资成本，但要求按期还本付息。

第五，从信用创造能力看，政策性银行一般不参与信用的创造过程，资金的派生能力较弱。因为政策性银行的资金来源主要不是吸收存款，而往往是由政府提供，而且政策性银行的贷款主要是专款专用，正常情况下不会增加货币供给。

二、我国的政策性银行

1994 年，我国组建了三家政策性银行，即国家开发银行、中国进出口银行和中国农业发展银行，均直属国务院领导。

1. 国家开发银行

国家开发银行主要情况如下。

（1）主要任务。建立长期稳定的资金来源，确保重点建设资金需要，办理政策性重点建设贷款和贴息贷款业务；对固定资产投资总量和结构进行调节；逐步建立投资约束和风险责任机制，按照市场经济的运行原则，提高投资效益。

（2）机构设置。总行设在北京，经批准可在国内外设置必要的办理机构。

（3）资金来源。国家开发银行的资金来源主要靠向金融机构发行政策性金融债券来解决。

（4）资金投向。制约经济发展的“瓶颈”项目；直接增强综合国力的支柱产业的重大项目；高新技术在经济领域应用的重大项目；跨地区的重大政策性项目等。

国家开发银行
http://www.cdb.com.cn/web/

（5）贷款类型。一是软贷款，即国家开发银行将属于资本性质的资金以长期优惠贷款的方式，按投资项目配股需要，贷给国家控股公司和中央企业集团，由它们对项目进行参股、控股。二是硬贷款，即国家开发银行将发行政策性金融债券筹集的资金直接贷给投资项目，到期向项目单位收回资金。

中国进出口银行

http://www.eximbank.gov.cn/

2. 中国进出口银行

中国进出口银行主要情况如下。

（1）资金来源。中国进出口银行主要资金来源是发行政策性金融债券，也从国际金融市场筹措资金。

（2）业务范围。其主要为机电产品和成套设备等资本性货物出口提供出口信贷；办理与机电产品出口有关的各种贷款、混合贷款和转贷款，以及出口信用保险和担保业务。

（3）机构设置。总行设在北京，不设营业性分支机构，但根据业务需要和发展情况，可在一些业务量比较集中的大城市设立办事处或代表处，负责调查、统计、监督代理业务等事宜。

3. 中国农业发展银行

中国农业发展银行主要情况如下：

中国农业发展银行

http://www.adbc.com.cn/

（1）资金来源。中国农业发展银行的主要资金来源是中国人民银行的再贷款，同时也发行少量的政策性金融债券。

（2）业务范围。主要是办理粮食、棉花、油料、猪肉、食糖等主要农副产品的国家专项储备和收购贷款，办理扶贫贷款和农业综合开发贷款，以及国家确定的小型农、林、牧、水基本建设和技术改造贷款。

（3）机构设置。中国农业发展银行在机构设置上有别于其他两家政策性银行，在全国设有分支机构。

补充阅读

政策性银行改革的国际经验

政策性金融在世界各国经济发展和社会进步的过程中发挥着重要而独特的作用。从国际经验看，政策性银行的职能定位和业务范围是一个动态调整的过程。20 世纪大萧条时期和第二次世界大战以后至 20 世纪 60 年代，为应对经济危机和实现经济赶超，许多国家纷纷设立政策性银行。20 世纪 90 年代以来至 2008 年金融危机以前，随着经济金融全球化加速，商业性金融发展迅猛，直接融资市场更加成熟，一些国家认为政策性金融的使用已经完成，陆续启动政策性银行改革。部分政策性银行的股权结构由单一政府持股转向多元化，甚至公开上市，一些政策性银行进行了运行机制的市场化改革，经营服务方式实现了商业化转型和专业化运作。

本资料摘录自《中国金融稳定报告（2011）》。中国人民银行网站“金融稳定局/金融稳定报告/中国金融稳定报告”栏目内可查询历年度金融稳定报告及相关新闻（报告为 PDF 文件）：http://www.pbc.gov.cn/publish/jinrongwendingju/370/index.html

2008 年国际金融危机后，国际社会重新认识到政策性银行的作用，积极推动政策性金融机构改革。一些政策性银行业务范围有所拓展。国家采取直接注资等方式支持政策性金融机构的发展。部分国家适时调整了政策性银行改革的方向和步伐，如日本推迟了日本政策投资银行（DBJ）的民营化改革进程，韩国延缓了韩国产业银行（KDB）的私有化改革进程等，还有的国家正在考虑重建或创建进出口政策性银行。但是，一些“准政策性金融机构”因资产规模盲目、过度扩张而产生风险，也引发对政策性金融机构公司治理、风险管控及约束机制的高度关注。

政策性银行百年来改革发展的成功经验显示：大多数国家建立了完善的政策性金融体系，对政策性银行专门立法，并实行单独监管；政策性银行普遍享有政府注资、税收优惠、风险分担等显性或隐性支持，其业务领域和业务形式随着经济金融环境的变化不断动态调整，政策性银行不追求赢利，但在国家财政补贴的基础上一般具备财务可持续性，其发展依赖长期、稳定、低成本的资金来源，政策性银行普遍借鉴商业银行的治理模式，建立规范的董事会（理事会）运作机制和内部约束机制；政府对实施商业化转型的政策性银行普遍给予较长的过渡期安排。同时，本次国际金融危机也暴露出政策性银行发展中存在的不足，对推进我国政策性银行改革具有重要的启示：不可任由政策性银行的业务规模无节制地扩张，必须强化政策性银行功能定位，不可忽视对批发性融资金融机构的风险防范。

视野拓展

本书因篇幅所限未介绍国际金融机构，推荐读者通过百度百科中的"国际金融机构"词条简单了解。

国际金融秩序多年来一直由世界银行、国际货币基金组织、亚洲开发银行等发达国家倡导成立的国际金融机构左右，对我国和其他发展中国家并不十分有利。随着我国和其他发展中国家经济影响力的扩大，由我国倡导建立的金砖国家新开发银行、亚洲基础设施投资银行、上合组织开发银行等将会给世界金融带来更多的选择，推荐读者关注。

百度百科"国际金融机构"词条
http://baike.baidu.com/view/1326034.htm

世界银行（中文网站）
http://www.worldbank.org.cn/

百度百科"金砖国家新开发银行"词条
http://baike.baidu.com/view/10343514.htm

百度百科"亚洲基础设施投资银行"词条
http://baike.baidu.com/view/10938006.htm

本章小结

本章介绍了关于金融机构方面的知识，提出金融机构存在的意义以及概念，金融机构的存在使融资方式得到了发展和创新，并能起到降低融资成本和提高资金运用安全性的作用。

金融机构分为银行和非银行金融机构两大类。中国目前的金融机构体系是以中国人民银行为核心，以商业银行为主体，政策性金融机构与商业性金融机构分离，多种银行机构并存发展的多元化金融机构格局。中央银行是由私人商业银行演化而来的。中央银行是具有货币发行权的，代表一国政府制定和实施货币金融政策，对金融业实施监督管理的最高的金融管理机构，是具有银行特征的国家机关。

中央银行有不以营利为目的、不经营普通银行业务、中央银行处于超然地位三大特性。

商业银行从性质上讲，商业银行是通过办理存款、放款和结算等金融业务获取利润的一个特殊企业。商业银行是企业，具有企业的一般特征，商业银行是金融企业，商业银行是一种特殊的金融企业。商业银行的性质决定了其职能作用。作为现代经济的核心，商业银行具有信用中介职能、支付中介职能、信用创造职能、金融服务职能。

政策性银行是指由政府发起、出资成立，为贯彻和配合政府特定经济政策和意图而进行融资和信用活动的机构。政策性银行的产生和发展是国家干预、协调经济的产物。政策性银行与商业银行和其他非银行金融机构相比，有共性的一面，如要对贷款进行严格审查，贷款要还本付息、周转使用等。

综合练习

一、不定项选择题

1. 金融机构之所以被称为金融企业，是因为它所经营的对象不是普通商品，而是特殊的商品——(　　)。

A. 货币　　B. 存款　　C. 有价证券　　D. 货币资金

2. 我国现行的金融机构体系的构成有(　　)。

A. 中央银行　　B. 商业银行　　C. 政策性银行　　D. 非银行金融机构

3. 中国银行的产生(　　)商业银行的产生时间。

A. 早于　　B. 晚于　　C. 同时　　D. 有赖于

4. 中央银行是一国金融体系的中枢，它的职能包括(　　)。

A. 发行的银行　　B. 政府的银行　　C. 银行的银行　　D. 管理金融的银行

5. 商业银行中间业务包括(　　)。

A. 结算业务　　B. 代理业务　　C. 存款业务

D. 租赁业务　　E. 证券业务

6. 与其他几家银行性质不同的是(　　)。

A. 中国工商银行　　B. 中国农业银行　　C. 中国人民银行　　D. 中国银行

7. 按商业银行原则成立的银行有(　　)。

A. 交通银行　　B. 中信实业银行　　C. 民生银行　　D. 中国进出口银行

8. 商业银行的业务按照业务性质可以划分为(　　)。

A. 负债业务　　B. 资产业务　　C. 派生业务　　D. 中间业务

9. 商业银行借款的主要途径有(　　)。

A. 银行同业拆借　　B. 中央银行再贷款　　C. 回购协议　　D. 发行债券

10. 我国政策性银行有(　　)。

A. 中国人民银行　　B. 中国农业发展银行　　C. 中国进出口银行　　D. 国家开发银行

二、名词解释

1. 金融机构　2. 中央银行　3. 回购协议　4. 政策性银行

三、简答题

1. 简述中央银行的职能。
2. 商业银行具有什么性质？
3. 商业银行与其他银行相比都有哪些特点？

四、实训题

1. 给你的银行卡开通网银业务，并尝试在网上实现存款、转账和购物。

2. 假如你是一家小企业的厂长，新近构建了厂房和机器设备，又接到一笔大订单，但却缺乏营运资金，你将如何融通资金？

第九章 金融市场

目的和要求

1. 了解金融市场的功能。
2. 理解金融市场、货币市场、资本市场的概念。
3. 了解外汇市场和黄金市场。
4. 掌握货币市场的构成。
5. 掌握证券发行和交易市场。

内容导入

次贷危机与金融市场

美国次贷危机自2007年8月全面爆发之后，迅速演变成全球范围内的金融海啸，首当其冲的华尔街投资银行体系面临崩溃。美国五大投行中，贝尔斯登、雷曼兄弟、美林相继破产或被收购，高盛、摩根斯坦利也元气大伤等待政府注资救助。而掌握着美国房地产贷款半壁江山的“两房”和美国房贷保险市场的龙头AIG，已经进入美国政府接管程序。

次贷危机因美国房地产泡沫破灭而滋生，因低级房地产按揭券大面积违约而爆发。次贷危机让我们明白我国的金融体系不可能游离于国际金融体系之外免遭冲击，同时让我们更深入认识了金融市场的巨大风险。

面对如此严峻的形式，各国政府积极行动起来，纷纷推出了各自的救市措施。

内容导入的部分内容摘自2008年10月7日《证券时报》29版《次贷危机凸显股指期货“稳定器”功能》一文，有兴趣的读者可阅读全景网原文转载：http://www.p5w.net/today/200810/t1928228.htm

美国次贷危机为什么会引发全球金融危机？这一危机是通过什么途径在全世界金融市场中蔓延开来？本章简要介绍的金融市场知识将有助于读者理解上述问题。

第一节 金融市场概述

金融市场是市场体系的一个重要组成部分，是指以金融工具（金融产品）为交易对象而形成的供求关系及其交易机制的总和，金融工具是指一切代表未来收益或资产合法要求权的凭证。金融市场包括以下三层含义：一是金融工具进行交易的一个有形和无形的场所；二是反映了金融工具的供应者和需求者之间所形成的供求关系；三是包含了金融资产交易过程中所产生的运行机制，其中最主要的是价格机制。

金融工具可以划分为基础性金融工具和衍生性金融工具两大类。前者主要包括债务性和权益性资产；后者主要包括远期、期货、期权和互换等。

一、金融市场的构成要素

金融市场的参与者主要包括市场参与者、金融工具、交易价格、组织方式等。

1. 市场参与者

世界各地金融市场的参与者非常广泛，有政府、中央银行、商业性金融机构、企业、居民个人等。在开放的金融市场上，还包括国外的金融交易参与者。

2. 金融工具

金融工具即借以进行金融交易的工具。金融交易作为一种有偿转让资金的活动，可以采用口头协定、账面信用和书面凭证三种方式进行。前两种方式虽然简单，但由于协议条件没有正式凭证，不能可靠地确立债权、债务关系，容易发生纠纷，并且无法在市场上流通转让，不能适应信用关系日益发展和复杂交错的情况。书面凭证则具体载明支付或偿还条件等事宜，可凭此确立信用关系和流通转让，因而成为金融交易的必要工具。金融工具一般包括债权、债务凭证（票据、债券等）和所有权凭证（股票），是金融市场上买卖交易的对象。金融工具的种类繁多，各具特色，能够分别满足资金供求双方的不同需要，由此形成了金融市场的各类子市场。

3. 交易价格

金融市场上资金的交易价格指利息率。利息率的价格反映形式不同于商品市场上的价格，商品市场上的价格是商品价值的体现。而资金市场上的价格反映形式——利息率不是资金价值的体现，利息率的高低是由社会平均利润率和资金的供求关系决定的，社会平均利润率的趋同性会导致资金价格——利息率趋同，但供求关系的变化会造成资金价格在一定范围内的变动。

4. 组织方式

受市场本身的发育程度、交易技术的发达程度以及交易双方交易意愿的影响，金融交易主要有以下三种组织方式：①有固定场所，有组织，有制度，集中进行交易的方式，如交易所方式；②在各金融机构柜台上由买卖双方进行面议的、分散交易的方式，如柜台交易方式；③电信交易方式，没有固定场所，交易双方也不直接接触，主要借助电信手段完成交易的方式。这几种组织方式各有其特点，可以满足不同的交易需求。在一个完善的金融市场上，这几种组织方式应该是并存的，彼此之间保持合理的结构。

二、金融市场的功能

1. 融通资金的功能

融通资金的功能是金融市场最基本、最主要的功能。在金融市场上，供需双方可以选择各种形式的金融工具，在市场的规范下实现资金的自由转移。金融市场不仅能满足资金需要者的用资需要，筹集到所需资金，同时也能适应投资方的需求，在金融市场上实现资金增值。

2. 传递市场信息的功能

金融市场历来被称为国民经济的“晴雨表”和“气象台”，是公认的国民经济信号系统。

这实际上就是金融市场的反馈功能。第一，由于证券买卖大部分都在证券交易所进行，人们可以随时通过这个有形的市场了解到各种上市证券的交易行情，并据以判断投资机会。第二，金融市场交易直接和间接地反映国家货币供应量的变动。货币的紧缩和宽松均是通过金融市场进行的，货币政策实施时，金融市场会出现波动，表示出紧缩和宽松的程度。第三，由于证券交易的需要，金融市场有大量专门人员长期从事商情研究和分析，并且他们每日与各类工商业直接接触，能够及时了解企业的发展动态。第四，金融市场有着广泛而及时的收集和传播信息的通信网络，整个世界金融市场已连成一体，从而使人们可以及时了解世界经济的发展变化情况。

3. 分散风险功能

金融工具通过金融市场向社会投资者发行，不仅为筹资者筹集到所需资金，同时也将风险分散给广大投资者，一旦企业经营失败，投资者就要分担风险。二级市场上的交易，在转让有价证券的同时，风险也随之转移。但金融市场的风险分散或转移只是针对个别风险而言的，并非从总体上消除风险。

4. 优化资源配置功能

金融市场通过利率的差异和上下波动，市场上优胜劣汰的竞争以及对有价证券价格的影响，能够引导资金流向最需要的地方，流向那些经营管理好、产品畅销、有发展前途的经济单位。从而有利于提高投资效益，实现资金在各地区、各部门、各单位间的合理流动，完成社会资源的优化配置。

5. 宏观调控功能

中央银行通过金融市场可以进行公开市场业务操作，吞吐有价证券以调节货币供应量；实施再贴现政策，调整再贴现率以影响信用规模；通过金融市场发行国债，为中央银行提供了市场操作的工具，从而对宏观经济活动产生了巨大的影响。另外，金融市场的培育和成长可以为政府产业政策的实施创造条件，如政府通过设立创业板市场鼓励高新技术企业和中小企业的发展。

三、金融市场的类型

金融市场是一个由许多相互独立又相互关联的子市场组成的大市场，从不同角度，按不同的标准，可以将其划分为不同的市场。

1. 按照交易对象的不同分类

金融市场按照交易对象的不同可以分为货币市场、资本市场（证券市场）、外汇市场、黄金市场、保险市场等。

保险市场是进行各种保险和再保险业务的交易市场，本章不做介绍，其他几种市场后续将做简要介绍。

2. 按照资金融通期限的不同分类

金融市场按照资金融通期限的不同可以分为短期金融市场和长期金融市场。

短期金融市场是指在一年以内的金融交易活动所形成的市场，因为短期金融市场中的金融工具期限短，具有较高的流动性，风险较小，能够在市场上随时转化为货币资产，因此也称货币市场。该金融市场主要由票据市场、银行同业拆借市场、大额可转让定期存单市场、短期债券市场以及回购协议等子市场组成。

长期金融市场是指以长期金融工具为媒介而进行的一年期以上的资金交易活动的市场，因为该市场金融工具时间长，风险高，且所筹资金往往用于固定资产投资，因此长期金融市场也称资本市场，主要包括长期股票和债券的发行及交易市场。

3. 按照金融交易方式的不同分类

金融市场按照金融交易方式的不同可以分为现货市场和期货市场。

现货市场是指交易双方成交后，立即进行交割的市场，就是一手交钱一手交货。但是由于技术上的限制，真正的交割可能在成交后的 1 至数个营业日内办理。

期货市场是指交易双方达成协议后，不立即进行交割，而是在一定时间内，如 1 个月、2 个月或者 3 个月后交割的市场。

4. 按照金融市场的政治地域的不同分类

金融市场按照金融市场的政治地域的不同可以分为国内金融市场和国外金融市场。

国内金融市场是指在一国范围内仅由本国居民参加交易的市场。它又可分为全国性金融市场和地方性金融市场。

国际金融市场是指跨越国界进行金融交易的市场，其交易双方为不同国家的居民。国际金融市场按照市场交易主体的范围大小,又分为区域性国际金融市场和全球性国际金融市场。

国内金融市场是国际金融市场发展的基础；国际金融市场是国内金融市场发展到一定阶段的产物，它的发展与实物资产的国际转移、金融业的发展、资本的国际流动及现代电子信息技术的高度发展相辅相成。

5. 按照资金融通方式的不同分类

金融市场按资金融通方式的不同可分为直接融资市场和间接融资市场。

直接融资市场是指资金的提供者和使用者直接接触，不需要金融机构的参与而实现资金融通的方式。例如，有价证券的直接发行就是资金的需求方即发行企业直接面向广大的资金提供者来筹集资金的方式。它具有手续简单，费用低廉，但是发行风险相对较高的特点。

间接融资市场是指在金融机构参加下的资金融通方式。在该方式下，资金的供需双方不直接见面，而是通过金融机构的介入实现资金的融通。银行是典型的金融中介机构，它通过吸收存款和发放贷款的形式使资金供需双方建立联系。

补充阅读

凯恩斯“最大笨蛋”理论——金融市场的投资风险

金融市场的金融商品交易在某种程度上是一种投机行为或赌博行为。例如，你不知道某支股票的真实价值,那么为什么你会花 20 元钱买 1 份股票呢？因为你预期有人会出更高的价钱从你那儿把它买走。这就是凯恩斯所谓的“最大笨蛋”理论。

人们之所以完全不管某样东西的真实价值，即使它一文不值，也愿意花高价买下来，是因为他们预期有一个更大的“笨蛋”，会出更高的价格，从自己手中把它买走。投机行为的关键是判断有无比自己更大的“笨蛋”，只要自己不是最大的“笨蛋”，就是赢多赢少的问题了。如果一个人再也找不到愿意出更高价格的更大“笨蛋”把它从自己手中买走，那他就是最大的“笨蛋”。

1593 年，维也纳的一位植物学家教授到荷兰的莱顿任教，他带去了在土耳其栽培的一种荷兰人此前没有见过的植物——郁金香。没想到荷兰人对它如痴如醉，于是这位教授认定可以大赚一笔，他的报价高到令荷兰人只有去偷。一天深夜，一个窃贼破门而入，偷走了教授带来的全部郁金香球茎，并以比教授的售价低得多的价格很快把球茎卖光了。就这样，郁金香被种在了荷兰千家万户的花园里。后来，郁金香受到花叶病的侵袭，病毒使花瓣生出一些反衬的彩色条或“火焰”色。富有戏剧性的是，病郁金香成了珍品，以至于一个郁金香球茎越古怪，其价格越高。于是有人开始囤积病郁金香，还有更多的人出高价从囤积者手中买入并以更高的价格卖出，一个快速致富的神话开始流传，贵族、农民、女仆、烟囱清洁工、洗衣老妇先后被卷了进来。每一个被卷进来的人都相信会有更大的“笨蛋”愿意出更高的价格从他（或她）那儿买走郁金香。1638 年，最大的“笨蛋”出现了，持续了 5 年之久的郁金香狂热遭遇了最悲惨的一幕，很快郁金香球茎的价格跌到了一只洋葱头的售价。

这都是金融市场中期货惹的祸。期货，严格说来并不是货物，而是一种法律合约，是签订合约的双方约定在未来的某一天以约定的价格和数量买进或卖出该项特定商品。这种商品可能是某种实物产品或金融产品。简而言之，期货就是事先订好的合约，内容体现了买卖双方所必须履行的义务。期货市场确保了买卖双方一定会履行应尽的义务。

期货合约在期货交易所交易，并且是每日结算，使买卖双方皆可顺利履约。期货价格每日都会变动，投资者试图从这些价格的变动中获取利润，而避险者则从价格的变动中规避经营风险。

例如，甲买进 A 商品的期货，保证金比例是 1∶10，交易价格是每单位 10 000 元。甲只需付出 1 000 元就可以买入一个单位的 A 商品。如果 A 商品的价格上涨 10%，那么甲的付出就翻番了，1 000 元变成 2 000 元。如果 A 商品的价格下跌了 10%，甲就赔光了。此刻，甲若要平仓，自己的 1 000 元就变成了 0；若要继续持仓，就必须追加保证金。许多投资者往往因为不服市场，不断追加保证金，最后家破人亡。

所以，期货交易让人欢喜让人忧，有些人抓住了市场需求和时机，在期货交易中狠赚一笔，有些人因为不了解市场发展走向，只能赔了夫人又折兵。

（陈鹏飞，2008）

第二节　货币市场

货币市场是专门融通短期资金、实现短期资金借贷的市场。短期资金是指 1 年（含 1 年）以下的资金。货币市场包括同业拆借市场、票据市场、大额存单市场等。

相对其他金融市场，货币市场有以下几个特点。

（1）货币市场的金融工具期限短。在货币市场上交易的金融工具不是所有权凭证，而仅仅属于债权、债务凭证。这些凭证的期限一般不超过 1 年，因此具有期限短、易变现、风险小等特点，其流动性和安全性都相对较高，易于在短时间内变现。同时，由于这个市场上流通的证券期限短，价格不可能剧烈波动，因此这个市场的投资者遭受损失的可能性较小，但收益率不高。

（2）市场容量大、信息流动迅速。银行和非银行金融机构、大公司、证券交易商和资金经纪人形成一个巨大的相互联系的网络，交易市场上有满足各种需要的多样化证券；另外，在一个统一的货币市场上，一种证券的价格一旦被低估便会吸引大量的买单人，活跃的市场交易使资金可以从收益率较低的市场角落迅速转移到收益率较高的位置。同时，货币市场上的价格能够在发生突发性大笔买卖后迅速做出调整。

（3）资金融通的参与者主要是资信较高的机构性投资者。货币市场上资金的融通具有金额大、融资期限短、市场变化快的特点，一般个人投资者因条件所限，往往难以涉足，而商业性金融机构、中央银行以及知名大公司等由于具有熟悉投资技巧、业务精通等特点，能在巨额交易和瞬息变化的行情中获取收益，它们成为货币市场的交易主体。因为它们资金雄厚、信誉度高，因此，货币市场很少出现违约情况。

（4）中央银行的直接参与。中央银行主要通过在公开的货币市场上进行资金的买卖来实现调节和控制货币发行量，从而实现对利率水平的调控、传递金融政策的作用，因此，货币市场是中央银行货币政策实施的主要场所。

货币市场就其结构而言，可分为同业拆借市场、票据市场、短期政府债券市场、可转让大额存单市场、回购协议市场等若干个子市场。

一、同业拆借市场

同业拆借市场，也称拆放市场，是指银行等金融机构之间进行的短期融资活动。在银行每天的业务结束后，有时会出现资金在时间和空间上的不平衡。例如，某些银行出现资金多余，而同时由于支出过多可能造成某些银行准备金寸头不足，这样资金多余会使银行因资金闲置而无法获利，头寸不足也会影响银行下一日的金融业务，因此，客观上产生了金融机构之间调剂资金余缺的同业拆借市场。

1. 同业拆借市场的交易方式和作用

同业拆借一般没有固定交易场所，主要通过电信手段实现交易。资金拆入和拆出方都在中央银行设有账户，一般由拆入方开具借据给拆出方，拆出方开出支票给拆入方，这样，就可以实现资金由拆出方在中央银行的超额准备金账户转移到拆入方账户，从而实现资金在银行同业间的融通。银行同业拆借时间较短，最短的只有半日，拆借期限按日计算，拆借利率由拆入拆出方协商确定，俗称“拆息”，通常低于中央银行的再贴现率，拆息率的高低，灵敏地反映了市场资金的供求状况。

同业拆借市场的存在，一方面满足了商业银行对资金流动性和获利性的需要，即商业银行无需保持大量超额准备金的前提下就能实现存款的支付需要，同时，多余资金能实现短期增值。另一方面银行同业拆借市场也是中央银行实施货币政策的主要场所。中央银行通过调整存款准备金率，改变商业银行交存准备金的数量，进而影响商业银行信贷扩张能力的规模。同业拆借市场的存在也为社会资金的合理配置提供了有利条件。因为，当外部资金注入银行体系之后，可以通过同业间拆借，实现资金在社会生产生活领域中的充分、合理地运用。

2. 同业拆借市场的特点

同业拆借的交易期限较短，属临时性的资金融通。期限按日计算，有 1 日、2 日、5 日

不等，一般不超过 1 个月，最长期限为 120 天，期限最短的甚至只有半日。拆借的利率由交易双方自定，通常高于银行的筹资成本。拆息变动频繁，灵敏地反映了市场资金的供求状况。我国目前同业拆借期限最长不超过 1 年，最集中的拆借交易是隔夜拆借和 7 天拆借。

（1）融资期限短。同业拆借的拆借期限往往在 1 年以内，几个月、几天甚至 1 天或者几个小时。在我国 2007 年 8 月开始执行的《同业拆借管理办法》中，对于同业拆借时间具体有这样的规定——同业拆借的期限在符合以下规定的前提下，由交易双方自行商定：政策性银行、中资商业银行、外商独资银行、中外合资银行、外国银行分行、城市信用合作社、农村信用合作社县级联合社拆入资金的最长期限为 1 年；金融资产管理公司、金融租赁公司、保险公司拆入资金的最长期限为 3 个月；企业集团财务公司、信托公司、证券公司拆入资金的最长期限为 7 天；金融机构拆出资金的最长期限不得超过对方由中国人民银行规定的拆入资

金最长期限。同业拆借到期后不得展期。

（2）拆借的金额大。同业拆借资金的金额大多数都在百万元以上并采用信用方式进行，以监管部门对拆借市场的严格准入来控制风险。例如，我们国家要求参加拆借市场的金融机构必须有健全的同业拆借交易组织机构、风险管理制度和内部控制制度；有专门从事同业拆借交易的人员；主要监管指标符合中国人民银行和有关监管部门的规定；最近两年未因违法、违规行为受到中国人民银行和有关监管部门处罚；最近两年未出现资不抵债情况；企业集团财务公司、信托公司、金融资产管理公司、金融租赁公司申请进入同业拆借市场前最近两个年度连续赢利；证券公司应在申请进入同业拆借市场前最近两个年度连续赢利，同期未出现净资本低于两亿元的情况等。

（3）拆借利率按日计息，并由融资双方根据资金供求关系及其他因素自由商议确定，每天不同，甚至每时不同。这个利率是货币市场松紧程度的指示器。

3. 同业拆借市场的种类

同业拆借市场分头寸拆借和同业借贷两种。

（1）头寸拆借。头寸拆借是指金融机构之间为了补足存款准备金，弥补票据结算不足而进行的短期资金融通活动。头寸拆借的时间比较短，一般为1～2天。头寸拆借的运作方式一般是拆出银行开出支票交给拆入银行，并通过中央银行的票据交换将资金转入拆入银行的中央银行账户，增加备付金存款，补足资金差额；同时，拆入银行开出一张同等金额并加利息的支票交给拆出银行，并写明兑付日期。拆借资金到期，拆出银行将支票通过中央银行的票据交换收回本息，整个拆借过程完成。

（2）同业借贷。同业借贷是指金融机构之间为了解决经营过程中的临时性和季节性的资金需求而相互融通资金的行为。同业借贷的运作程序，一般是由拆入银行填写一份借据交给拆出银行，拆出银行审核无误后向拆入银行提供贷款，即将其账户上的资金划转到拆入银行账户，拆借资金到期，拆出银行向拆入银行收回贷款本息，拆借过程即告完成。

视野拓展

中国外汇交易中心暨全国银行间同业拆借中心，为中国人民银行直属事业单位，主要职能是提供银行间外汇交易、人民币同业拆借、债券交易系统并组织市场交易等：http://www.chinamoney.com.cn/index.html

二、票据市场

票据市场是以票据作为交易对象，通过票据的承兑、票据贴现、票据转让和票据抵押进行融资活动的货币市场。我国目前使用的票据有三种，即汇票、银行本票和支票，其中汇票又分为银行汇票和商业汇票。由于银行汇票、银行本票、支票三种票据是即期票据，见票即付，不必承兑，更不必办理贴现。因此，票据市场上交易的对象一般是商业汇票。其具体包括票据承兑市场和票据贴现市场。

1. 票据承兑市场

票据承兑市场是指银行承兑汇票市场。票据承兑是付款人或其银行表示承认到期兑付的行为，目前，我国承担票据承兑业务额主要是商业银行。在办理承兑时，由于作为承兑人的银行是以自己的信用来保证票据兑付的，所以银行要收取票面一定比例的手续费作为酬金。银行办理承兑业务并不需要动用自身资金，而只是为付款企业起到保证人的作用。经承兑的票据从法律上确定了票据关系人之间的权利与义务，因而易于转让或贴现。

视野拓展

百度百科“票据市场”有更详细的介绍，可供读者参考：http://baike.baidu.com/view/985530.htm

2. 票据贴现市场

票据贴现市场是从事未到期的商业承兑汇票、银行承兑汇票、其他商业票据、国库券以及短期公债等短期信用工具贴现的市场。票据贴现是指票据持有人将未到期的票据转让给银行，并向银行贴付一定的利息，提前获取现款的行为。具体来说，就是票据持有人在票据未到期前又急需现款时，将通过背书的未到期票据向银行申请融资，银行经审查同意扣除自贴现日至到期日的利息，将票面余额付给贴现申请人，待票据到期后，银行再凭票向票据付款人收取款项。由此可见，贴现的实质是一种放款行为。贴现业务分为贴现、转贴现和再贴现三种：贴现是指工商企业为了取得现金，以未到期票据向商业银行融通资金；转贴现是商业银行以在贴现业务中取得的未到期票据向另一家商业银行融通资金；再贴现则是商业银行以在贴现业务中取得的未到期票据向中央银行融通资金。

在票据贴现中，贴现行收取的利息又称贴息，利率称为贴现率。一般来说，贴现率不应高于再贴现率，中央银行业往往利用再贴现业务和改变再贴现率来进行宏观调控。

票据贴现的计算公式为

$$贴现利息=票据面额\times年贴现率\times贴现期限$$

$$贴现付款额=票据面额-贴现利息$$

【例 9.1】 某企业持有一张面额为 20 000 元的银行承兑汇票，50 天以后到期，在年贴现率为 12% 的情况下，银行为此贴现应付款多少？

解：

$$贴现利息=20\,000\times12\%\times50\div360\approx333（元）$$

$$贴现付款额=20\,000-333=19667（元）$$

票据贴现市场的参加者主要是商业票据的持有人、商业银行以及专门从事贴现业务的承兑公司、贴现公司。商业银行、承兑公司、贴现公司主要对企业及个人办理票据贴现，中央银行则对商业银行、承兑公司、贴现公司办理再贴现业务。贴现市场的交易对象主要有国库券、短期债券、银行承兑汇票及其他经过承兑的票据。

三、短期政府债券市场

短期债券市场是指发行和买卖 1 年以内的政府债券和企业公司债券活动的总称。我国的短期债券市场包括企业短期债券市场和政府短期债券市场。企业短期债券是企业为了解决季节性、临时性流动资金需求向社会公众发行的债务凭证。其对调节商品和产业结构，优化资金投向，解决企业短期流动资金需求，以及完善债券市场都起到了积极的作用。短期政府债券是指政府为解决年度内财政收支不平衡而面向社会公众发行的债务凭证，主要是国库券。

四、可转让大额存单市场

可转让大额存单市场（CD 市场），是指大额存单的发行和转让市场。为吸收更多存款，美国花旗银行于 1961 年首创大额可转让定期存单的吸收存款模式。它是一种载明存款期限、利率、金额并可以随时转让的定期存款凭证。与其他存款凭证相比，其特点主要表现在：第一，存单不记名，可以随时转让。交易价格以票面价值加上持有利息为基础确定。第二，金额固定，且起点高。例如在美国，面值为10万美元的存单居多。第三，存期较短。第四，利率较同期银行存款和国库券利率水平高。

视野拓展

我国可转让大额存单市场起步较晚，2015年6月九家银行发行了首批大额存单，但因期限、利率的设计相对保守，发行之初并未引起足够的关注度。推荐读者阅读2015年6月25日搜狐网《新金融观察》新闻《大额存单首秀遇冷》（记者 张晨曲）了解当时的情况：http://mt.sohu.com/20150625/n415622724.shtml

五、回购协议市场

回购协议市场是指通过回购协议进行短期资金融通交易的市场。

所谓回购协议，指的是在出售证券的同时，和证券的购买商签订协议，约定在一定期限后按原定价格或约定价格购回所卖证券，从而获取即时可用资金的一种交易行为。从本质上说，回购协议是一种抵押贷款，其抵押品为证券。

第三节 资本市场

资本市场是指资金融通期限在1年以上的中长期金融市场，包括1年以上的证券市场和中长期银行信贷市场。其基本功能是实现并优化投资与消费的跨时期选择。按市场工具来划分，资本市场通常由股票市场、债券市场和投资基金市场构成。

相对其他金融市场，资本市场具有以下几个特征。

（1）资本市场上交易的金融工具期限长，至少在1年以上，最长的可达数十年；股票则没有偿还期限，可以长期交易。

（2）交易的目的主要是为了解决长期投资性资金的供求需要。所筹措的资金主要用于补充固定资本，扩大生产能力，如开办新企业，更新改造或扩充厂房设备，国家长期建设性项目的投资。

（3）资金接待量大，以满足长期投资项目的需要。

（4）作为交易工具的有价证券，它与短期金融工具相比，收益较高而流动性差，价格波动幅度大，有一定的风险性和投机性。

一、证券发行市场

证券发行市场又称为一级市场或初级市场，是有价证券由发行者向投资者出售所形成的市场。新成立股份有限公司、原有的股份有限公司扩股增资、政府和企业为特定的目的筹资等都要通过证券发行市场来进行。证券发行市场是证券市场的基础环节，它与证券流通市场共同构成统一的证券市场整体，两者相辅相成、相互联系、相互依赖。

（一）证券发行市场的主体

证券发行市场的主体由证券发行人、投资主体和中介机构组成。

证券发行人是证券的供应者和资金的需求者。发行人的多少和发行证券数量的多少决定了发行市场的规模和发达程度。证券发行人主要包括政府、企业和金融机构，自然人不能成为证券发行人。

投资主体即证券投资人，就是资金的供应者。投资人数量的多少和资金实力的大小同样制约着证券发行市场的规模。投资人包括个人投资者，后者主要是证券公司、信托投资公司、共同基金、人寿保险公司等金融机构和企业、事业机构、社会团体等。

中介机构及证券承销商，就是促使投资人和发行人之间的证券买卖能够顺利进行的证券介绍人。其主要代理证券发行，向投资人推销证券，一般是指投资银行、证券公司和其他金融机构的证券部门。

（二）证券发行市场的分类

证券发行市场可按多种方式分类。

1. 按照发行对象的不同划分

证券发行市场按照发行对象的不同可以分为公募发行和私募发行。

公募发行又称公开发行，是指以不特定的广大投资者为证券的发行对象，按统一的条件公开发行证券的方式。公募发行一般数额较大，发行人通常委托证券承销商代理发行，因而发行成本较高；公募发行必须经过严格的审查，发行过程比较复杂，但信誉度较高且流通性较好。

私募发行又称不公开发行，是指以特定的投资者为发行对象发行证券的方式。私募发行的数额一般较小，发行程序也比较简单，所以发行人不必委托中介机构办理推销，可以节省手续费开支，降低成本。但由于私募发行不经过严格的审查和批准，所以一般不能公开上市，流动性较差。

2. 按发售方式不同划分

证券发行市场按发售方式不同可以分为代销、包销和承销三种方式。

代销，即证券公司只是中介人，在发售过程中不承担发售风险，发售价格是由发行方根据各种因素确定的，证券公司无权变动，证券公司只是根据发售总额的一定百分比赚取劳务收入，在发售期内，滞销部分退回发行方。

包销，即在发售之初，由发行方与证券公司签订合同，由证券公司以自有资金购入全部证券，并在面向广大投资人分销证券时有自主定价的权利，同时由证券公司承担全部发行风险的证券发行方式，证券公司包销的目的是赚取销售差价。

承销，即证券公司承担销售，如在证券发售期内，无法实现全部销售，则未销售部分由证券机构负责购入，不能退回发行方的一种销售方式。在该销售方式下，证券公司承担了一定的证券发售风险。

3. 按有无担保划分

证券发行市场按有无担保可以分为担保发行和无担保发行。

担保发行是指发行人为了提高证券信誉和吸引力，增加投资者的安全感，采用某种方式承诺，保证到期支付证券收益的一种证券发行方式。在证券发行中，主要是债券发行采用此方式。

（1）信用担保发行。它是指证券发行人凭借担保人的信用来保证发行人履行责任的发行方式。担保人必须是除发行人以外的、具备担保资格、信誉良好的第三人，担保人同意担保必须出具正式的书面担保文件，一旦出现被担保的证券发行人无法履行责任，担保人必须及时提供全部资金予以代偿。担保人代偿后对被担保的证券发行人具有追索权。

（2）实物担保发行。它是指证券发行人以符合担保条件的实物为抵押品来保证发行人履行发行责任的发行方式。担保物的价值要经中介机构的评估。发行人一旦到期无法履约，则应用担保物进行清偿。担保物变价金额不足偿付的，按比例偿付，原债权人保留差额追索权。

（3）无担保发行。它是不提供担保条件的发行，国家债券和部分金额债券因信誉良好一般为无担保发行。

（三）证券发行价格

债券的发行价格有面值发行、折价发行和溢价发行三种。股票的发行价格主要也分为三种形式，下面以股票为例，分析证券的发行价格。

（1）等价发行，即按股票的面额发行。这种发行方法简便易行，比较容易推销，且不受股市变动的影响，但缺乏灵活性，发行公司不能取得溢价收入。这种发行方式一般仅在公司设立首次发行股票时选用。

（2）时价发行，也称市价发行，是指企业发行新股时，以已经发行在外流通中的股票或同类股票现行价格为基准选择股票发行价格。时价发行方式投资者容易接受，同时企业一般还能取得差价收入。

（3）中间发行价，是指股票发行价格介于面额和市价之间。如，某种股票现行市价 22 元，每股面值 8 元，则按中间价发行应选取二者之间的平均价即 15 元发行。

二、证券交易程序和方式

证券发行市场的参与者主要是投资银行（证券公司），故而普通民众并不熟悉，被广大民众熟知的并且可以参与交易的是证券交易市场（二级市场）。

证券交易市场主要包括股票市场、债券市场和投资基金市场。

（一）证券交易程序

投资者在证券交易所的交易程序一般包括开户、委托、竞价交易、清算与交割、过户几个程序。

1. 开户

投资者买卖证券一般是通过委托经纪人的方式进行的，故投资者在买卖证券之前要到证券经纪人处开立户头，开户之后，才有资格委托经纪人代为买卖证券。开户时要同时开设证券账户和资金账户。

证券账户是证券登记机关为投资者设立的，用于准确登记投资者所持的证券种类、名称、数量及相应权益变动情况的一种账册。我国证券账户分为个人账户和法人账户两种。

资金账户是投资者在证券商处开设的资金专用账户，用于存放投资者买入证券所需资金或卖出证券取得的资金，记录证券交易资金的币种、余额和变动情况。资金账户类似于银行的活期存折，投资者可以随时提取存款，也可以获得活期存款的利息。

投资者到证券营业部开设资金账户，必须持证券账户和有效身份证件，并缴纳一定的资金作为保证金，各证券商的证券营业部对最低保证金有不同的规定。

2. 委托

证券实际交易由有交易所会员身份的经纪人或证券商办理,投资者不能直接进入交易所,只能委托经纪人执行交易。委托有两种,一种是“市价委托”,即投资者要求经纪人按当时市场行情买卖证券;另一种是“限价委托”,即投资者将自己所愿意买进卖出的价格,填入委托书内,由经纪人按其所限定的价格交易。

3. 竞价交易

竞价交易指在交易市场组织下,买方或卖方通过交易市场现货竞价交易系统,将可供需商品的品牌、规格等主要属性和交货地点、交货时间、数量、底价等信息对外发布要约,由符合资格的对手方自主加价或减价,按照“价格优先”的原则,在规定时间内以最高买价或最低卖价成交并通过交易市场签订电子购销合同,按合同约定进行实务交收的交易方式。

4. 清算与交割

证券的清算与交割是一笔证券交易达成后的后续处理,是价款结算和证券交收的过程。清算和交割统称证券的结算,是证券交易中的关键一环,关系到买卖达成后交易双方责、权、利的了结。清算与交割的顺利完成能够直接促使交易的顺利进行,是市场交易持续进行的基础和保证。

5. 过户

过户是指清算交割结束后,对于记名证券,要实现原账户名册上姓名的转换。

(二)证券交易方式

1. 现货交易

现货交易是指证券买卖成交后的当天或几日内(各国对此规定不一致,有的规定成交后第二个工作日交割;有的规定的时间长一些,允许成交后四五日内完成交割)进行交割的交易方式,即买卖双方必须一方有证券,一方有资金,双方达成交易后,在规定的时间内交割,一方付钱取得证券,一方交出证券取得资金。

2. 期货交易

期货交易是买卖成交后,双方按期货合同规定在未来的某个日期,依成交时双方商定的价格办理清算和交割的一种交易方式。从买卖委托成立到清算交割日之间可以是 1 个月、3 个月、6 个月不等。对于期货交易双方来说,他们可以在期货合约到期之前,再买入或卖出相同的期货,以减少或避免实物交割。期货交易的参与者可分为套期保值者和投机者。套期保值者把期货市场当作转移价格风险的场所,利用期货市场进行对冲买卖,以减少价格变动的风险,确保正常的收益水平。投机者就是利用对未来证券价格的波动的预测,进行“买空”或“卖空”,以牟取暴利。期货交易是相当于现货交易而言的。现货交易是成交后即时履行合约的交易,期货交易则将订约与履行的时间分离开来。

3. 信用交易

信用交易也称保证金交易或垫头交易,即客户交纳一定保证金取得证券经纪人信用,在客户买进证券时无需足额付款,差价由证券经纪人垫付,客户向经纪人支付资金利息的一种有价证券的交易方式。在该方式下,证券经纪人往往因资金不足,以代客户所购证券为抵押向银行进行短期拆借,当然,拆借利率低于客户支付的资金使用利息。在信用交易形式下客户可以融通经纪人资金,经纪人获得保证金和资金利息,实现双方的互利互惠。信用交易也可以形成投机，当客户预期行情看涨时，可以采用信用方式买进证券，待价格上升时卖出证券，所得差价扣除利息支出的差额即为投机收益，这种看涨的投机交易称为“保证金买长”，反之称为“保证金买短”。

4. 期权交易

期权交易是指买卖双方按约定的价格在约定的时间内是否买卖证券达成的契约交易。在这种交易中，买卖双方买卖的并不是证券本身，而是买卖证券的一种权利。这种权利既能保证买卖双方的一方有权到期按约定的价格和数量履行买卖契约，也允许放弃买卖的权利，任其作废。是否行使权力，完全取决于市场当时的情况，如果行使权力得到的收益超过期权费就行使，否则就放弃。所谓期权费就是指期权交易中买方为获得和行使选择权而必须支付的代价。

三、股票市场

股票市场是股票发行和股票交易的场所。

股票是股份公司为筹措股权资本而发行的有价证券，是持股人拥有公司股份并取得一定收益的所有权凭证。股票持有人即为公司股东，股东作为投资人按投入公司的资本额享有所有者的资本收益、公司重大决策等法定权利，同时以其所持股份为限对公司承担有限责任。

1. 股票的特点

（1）所有权性。股票是一种所有权凭证，投资者无论购买多少数量的股票，都成为公司股东，但他们要按所持公司股份的比例享受权益，同时负担相应的比例责任。

（2）风险性。股票投资之后，被投资企业不对所有权人返还本金，投资人将与被投资企业同呼吸共命运，被投资企业经营状况良好，实现赢利，则投资人也取得对应比例的收益，反之，被投资企业经营亏损，投资人也要承担对应的亏损而无法获利，当然，对于那些无长期控股计划的小额投资人，股票市场上的股价波动才是他们真正关心之所在，而股价波动的关键影响因素仍然是企业自身的发展状况及发展前景。

（3）流通性。股票在被投资企业的生产经营期内，不会返本，也不允许抽回投资，因此，对于多数投资人而言，实现投资价值的最优手段表现为在股票交易市场上进行股票买卖，通过流通赚取差价，实现投资的增值。

（4）投机性。股票的购入，按投资人的持有动机可以分为投资或投机两种，投资往往针对大额股份持有人，持有目的是为了控股等长期发展的需要，而对于广大零星股民而言，持有的目的多为投机，即当股票价格上升时就抛出所持股票，赚取差价。适度的投机会起到活跃股票流通市场的作用。

2. 股票的分类

股份公司根据筹资和投资的不同需要，发行各种不同的股票。股票的种类很多，可以按不同的标准进行分类：

按股东承担风险程度和享有分红权利的不同，股票分为普通股票和优先股票。

（1）普通股票，是在公司利润分配方面享有普通权利的股份。它是股份有限公司发行的最常见、最重要的一种股票。普通股是风险最大的股票，其获利水平与公司盈亏息息相关。但股票持有者有通过选举担任公司董事、监事的机会，有参加公司管理的权利，股东大会选举权是根据普通股的股数计算的。

（2）优先股票，是在公司利润分配方面较普通股有优先权的股份。持优先股票的股东，可以按一定的比率取得固定股息。股息不随企业经营状况好坏而波动，并且公司对优先股股东的付息要在普通股之前。在企业倒闭时，优先股能优先得到剩余的可分配给股东的那部分财产。在一般情况下，优先股持有者不能参与公司的经营管理，在股东大会上也没有投票权。

股票按票面有无记名分类，可分为记名股票和无记名股票。

（1）记名股票是指股票票面载有股东的姓名或名称，同时股东姓名或名称还要记入股东名册的股票发行形式。我国公司法规定，公司向发起人、国家授权投资的机构和法人发行的股票，应为记名股票；向社会公众发行的股票可以采用记名形式，也可以采用无记名形式。记名股票的转让必须办理过户手续。

（2）无记名股票是指股票票面不记载股东的姓名和名称，股东姓名和名称也不记入股东名册的股票发行形式。无记名股票的转让手续简便，无需办理过户手续。

股票按票面上是否标明金额分为有票面金额股票与无票面金额股票。

（1）有票面金额股票，在股票票面记载有一定的金额即票面价值。

（2）无票面金额股票，在股票票面上不载明金额，只标明每股占公司资本总额的比例，其价值随公司所有者权益的增减而增减。无票面金额股票在美国比较常见。

在我国，股票按发行对象和上市地区分类，可以分为A股、B股、H股和N股。A股是指以人民币发行和流通，供我国投资者购买的股票；B股是指以人民币标明票面金额，以外币认购和交易的股票，B股一般在深圳、上海上市；H股和N股是指分别在香港和纽约上市的股票。

四、债券市场和投资基金市场

（一）债券市场

债券市场是债券发行和流通市场的统称，是买卖债券的场所，也是金融市场的一个重要组成部分。债券是政府、金融机构、工商企业等向投资者公开发行并承诺按约定利率和期限还本付息的债务凭证。

债券是债务人为筹集债券资本而发行的，约定在一定期限内向债权人还本付息的有价证券，它是反映债券债务关系的书面证明。

1. 债券市场的特点

相对其他证券，债券有以下几个特点。

（1）债券是表明债权债务的凭证。债券持有者只拥有按期收回本金和利息的权利，而无权参与企业的经营管理。

（2）债券安全性高。相对于股票而言，债券约定在一定期限还本付息，而股票要随市场发展和企业的经营状况来确定收益分配的数额及比例，因此，投资债券更加安全。

（3）债券收益稳定性强。债券的利率是事先确定的，不随市场变化而变化，债券的利率较银行存款要高，因此债券对投资者有较大吸引力。

2. 债券的种类

债券的种类较多，可以按照不同方式分类。

债券按照发行主体不同可以分为政府债券、金融债券和公司债券。

（1）政府债券是政府出具的借款凭证，是国家信用的工具。政府债券的持有者可按规定向国家取得利息，到期交出债券，收回本金。

（2）金融债券是金融机构发行的债券。发行的目的在于筹集资金，作为补充资本金（附属资本）或扩大放款的资金来源。

（3）公司债券是公司为筹措资金而发行的借款凭证。债券的持有人同公司之间是普通的债权债务关系，每年可以从公司获取固定的利息收入。

债券按照可否上市可以分为上市债券和不可上市债券。

（1）上市债券是指经有关机关审核，允许持有人在证券市场上买卖的证券，大部分公募债券属于上市债券。上市债券一般信誉度较高，有提高公司知名度和吸引投资者的作用。

（2）不可上市债券是指不能在交易所公开流通的债券，我国大部分私募债券为不可上市证券。

债券按照发行有无抵押分为抵押债券和信用债券。

（1）抵押债券也称担保债券，指债券的发行是以一定的财产作为抵押的，按担保品的不同分为不动产抵押债券、动产抵押债券和信托抵押债券等。

（2）信用债券也称无担保债券，是指债券的发行无任何抵押，完全凭信用发行，政府债券为无抵押债券，有些信誉良好的大公司也可发行无抵押债券，无抵押债券利率一般高于同等情况下的抵押债券利率。

（二）投资基金市场

投资基金市场是资本市场的一个新的形态，它本质上是股票、债券及其他证券投资的机构化，不仅有利于克服个人分散投资的种种不足，而且已成为个人投资者分散投资风险的最佳选择，从而极大推动了资本市场的发展。

视野拓展

证券交易所是股票、基金、债券等证券的交易场所。世界范围内，规模和影响力较大的证券交易所有纽约证券交易所、东京证券交易所、纳斯达克证券交易所、泛欧证券交易所、伦敦证券交易所、上海证券交易所、香港证券交易所等。我国四大证券交易所是上海证券交易所、深圳证券交易所、香港交易所和台湾证券交易所。

推荐读者登录上海证券交易所、深圳证券交易所网站，查阅交易品种及交易所简介等信息。

上海证券交易所

http://www.sse.com.cn

深圳证券交易所

http://www.szse.cn

香港交易所

http://sc.hkex.com.hk/TuniS/www.hkex.com.hk/chi/index_c.htm

第四节　外汇市场和黄金市场

一、外汇市场

外汇市场是指进行货币买卖、兑换的市场，是由外汇需求者、外汇供给者、买卖中介机构构成的外汇买卖活动场所。国际经贸活动的存在和各国实行不同的货币制度是外汇市场存在的两大前提。

狭义的外汇市场是指银行间的外汇交易。它包括同一市场各银行间的外汇交易、不同市场各银行间的外汇交易、中央银行与外汇银行之间以及各国中央银行之间的外汇交易活动。广义的外汇市场指由各国中央银行、外汇银行、外汇经纪人及客户组成的外汇买卖、经营活动的总和。

外汇市场不像商品市场和其他金融市场那样，一定要设有具体的交易场所，它主要是指外汇供求双方在特定的地区内，通过现代化的电信设备及计算机网络系统来从事外汇买卖的交易活动。

1. 外汇市场的参与者

外汇市场的参与者主要有以下几类。

（1）进出口商及其他外汇供求者。出口商是外汇市场上主要的外汇供给者，进口商是主要的外汇需求者；国际投资者、旅游者也会在外汇市场上购买外汇。外汇投机者通过在外汇市场上买进、卖出外汇赚取投机利润。

（2）外汇银行。外汇银行又叫外汇指定银行，是指经过本国中央银行批准，可以经营外汇业务的商业银行或其他金融机构。外汇银行可分为三种类型：专营或兼营外汇业务的本国商业银行；在本国的外国商业银行分行及外国的合资银行；其他经营外汇买卖业务的本国金融机构，如信托投资公司、财务公司等。外汇银行是外汇市场上最重要的参与者。

（3）外汇经纪人。外汇经纪人介于外汇银行之间或外汇银行与顾客之间，凭借对市场供求状况的熟悉，为买卖双方穿针引线，促进买卖成交，收取佣金的汇兑商。

（4）中央银行。中央银行被认为是外汇市场上最经常、最重要的官方参与者。这是因为各国的中央银行都持有相当数量的外汇余额作为国际储备的重要构成部分，并承担着维持本国货币金融稳定的职责，所以中央银行经常通过购入或抛出某种国际性货币的方式来对外汇市场进行干预，以便能把本国货币的汇率稳定在一个所希望的水平上或幅度内，从而实现本国货币金融政策的意图。

2. 外汇市场的交易方式

外汇市场的交易方式主要有现汇买卖、期汇交易、掉期交易三种。

（1）现汇买卖。现汇买卖又称即期外汇交易，是交易双方以当时外汇市场的价格成交，并在成交后的两个营业日内办理有关货币收付交割的外汇交易，即外汇银行与客户或银行同业之间按照当天的即期汇率做成的外汇买卖交易，可以在银行柜台上通过电话、电报、电传方式进行。即期外汇交易在外汇市场交易中占主要地位。

（2）期汇交易。期汇交易也称远期外汇交易，是指买卖外汇双方先签订合同，规定买卖外汇的数量、汇率和未来交割外汇的时间，到了规定的交割日期买卖双方再按合同规定办理货币收付的外汇交易。在签订合同时，除交纳10%的保证金外，不发生任何资金的转移。远期交易的期限有1个月、3个月、6个月和1年等几种，其中以3个月最为普遍。远期交易很少超过1年，因为期限越长，交易的不确定性越大。

（3）掉期交易。掉期交易是一种货币在被买入（卖出）的同时即被卖出（买入），所买入（卖出）和卖出（买入）的货币金额相等但期限不同，一为即期，一为远期，或两个不同期限的远期。交易的结果是交易者所持有的货币期限发生变化，这就是“掉期”的含义所在。

二、黄金市场

黄金市场是指集中进行黄金买卖和金币兑换的交易市场。黄金市场的形成有其历史原因，它与黄金作为货币的历史有着密切联系。

世界著名的五大黄金市场分别是伦敦、苏黎世、纽约、芝加哥和中国香港。伦敦和苏黎世主要是黄金现货交易市场，中国香港、纽约、芝加哥主要是黄金期货交易市场。

补充阅读

我国的黄金投资

我国市场上的五种黄金投资介绍及适用人群：①纪念金币，贺岁金条：实物交割，有收藏功能，变现能力差，交易费用高，适于熟悉邮品市场或收藏品市场的中老年艺术性理财者。②黄金饰品：实物交割，有收藏功能，变现能力差，交易费用高，易损坏，适于爱好珠宝首饰的女性投资者。③标准金条买卖：实物交割，流通性好，需支付保管、鉴定等费用，交易费用也较高，适于闲钱较多的投资者。④纸黄金业务：凭证式买卖，全额交易，变现能力强，交易费用较低，收益低，单项操作，适于没有精力关注投资的理财者。⑤黄金现货延迟交收业务，用较少的钱做较大的买卖。保证金一般为合约值的10%～15%，与纸黄金、股票投资相比较，投资者在黄金T+D市场上投资资金比其他投资要小得多，俗称“以小搏大”。

1. 黄金市场的参与者

黄金市场的参与者主要有国际金商、银行、法人单位、私人投资者以及黄金交易的经纪公司等。

（1）国际金商是国际范围内从事黄金交易的交易商，他们在国际黄金市场上有着举足轻重的地位，例如伦敦、苏黎世等五大金融交易中心，由于其本身与上游产业——金矿业主以及下游的金商的广泛接触，使得他们可以根据自身掌握的情况随时对黄金市场报价。

（2）黄金市场上的银行，有的只是中介机构，进行着代客买卖和结算的业务，本身并不直接进行黄金交易，而有的银行也在自营黄金业务，例如，新加坡黄金交易所里，就有多家自营商会员是银行。

（3）法人单位主要指一些黄金制品的工业企业、首饰等黄金的使用者，它们主要通过现货交易实现对黄金的需求。

（4）经纪公司是指专门从事代理非交易所会员进行交易并收取佣金的经济组织。一般情况下，该组织并不拥有黄金，而是派黄金交易所场内代表在交易厅里为客户代理黄金买卖业务。

2. 黄金市场的业务

黄金市场的交易有现货交易和期货交易两种。

（1）现货交易。现货交易是指进行黄金现货买卖。黄金的买卖价格以议价方式得出。买卖成交时，卖方可按定出的黄金价格获得全部收入，而买方则需要额外付出佣金。在伦敦黄金市场上，定价时，黄金的重量单位是金衡盎司，交割地点是在伦敦的各大金行的金库，成交后在两天内进行交割。

（2）期货交易。期货交易一般由交易双方先签订买卖黄金期货的合同并支付保证金，然后在约定的时间以后再进行实际交割。黄金期货与商品期货一样，一般不需要真正交货，绝大多数合约在到期前已经对冲掉了。期货交易的价格一般是以现货价格为基础，再加上按期货时间长短确定的利息。黄金期货交易要收取多种费用，如手续费、仓储费、账户手续费和保险费等。黄金期货市场上的套利者，可分为两类：一类是黄金期货价格看涨者，是做“多头”期货的买方；另一类是对未来金价看跌者，则是做“空头”期货的卖方。

视野拓展

全球最主要的国际黄金市场最长的已经有 200 多年的历史，我国黄金市场起步较晚，但发展迅速，建议读者通过以下链接做进一步了解。

百度百科“黄金市场”词条 http://baike.baidu.com/view/145175.htm

新浪网 2015 年 06 月 28 日新闻《精耕细作 13 年，中国首次获得黄金定价权》 http://licaishi.sina.com.cn/view/309804?ind_id=4

上海黄金交易所 http://www.sge.com.cn

本章小结

金融市场是市场体系的一个重要组成部分，是指以金融工具（金融产品）为交易对象而形成的供求关系及其交易机制的总和，金融市场的参与者主要包括市场参与者、金融工具、交易价格、组织方式。

金融市场具有融通资金、传递市场信息、分散风险、优化资源配置、宏观调控等功能。

货币市场是专门融通短期资金、实现短期资金借贷的市场。短期资金是指 1 年（含 1 年）以下的资金，包括同业拆借市场、票据市场、短期政府债券市场、可转让存单市场、回购市场以及货币市场共同基金市场等若干个子市场。货币市场具有金融工具期限短、市场容量大、信息流动迅速、资金融通的参与者主要是资信较高的机构性投资者、中央银行的直接参与等特点。

资本市场是指资金融通期限在 1 年以上的中长期金融市场，包括 1 年以上的证券市场和中长期银行信贷市场。其基本功能是实现并优化投资与消费的跨时期选择。按市场工具来划分，资本市场通常由股票市场、债券市场和投资基金市场构成。

外汇市场是指进行货币买卖、兑换的市场，是由外汇需求者、外汇供给者、买卖中介机构构成的外汇买卖活动场所。国际经贸活动的存在和各国实行不同的货币制度是外汇市场存在的两大前提。外汇市场不像商品市场和其他金融市场那样，一定要设有具体的交易场所，它主要是指外汇供求双方在特定的地区内，通过现代化的电信设备及计算机网络系统来从事外汇买卖的交易活动。外汇市场的交易方式主要有现汇买卖和期汇交易以及掉期交易三种。

黄金市场是指集中进行黄金买卖和金币兑换的交易市场。

综合练习

一、不定项选择题

1. 下列属于短期资金市场的是（　　）。

A. 债券市场　　B. 存款　　C. 有价证券　　D. 货币资金

2. 银行在票据未到期时将票据买进的做法叫（　　）。

A. 票据交换　　B. 票据承兑　　C. 票据结算　　D. 票据贴现

3. 在出售证券时与购买者约定到期买回证券的方式称为（ ）。

A. 证券发行 B. 证券承销 C. 期货交易 D. 回购协议

4. 以下金融产品中（ ）风险最低。

A. 股票 B. 基金 C. 期权 D. 债券

5. 金融市场上的投资者是（ ）。

A. 资金需求者 B. 资金管理者 C. 资金供应者 D. 资金融通者

6. 短期金融工具交易市场又称为（ ）。

A. 初级市场 B. 货币市场 C. 资本市场 D. 次级市场

7. 长期金融工具交易市场又称为（ ）。

A. 初级市场 B. 货币市场 C. 资本市场 D. 次级市场

8. 下列不属于货币市场的是（ ）。

A. 银行同业拆借市场 B. 票据市场 C. 回购市场 D. 证券市场

9. 股票的特点有（ ）。

A. 所有权性 B. 风险性 C. 流通性 D. 投机性

10. 证券发行的价格有（ ）。

A. 等价发行 B. 时价发行 C. 中间价发行 D. 偏价发行

二、名词解释

1. 货币市场 2. 资本市场 3. 外汇市场 4. 金融市场

三、简答题

1. 金融市场的构成要素有哪些？

2. 什么是股票？股票与债券有何区别？

3. 试比较货币市场和资本市场的区别。

四、实训题

1. 根据自己熟悉的领域分析一到两个行业，到上证所网站关注几只股票，观察分析你所关注的股票（上证所链接及其二维码见附录）。

2. 进入21世纪后的前十年黄金价格一路上扬，从不足300美元/盎司升至2011年9月1 900美元/盎司，在此之后触顶回调，一路下跌过程中2012年曾有小幅回升，但2013年继续下滑。

当时有一个说法流传很广，一群中国大妈向华尔街大鳄发起宣战，北京莱百等商场摩肩接踵，分分钟甩出1 000亿人民币，买走300吨黄金阻击黄金价格大跌。而中国大妈也因此一战成名，但理想很丰满，现实很骨感。中国大妈在波诡云谲的金价盘跌中败得一塌糊涂，黄金价格已经不顾大妈们的美好愿望，2013年年底继续下探至1 200美元/盎司左右。

有关2013年中国大妈买黄金的事件，新华网财经部的“图解财经”第74期做过分析报道，可供参考：http://news.xinhuanet.com/fortune/2014-10/13/c_127090504.htm

结合本章所学内容和本事例，分析黄金消费和黄金投资的区别、黄金市场特点并讨论中国大妈炒金给我们带来的启示。

第十章 货币供求

目的和要求

1. 了解货币供应、货币需求的概念。
2. 理解货币均衡。
3. 掌握货币供给的形成机制。
4. 掌握通货膨胀和通货紧缩产生的原因。

内容导入

津巴布韦通货膨胀：鱼香肉丝一盘 1.2 亿元

据国际先驱导报（记者欧飒、李努尔）2008 年 8 月 31 日发自哈拉雷的消息称：津巴布韦通货膨胀率世界之最，经济陷入极度困境，但并未发生如西方所料的崩溃。

本报道新华网转载链接：

http://news.xinhuanet.com/fortune/2008-03/31/content_7890237.htm

津巴布韦是非洲东南部一个美丽的国家，这个有着维多利亚大瀑布这样的自然奇观的国家，目前正遭受着罕见的经济衰退。

津巴布韦不仅有高通胀，还有高达 80%的失业率。

1．算钱以“捆”为单位

在哈拉雷一家名叫“华园饭店”的中餐馆，售价 1.2 亿元的鱼香肉丝，堪称世界上最“贵”的鱼香肉丝了。不过这个“元”既不是美元，也不是人民币，而是津元。官方公布的汇率是 1 美元对 3 万津元，但是在黑市上 1 美元可兑换 4 000 万津元。

按黑市兑换价，华园饭店的鱼香肉丝每份 3 美元，是很公道的价格。在华园饭店，价格最低的油炸花生米和小葱拌豆腐都是 9 000 万津元一份，而高档的海鲜类菜品标价要 3 亿多津元。

在西方多年制裁下，津巴布韦的经济陷入极度困境中，津元一路贬值，实际通货膨胀率高达 100 000%，创下当今世界之最。津巴布韦纸币最高面值为 1 000 万津元，是目前世界上面值最高的纸币，但这样高面值的钞票就是扔在地上都没人捡。

津元不断贬值，商家不停地更改价签上的数字。很多商店每两三天或四五天就调一次价。超市里价签上那一长串数字看得人眼花缭乱，让初到哈拉雷的人感到很不习惯。有时候，价格数字长得至于账单都打不下。

去趟超市随便买点东西，就得花厚厚一沓钱。当地华人报金额时往往以“捆”为单位，一“捆”钱是 100 张面值 1 000 万津元的纸币，按目前的黑市汇率共合 25 美元。

2．领到工资马上花掉

在津巴布韦，几乎没人存钱，人们领到工资就要马上花掉，或者兑换成外币，否则转瞬之间就贬值不少。《国际先驱导报》记者初次来津巴布韦，想买些特色工艺品。当地朋友建议记者不要马上兑换成津元，因为如果花不完，剩下的钱隔一天就要贬值不少。比较通行的做法是去商店看中要买的东西，商定好价钱，店主可将货品留存一两天，等顾客换好津元后再回来买。

在津巴布韦经商的中国人在计算生产成本时，也要考虑通货膨胀因素。一名中国商人告诉本报记者，他的公司每天赚到的钱都要尽快拿去购买再生产所用的原料或兑换成外币。

通货膨胀倒也不全是坏事，有时还能够让人受益。当地一位华人一次身体突感不适叫来了救护车，本来要付的钱约合30美元，但是等一个月后付款账单寄到时，美元汇率涨了不少，只需付3美元即可。

通货膨胀如此可怕，那它是怎么产生的？本章所讲货币供求将有助于读者理解这个问题。

第一节　货币供应

货币供应是指一定时期内，一国银行系统通过信用活动向经济中注入货币的经济行为。货币供给是相对于货币需求而言的。从动态来看，货币供给是银行系统通过其自身的业务活动向社会生产和生活领域提供货币的全过程；从静态来看，货币供给必然会产生一定的货币量，即货币供给量。

在现代信用货币制度下，货币供给过程一般涉及中央银行、商业银行、存款人和借款者四个行为主体。其中，在货币供给过程起决定作用的是银行体系。流通中的货币都是通过银行供给的，货币供给与中央银行和商业银行的资产负债活动密切相关，商业银行的派生存款功能和中央银行的货币发行是研究货币供给形成机制的基础。

一、货币供应量

货币供应量是指某一定时点上财政部门、各企事业单位和居民个人持有的现金和存款货币的总量，即实际流通中的货币数量。它由以中央银行为核心的银行体系通过不同渠道投放到流通中而形成，并在流通中循环往复地执行着货币的各种职能，因而又称之为“流通中的货币量”或“货币存量”。货币供应量包括现金和存款货币等，其中现金是中央银行的债务量，而存款货币是商业银行的债务量，这样货币供应量又是银行体系所供给的债务总量。

我国将货币供应量划分为三个层次：一是流通中现金M0，即在银行体系外流通的现金；二是狭义货币供应量 M1，即 M0 加上企事业单位活期存款；三是广义货币供应量 M2，即M1 加上企事业单位定期存款、居民储蓄存款和其他存款。

上述货币的三个层次划分中，M1 层次属于狭义货币，是我国的货币供应量调控中的主要监控变量指标，而 M2 构成我国的广义货币，也是我国宏观经济调控中的重要参数。

二、商业银行的派生存款

现代银行出现后，货币的供应量因商业银行的“派生存款”功能迅速增多，这和现代银行出现之前的情况大有不同。

存款货币的运行不同于现金运行，它有自己的运行特点：一是存款货币都在银行体系内运行；二是存款货币在运行中能够自行扩张——存款总量的增加。

（一）原始存款与派生存款

原始存款一般是指商业银行（或专业银行）接受的客户现金和中央银行对商业银行的再

贷款。原始存款是商业银行从事资产业务的基础。

相对于原始存款而言，派生存款是指由商业银行发行贷款、办理贴现或投资等业务活动引申出来的存款，所以又叫衍生存款。派生存款产生的过程，就是商业银行吸收存款、发放贷款、转账结算，不断地在各银行存款户之间转移，形成新的存款额，最终使银行体系的存款总量增加的过程。因此，银行创造派生存款的实质是以非现金形式为社会提供货币供应量。

（二）商业银行创造派生存款的前提条件

1. 实行部分准备金制度

部分准备金制度是指商业银行在经营活动中，只需要按存款的一定比例以现金和在中央银行存款的形式保留准备金，其余部分可以用于放款和投资。这个百分比构成的准备制度，就是部分准备金制。在现代各国，存款准备率多由中央银行来确定，称为法定准备率。商业银行只要按法定准备率保持一定量的现金准备以应付提现的需要，其余部分均可用于放款和投资。在实行部分准备金制度的情况下，商业银行才有可能动用客户存款进行贷款的发放，才可能有创造存款的过程。若是实行 100%的全额准备制，那么，商业银行就不可能有创造存款货币的能力，也完全失去了创造派生存款的可能性。例如，假设某企业在 A 银行存入 1 000 万元，则 A 银行的负债增加 1 000 万元，同时其资产方的现金也增加 1 000 万元，如果存款准备金率是 100%，这 1 000 万元存款正好被用作 1 000 万元的现金准备，A 银行不能把这笔资金贷放出去，因此就没有存款创造的过程。

2. 转账结算

转账结算是相对于现金结算而言的。转账结算是在银行活期存款基础上，通过签发支票使活期存款转移，完成货币的收付。这种结算方式下的货币运动，并不表现为现金形式，只是将活期存款从一个存款账户转到另一个存款账户上，而用于支付的现金仍停留在银行，只是银行的债权人发生了变化。这一过程对商业银行来讲具有实质性的意义和影响：存款转移意味着现金不流出银行，资金来源不减少，是银行以增记客户存款方式发放贷款的物质基础。如果转账结算的双方不在同一银行开户，那么，转出方银行的存款减少，必是转入方银行存款的等额增加。

一般而言，商业银行存款货币创造必须同时具备部分准备金制度和转账结算这两个条件。如果仅具备部分准备金制度，而实行现金结算，这时存款不会有多倍创造。因为部分准备金制度只为吸收存款后，能够运用部分存款提供了可能。如果仅具备转账结算，而实行全额准备金制度，也不能创造存款货币。因为这时存款在商业银行体系的转移必然是等额现金在银行体系内的转移，存款总量不会超过银行吸收到的现金量。

（三）商业银行存款货币创造的过程

假设每家银行只保留法定准备金，其余部分全部贷出，超额准备金等于零。假设客户收入的一切款项均存入银行，而不提取现金。假设法定存款准备率为 20%。

现假设甲企业将 10 000 元存入第一家银行，该行增加原始存款 10 000 元，按 20%提留 2 000 元法定准备金后，将其余 8 000 元全部贷给乙企业，乙企业用来支付丙企业贷款，丙企业将款项存入第二家银行，使其存款额增加 8 000 元。该行提留 1 600 元法定准备金后，又将 6 400 元贷给丁企业，丁企业又用来向戊企业支付货款，戊企业将款项存入第三家银行，该银行又继续贷款……如此循环下去，存款派生过程如表 10.1 所示。

由表 10.1 可知，在部分准备金制度下，10 000 元的原始存款可使银行共发放贷款 40 000

元，并可使活期存款总额增至 50 000 元。活期存款总额超过原始存款的数额，便是该笔原始存款所派生的存款总额。如以 D 表示存款总额，R 表示商业银行的存款准备金即原始存款，r 表示中央银行所规定的法定存款准备金率，则存款货币的多倍扩张可用以下公式表示：

$$D=R/r$$

在上述例子中，R=10 000 元，r=20%，所以：

$D=R/r$=10 000/20%=50 000（元）

派生存款额=$D-R$=50 000-10 000

=40 000（元）

表 10.1　存款派生过程

银行名称	存款增加数	按20%提留存款准备金	放款增加数
第一家银行	10 000.00	2 000.00	8 000.00
第二家银行	8 000.00	1 600.00	6 400.00
第三家银行	6 400.00	1 280.00	5 120.00
第四家银行	5 120.00	1 024.00	4 096.00
第五家银行	4 096.00	819.20	3 276.80
第六家银行	3 276.80	655.36	2 621.44
第七家银行	2 621.44	524.29	2 097.15
第八家银行	2 097.15	419.43	1 677.72
第九家银行	1 677.72	335.54	1 342.18
第十家银行	1 342.18	268.44	1 073.74
合计	44 631.29	8 926.26	35 705.03
其他银行	5 368.71	1 073.74	4 294.97
合计	50 000.00	10 000.00	40 000.00

可见，存款总额由 10 000 元扩张到 50 000 元，其中，10 000 元是原始存款，40 000 元是派生存款。这就说明，这种多倍扩张将使存款总额增加到原始存款的 5 倍，这一倍数就是我们通常所说的存款乘数，即上式中的 $1/r$。

以上的公式及计算表示，派生存款是原始存款的扩大，扩大的倍数与法定的准备率大小成反比，与原始存款成正比。商业银行的这种扩张信用的能力取决于两大因素：一是原始存款数量的大小；二是法定准备金率的高低。原始存款数量越多，创造的存款货币量越多；反之，则越少。法定准备率越高，扩张的数额越小；反之，则越大，两者成反比。

银行体系所具有的货币创造能力，使流通中的存款货币量成倍地扩大，这里存款总额与原始存款之间的倍数关系，叫做存款乘数；因改变法定准备率，使活期存款得以扩张或紧缩所产生的这种倍数效应，则称为乘数作用。存款乘数的数值可以直接用法定准备率（r）的倒数来表示。如果用 K 表示存款的存款乘数，则有

$$K=1/r$$

将本例数据代入上式，得

$$K=1\div 20\%=5$$

若 r 降为 10%，则存款可扩至 10 倍；若 r 升至 25%，则存款只能扩张 4 倍。可见，法定准备率越低，存款扩张倍数越大；法定准备率越高，则存款扩张倍数越小。

银行系统派生存款创造的机理，在相反方向上也同样适用，即派生存款的收缩也呈倍数收缩过程。

即学即练

读者通过东方财富网“中国存款准备金”页面查询当前大型银行存款准备金率，以此估算当前存款乘数。

通过该页面存款准备金变动趋势图分析，过去几次调整是在试图扩大流通中的货币量还是在压缩流通中的货币量？

东方财富网“中国存款准备金”页面：
http://data.eastmoney.com/cjsj/ckzbj.html

三、中央银行的货币发行

根据商业银行存款货币的创造我们可以得知：商业银行派生能力总是有一定限度的。当商业银行把社会上一切可动员的闲散资金都吸收进来，并按照派生原理达到了最大限度的派生能力，如果仍然不能满足客观货币需要时，唯一的出路是求助于中央银行，靠中央银行的货币发行来补足基础货币。

一国的货币供给是由中央银行创造信用的机制和商业银行扩张信用的机制共同发挥作用完成的。中央银行依据经济发展的客观需要确定新增的信贷规模，控制货币发行，调节基础货币供应量。商业银行在此基础上，派生新增存款，扩张信用。中央银行为了使商业银行信用扩张完成的货币供应量与社会实际需要量相吻合，通常采用两方面的调控措施。其一，调节存款准备金率。其二，调节基础货币供应量。当商业银行货币倍数确定时，中央银行以再贷款利率和再贷款规模改变商业银行的原始存款量，控制其信用扩张的原始基础。此外，现金漏损率也会影响货币倍数。现金漏损率是指客户从存款中提取现金数量的比例，它与货币倍数也成反比。

考虑上述因素，货币倍数的计算公式为

货币乘数=1÷（存款准备金率+提取现金的比率）

货币供应量极限值的计算公式为

货币供应量=基础货币供应额×货币乘数

设甲银行向中央银行贷得基础货币存款 1 000 万元，然后贷给甲公司；甲公司按提现率 10%提取 100 万元现金用于发放工资后，余下的 900 万元仍存于甲银行。甲银行对这笔派生存款按 8%的存款准备金率，将 72 万元存入中央银行，再将余下的 828 万元[900×(1-8%)]向乙公司发放贷款。乙公司又按 10%提现率提取 82.8 万元现金，将余额 745.2 万元存入乙银行。乙银行在缴存存款准备金后，余额又可再发放贷款，如此循环，每一轮贷款和派生存款均按存款准备金率和提现率递减，直至为零。按照上述公式，本例中货币倍数为

> **视野拓展**
>
> 再贷款业务（中央银行对金融机构的贷款）一直是我国中央银行的重要货币政策工具，央视网 2014 年 6 月 6 日新闻《"再贷款"玄机》（记者　包征宇）中有较详细介绍，推荐读者关注：http://jingji.cntv.cn/2014/06/06/ARTI1402045673171170.shtml
>
> 

货币倍数=(1+10%)÷(8%+10%)=6.11（倍）

货币供应量最大值为 M=1 000×6.11=6 110（万元）。

这样，由中央银行创造的 1 000 万元信用货币，经由商业银行的派生扩张，在社会流通中形成了远超过中央银行基础货币供应量的最终货币供应量。

中央银行按照货币政策目标和经济运行实际状态，适时调控商业银行的信用扩张能量，来控制最终货币供应量。当需要收缩银根时，提高再贷款利率减少对基础货币供应量，提高存款准备金率以降低商业银行的扩张能力。反之，当需要增加流通中货币供应量时则降低再贷款率扩大基础供应量，降低存款准备金以提高商业银行的扩张能力。

第二节　货币需求

货币需求是指在一定时期内，社会各阶层（个人、企业单位、政府）愿以货币形式持有

财产的需要，或社会各阶层对执行流通手段、支付手段和价值贮藏手段的货币需求。人们产生对货币需求的根本原因在于货币所具有的职能。货币需求的职能范畴包括执行流通手段、支付手段、贮藏手段职能。在现代市场经济社会中，人们需要以货币方式取得收入，用货币作为交换和支付的手段，用货币进行财富的贮存，由此对货币产生了有一定客观数量的需求问题。

货币需求主要是一个宏观经济学问题。因为市场需求是由货币所体现的有现实购买力的需求，所以宏观调控主要也是需求面的管理。当然，它的实现又必然要通过对货币供给的控制来进行，由此不能忽视与货币需求相对应的货币供给问题在宏观调控中占有的突出地位。

一、货币需求动机

在理解货币需求的含义时，首先需要把握货币需求是一个存量概念。即货币需求是指在特定的时点和空间范围内社会各部门愿意并且能够以货币形式持有的财产或收入的数量或份额。其次，货币需求是一种能力与愿望的统一体。即货币需求是有条件限制的，它以收入或财富的存在为前提，是在具备获得或持有货币的能力范围之内愿意持有的货币量。其中，货币需求能力可理解为与占有货币对应的收入、借款或其他形式的资产来源；而货币需求欲望则可理解为由货币需求主体经济利益所决定的各种行为动机。最后，在现实中，货币需求既包括对现金的需求，也包括对存款货币的需求。因为存款货币和现金一样，均能满足所有商品、劳务的流通以及一切有关货币收付、贮藏所提出的需求。

此外，人们对货币的需求不仅包括执行流通手段和支付手段职能的货币需求，而且包括执行价值贮藏手段职能的货币需求。其中，前者是货币需求最基本的部分，后者则表现出人们对带有时间价值的资产形式的需求愿望和能力，它与流通中的货币需求以各自不同的比例共同构成社会的货币总需求。由此也可看出，在市场经济条件下，人们持有货币的目的或动机主要有三种：其一是为了交易与经营的目的，其二是为了储蓄的目的，其三是为了投资的目的。

二、影响货币需求的因素

货币需求取决于人们持有货币的动机和财务约束，因此凡是影响和决定人们持有货币的动机和财务约束条件的因素，也就是影响货币需求的因素。

1. 收入状况

在影响货币需求的各个因素中，收入状况无疑是其中最主要的因素。收入状况对货币需求的影响具体表现在以下两个方面。

（1）收入水平。在经济生活中，微观经济主体的收入大多以货币的形式获得，其支出也是以货币的形式支付。在其他情况一定的条件下，收入水平与货币需求成正比。也就是说，收入水平越高，支出越大，就越需要更多的货币作为商品、劳务交易的媒介，即货币需求越大；反之，收入水平越低，货币需求越少。

（2）人们取得收入的时间间隔。在收入水平一定的条件下，人们取得收入的时间间隔与货币需求成正比。也就是说，人们取得收入的时间间隔越长，货币需求就越多；反之，人们取得收入的时间间隔越短，则货币需求就越少。

2. 物价水平及其变动

物价水平及其变动对货币需求的影响主要是通过改变微观经济主体的预期进行传导的。如商品供不应求时，人们会产生物价上升的预期，从而要求以持有实物保存资产代替持有货币保存资产，导致对货币需求的减少。

3. 信用的发达程度

如果一个社会信用发达，信用制度健全，人们在需要货币的时候能够很容易地获得现金或贷款，那么人们所需要持有的货币就会少些，人们可以将暂时不用的货币先投资于其他金融资产，待需要使用货币时，再将其他金融资产出售以换回现金。另外，在信用制度发达的经济中，有相当一部分交易可通过债权债务的相互抵消来结算，这也减少了货币的需求量。而在信用制度不发达、融资不方便的经济环境中，人们要取得现金或贷款不太容易，于是，人们宁愿在手头多持有一些货币。一般来说，货币需求量与信用的发达程度呈负相关关系。

4. 利率水平

在市场经济中，利率作为一种资金价格，正常情况下是与货币需求呈反比的，即市场利率越高，货币需求越少；利率下降，货币需求增加，因为利率高低影响到人们持有货币的机会成本。当利率上升，持有货币的机会成本会增加，人们会减少对货币的持有，反之对货币的需求就会增加。

案例阅读与分析

利率的变化是如何影响货币需求的

1936年，凯恩斯出版了他的划时代巨著《就业、利息和货币通论》，书中提出了见解独到的货币理论。他认为，货币具有价值储藏功能，不论是放在腰包里，还是锁进公司保险箱，都不会像储存粮食那样担心发霉烂掉，即使隔上三年五载，拿出来照样能花。货币用于交易，流动性最强。在这一点上，其他资产都望尘莫及。就是债券、股票等具有流动性的资产，也必须先将它们转换成货币才能购买商品和劳务。正因为如此，人们对货币情有独钟，货币成为人们生活中不可或缺的一部分。由于凯恩斯特别强调货币的流动性作用，因而他的货币理论又被称作流动性偏好理论。凯恩斯将人们持有货币的动机分为三类：一是交易动机，倘若你每月一日发工资，总不会在这一天把一个月的吃穿用的额度全都安排妥当，而是要留出一部分钱以便日常花销；二是预防动机，这也是生活常理，人难免有个小病小灾，倘若手头一个子儿没有，叫天天不应，叫地地不灵，若碰上一回，便会乖乖改掉不留钱的毛病；三是投机动机，一年365天，发财机会随时都有，手里拿着钱，瞅准机会投进去，往往会发一笔意外之财。

由于具有流动性偏好，就产生了货币需求。但人们的货币需求，并非长年累月一成不变的。影响货币需求的主要变量是利率，对不同的货币需求，利率的作用大不一样。众所周知，银行利率高了，储户拿到的利息就多，但利率再高，人们也不可能为了多得利息而不吃不喝，把钱都存进银行里。用经济学语言来说，就是交易动机产生的货币需求对利率的变化不敏感。同理，利率是升还是降，跟你生不生病没有必然关系。因此，出于预防动机的货币需求也会因利率调整而发生多大变化。交易动机和预防动机的货币需求究竟需要多少钱则取决于人们的收入。也就是说，人们会量入为出，根据自己的财力，留出日常花销和应急的钱。但是，利率对投机需求的影响却非比寻常。人们持有货币，等待赚钱机会，是要付出机会成本的，其代价是损失银行利息。当银行利息很高时，利息损失就大，持币成本也就高，这时人们就会减少货币需求，多往银行存款。反之，当利率降低，持币成本减少，人们会更多地提现去寻找其他的赚钱门路。利率如果一降再降，利息收入已微不足道时，人们就有可能把存款全部取出来，捂紧钱袋，等待时机，从而导致投机性货币需求无限扩大，这时经济就进入了“流动性陷阱”。

问题：你是如何理解利率变化与投机性货币需求之间的相关性机理的？

5. 货币流通速度

货币流通速度是指一定时期内货币的周转次数。一定时期货币需求就是该时期的货币流量，而货币流量是货币平均存量对货币流通速度的乘积。在商品与交易总额一定的前提下，货币流通速度越快，对货币的需求量就越少；反之，若货币流通速度越慢，对货币需求量就越大。因此，货币流通速度与货币需求成反比。

6. 心理预期

货币需求在很大程度上还受到人们的心理预期的影响。影响人们货币需求的心理预期主要有三种：一是对市场利率变动的预期；二是对物价水平的预期；三是对投资收益率的预期。当人们预期市场利率要上升时，会增加货币需求，反之则减少；当人们预期物价水平要上升时，则会减少货币持有，反之则增加；当人们预期投资收益率上升时，也会减少货币持有率，反之则增加。

三、货币需求理论

1. 货币需求理论研究的内容

人们为什么要持有货币？这个问题吸引了许多伟大的经济学家，费雪在20世纪早期，凯恩斯在20世纪二三十年代，以及威廉·鲍莫尔、詹姆斯·托宾、哈里·马科维茨、费里德曼自20世纪50年代以来都分别对此问题做出过解答。凯恩斯被公认为是“现代货币需求理论之父”，他创立了一个概念框架，推动了现代货币需求理论的发展。现代货币需求理论的基石即为凯恩斯所分析的交易动机、预防动机和投机动机三个动机。费里德曼对现代货币需求理论的贡献是将这三个动机综合在了一起。

货币需求理论是研究货币需求的动机、构成和数量的理论。货币需求理论研究的主要内容是一国经济发展在客观上需要多少货币量，货币需要量是由哪些因素决定的，这些因素相互之间有什么关系，以及一个经济单位（企业、个人或家庭）在现实的收入水平、利率水平和商品供求关系等经济背景下保持多少货币的成本最小、收益最大等问题。

2. 货币需求理论发展的特点

从货币需求理论的发展脉络来看，古典经济学中的货币数量说、马克思的货币必要量公式和费雪的现金交易方式是从社会的角度出发考察的宏观货币需求。自从剑桥学派提出现金余额说以来，西方经济学家主要从微观主体的角度出发，考察微观货币需求。

货币需求理论的发展具有以下几个特点：

（1）考察对象不断拓宽。马克思以及前人基本上都重视贵金属；费雪开始注意存款通货；凯恩斯较为明确地指出货币就是现钞和支票存款；费里德曼所说的货币已是较大口径的广义货币。总之，他们的考察对象是从黄金到纸币再到一切可称为货币的金融资产，是一个不断演进的过程。

（2）考察范围不断扩大。费雪以及前人从宏观总量上考察货币需求，而剑桥学派开始关注微观主体的持币动机，从而扩大了对货币需求的考察范围。

（3）对影响货币需求的变量分析不断深化。费雪阐明了总支出仅仅决定于货币数量的变动，而对利率波动不具有敏感性。剑桥学派认为对实际余额的需求是与实际收入成比例的，且不排除利率对货币需求的影响。凯恩斯提出了持有货币的三种动机，他将其归结成流动性偏好理论，并认为货币需求的交易成分和预防成分与收入成比例，而货币需求的投机成分对利率及利率预期极为敏感。费里德曼的货币需求理论将货币视作一种资产，运用资产需求理论得出了货币的需求是持有货币的机会成本和恒久性收入的函数。由此可以看出，对影响货币需求变量的深化过程，就是从$f(Y)$发展为$f(Y, r)$，并不断纳入更多自变量的过程。

第三节　货币均衡

货币均衡是指货币供给与货币需求的一种对比关系，是从供求总体上研究货币运行状态变动的规律。简而言之，货币均衡是在一段时期内一国的货币供应量与经济运行中客观所需要的货币数量相适应的关系，可以表述为

$$M_s=M_d$$

式中，M_s表示货币供应量，M_d表示货币需求量。

一、货币均衡的含义

由于货币客观需要量本身是一个可上下摆动的弹性区间，货币供应总量要以货币客观需要量为前提。因此，货币均衡通常包括以下三层含义。

第一，在货币流通体系中，变动着的货币供应总量等于变动着的货币需求总量，即所谓货币供求时点上的总量静态均衡。

第二，货币供求结构的均衡。所谓货币供求的结构均衡，指各生产部门、企业的产品基本能顺利地转化为货币，而且各生产部门、企业持有的货币也能顺利地、按基本设定的价格转化成商品。

第三，在货币流通体系中，变动着的货币供求总量是在一定时期允许的弹性区间内的动态均衡。

所谓动态均衡，通常是指货币供应量增长率等于或基本等于货币需要量增长率，此时货币供应量在允许的弹性区间内等于货币需要量，此种情况下物价基本稳定，生产和流通正常。否则，货币供应量增长率大于货币需要量增长率，此时，货币供应量大于货币需要量，如果多余部分超过货币需要量所能容纳的弹性区间的最大限量，就会引起物价上涨，严重时会出现通货膨胀。货币供应量增长率如果小于货币需要增长率，此时，货币供应量小于货币需求量，如果不足部分超过了货币需要量所能容纳的最小限量，就会使部分商品积压，市场流通出现迟滞。无论是货币供应量增长率大于货币需要量增长率，还是货币供应量增长率小于货币需要量增长率，都会出现经济运转不正常的现象，所以可以称为货币的非均衡。

二、货币均衡的实质及标志

货币均衡是具体的。从实质上看，它是社会总供给与总需求均衡的一种反映，并且它表现的货币供求又反映着商品供求平衡，因此说货币均衡与商品供求平衡不外乎是一个问题的两个方面。社会总供给决定货币需求，货币需求决定货币供给，而货币供给则形成社会总需求。在一般条件下，货币均衡必然表现为商品和劳务供给与以货币购买力表示的商品与劳务需求之间的均衡关系，表现为待交易的商品和劳务能迅速转换为货币，流通中的货币也能迅速转换为商品与劳务的现象。换言之，市场上不存在由于购买力不足引起的商品积压和企业开工不足的现象，也不存在购买手段过剩引起的商品与劳务供给不足和物价普遍上涨的现象。

货币均衡的标志具体体现在以下几个方面。

（1）商品市场上的物价稳定，既不存在由于货币过多造成物价持续明显的上涨，也不存在由于货币过少而出现商品滞销、经济萧条的现象，即价格水平在一定时期内没有发生剧烈波动。

（2）商品供求平衡，即社会上既没有商品供给过多引起的积压，也没有商品供给不足引起的短缺。

（3）金融市场上的利率稳定，即金融市场资金供求平衡，形成均衡利率，社会有限资源得到合理配置，货币购买力既非过多，也非不足。

三、货币均衡的条件

保持货币均衡的主要条件有以下几个方面。

（1）在经济适当发展的条件下，需要准确预测货币需要量。经济总要适度发展，否则人民生活水平的提高就缺少物质基础，在这个前提下准确测算货币需要量，为货币保持适当供应提供依据和标准。

（2）货币供应量与货币需要量达到大体平衡。货币供应量尽管不能完全控制，但基础货币毕竟是中央银行独家发行的，在准确测算货币乘数的前提下，严格控制基础货币的投放，以求控制货币供应总量，使其与货币需要量大体吻合。

（3）要有一个均衡的利率水平。利率能够充分反映货币供求状况，以求不断调整和控制货币供给与需求之间的关系，从而实现利率水平的基本平衡。

> **视野拓展**
>
> 货币均衡是一种期望，是国际社会普遍关心的大问题、大难题。从货币角度考虑，1997 年东南亚金融风暴和 2008 年金融危机同货币失衡脱不开干系。2010 年 12 月 3 日《经济参考报》刊载的《解析金融危机和货币均衡》（李东荣）一文值得读者关注：http://jjckb.xinhuanet.com/2010-12/03/content_273890.htm
>
> 

（4）要有一个均衡的价格体系。市场物价能充分表现货币与商品之间的供求状况，使商品价格达到在价值规律和市场机制作用下的均衡。

第四节　通货膨胀与通货紧缩

一、通货膨胀

普通老百姓认为通货膨胀就是“东西涨价了”“钱不值钱了”，而经济学家们则对通货膨胀的理解存在很大分歧。一般认为，通货膨胀是指在纸币流通的条件下，货币供应量超过商品流通中的实际需要量而引起的纸币贬值，物价普遍上涨的经济现象。

从定义中可以看出，通货膨胀一般具有三个特征：一是货币过量发行，二是货币贬值，三是物价上涨。通货膨胀的三个特征，实质上是同一个问题的三个方面。如果说，货币过量发行是主要原因，那么货币贬值是通货膨胀的实质所在，而物价上涨则是通货膨胀的必然表现和结果。这三个方面是同时出现的。因此，不能单凭其中某一方面的情况，就贸然判定一个国家出现了通货膨胀。

补充阅读

国民党统治时期的通货膨胀

1935 年国民政府规定自 1935 年 11 月 4 日起，以国民政府“中央银行”“中国银行”“交通银行”三家银行所发行的钞票为“法币”（1936 年又增加了“中国农民银行”；1942 年 7 月 1 日起，法币的发行权统一于国民政府“中央银行”）；并宣布所有白银和银元的持有人，应立即将其缴存政府，照面额换领法币。

从法币改革到抗日战争前夕，法币的发行额增加到3倍以上。截至1936年6月，国民政府搜刮人民的白银就达2.25亿元。

抗日战争期间，法币的发行额迅速增长。1945年8月抗日战争结束时，法币的发行额为1937年7月抗日战争发生时的340余倍，同一时期的物价至少上涨了2 000倍。抗日结束后，国民党反动派又发动了反人民的国内战争，这就不能不更加大量地增发纸币。从1937年6月至1948年8月21日法币崩溃为止，法币发行量上升了47万倍，同一时期上海的物价上涨了492.7万倍。大量发行的结果是，法币急剧贬值，1948年8月法币的购买力只有战前币值的1/500。

1937年至1949年100元法币的购买力变化如下：1937年时可买黄牛两头，1938年时可买黄牛一头，1939年时可买猪一口，1941年时可买面粉一袋，1943年时可买鸡一只，1945年时可买鸡蛋两个，1946年时可买固体肥皂六分之一块，1947年时可买煤球一个，1948年时可买大米两粒，1949年时可买一粒大米的24.5‰，其贬值速度简直超乎人们的想象。

（易纲，1999）

（一）通货膨胀产生的原因

通货膨胀产生的直接原因是发行纸币太多，超过流通中需要的货币量，在市场上形成过多的货币去购买价格总额已定的商品，其结果就是物价普遍上涨。但发生通货膨胀的具体原因往往是不同的。下面阐述几种常见的原因。

1. 需求拉上型通货膨胀

需求拉上型通货膨胀是指由于社会总需求的过度增长，超过社会总供给而拉动物价总水平上涨的一种通货膨胀。即“太多的货币追逐太少的货物”，使得物价水平上涨了。这种通货膨胀往往是在社会消费支出和投资支出激增的情况下，商品和劳务有效供给的增加受到了限制，或没有能随着有效需求的增长相应地增长，从而引起物价普遍上涨。比如说，财政赤字、信用的过度扩张、投资需求膨胀、国际收支长期大量顺差、外贸的大量流入等。

2. 成本推进型通货膨胀

后凯恩斯学派用“成本推进”来解释通货膨胀，即认为主要指的是由于上游产品成本和工资率的过度上升而引起的通货膨胀。有的认为是工资推动了通货膨胀，即由于强大的工会力量迫使厂商提高了工资，而工资的增长率超过了劳动生产率的增长率，就导致了生产成本的提高，进而导致了物价上涨，在物价上涨后，工会又进一步要求提高工资，这又对物价产生压力，因而称为“工资—物价螺旋”。在这里货币工资率的上升引起通货膨胀是有条件的，这个条件就是货币工资率的增长超过边际劳动生产率的增长。还有的认为是利润推动了通货膨胀，也就是说，在不完全竞争市场上，垄断企业凭借自己的垄断地位提高价格来实现利润的增长，当这种行为的作用大到一定程度时就会引发通货膨胀。

3. 结构型通货膨胀

结构型通货膨胀指在整个经济总供求处于均衡状态时，由于各部门的结构性因素引起物价总水平的持续上涨。在经济发展中，产业结构需要不断进行调整。一些部门日渐兴起，另一些部门则逐渐衰落，于是一部分社会需求将由一个部门转到另一个部门。需求增加的部门，产品价格和工资上涨；而需求减少的部门，则由于工资和价格的刚性，其工资和商品价格并没有相应下跌，或者下跌幅度很小，从而最终引起物价总水平的上升。

例如，根据国家统计局公布的2011年11月份统计数据，一方面，有的商品价格大幅上涨，比如猪肉价格上涨56.0%，鲜菜价格上涨28.6%；另一方面，有的商品价格小幅上涨，甚至不升反降，如耐用消费品价格上涨0.9%，服装价格下降1.4%等。一部分商品价格上升，推动居民消费价格指数水平的提高，另一部分商品价格却增幅缓慢，有的还呈现下降趋势。不难看出，我国此轮的物价上涨，“结构型”色彩浓重。

4. 供求混合型通货膨胀

供求混合型通货膨胀就是把供求两方面的因素综合起来，由需求拉上、成本推动共同引发的通货膨胀。对于需求拉上引发的通货膨胀，如果没有需求的相应增长，由供应因素引起的通货膨胀就不会持久，因为在工资率增长而需求不增加的情况下，价格就会提高而生产下降。在现实经济生活中，纯粹定义上的需求拉上型、成本推动型通货膨胀都不可能持续地进行，最终的演化结果是复杂的混合型。从动态特征看，这种通货膨胀有“螺旋式”和“直线式”两种类型。“螺旋式”先由供给因素引起通货膨胀，进而引起总需求上升，最后演化为混合型通货膨胀；“直线式”先由需求因素引起通货膨胀，进而引起成本上升，形成供求混合型通货膨胀。

补充阅读

我国20世纪80年代通货膨胀的原因

20世纪80年代，我国发生了较为严重的通货膨胀，甚至引发了市场抢购风潮，究其原因，主要包括以下几个方面:

第一，工资水平的上升。1978年国家开始对职工工资进行调整，特别是1979年以来的经济体制改革，逐步把工资调整到与企业经济效益挂钩，这一时期的工资水平有较大幅度的增长。到1986年，全民所有制单位职工实际工资的年平均增长率为5.46%（扣除物价上涨的因素），而同期劳动生产率年平均上升4.53%。工资的增长率超过了劳动生产率的增长率，引起了企业成本的普遍上升，从而造成商品价格的巨幅上涨。同时，工资水平大幅度地上升，引起了消费需求的膨胀，更进一步拉动了物价水平的上涨。

第二，投资需求的增长。1979年以来，我国的财政体制发生了变化，将一部分权力下放到地方，从而调动了地方投资的积极性。与此同时，国家还逐步放松了对能源、原材料以及加工工业产品价格的控制。过旺的投资刺激了机电工业的发展，而这些工业的高速发展，使本来就偏于紧张的能源、电力、原材料、交通运输更加紧张，从而竞相提价。投资规模越大，物价总水平上升得就越高。

第三，价格的结构性调整。自1979年以来，我国对商品价格进行了重大调整。从1979年至1986年，我国的物价水平上升了35.69%。农副产品价格的提高，轻工业原材料价格的上涨，铁路、航空、邮电、房租、水电以及第三产业的提价，都成为我国20世纪80年代物价水平上涨的重要原因。

（二）通货膨胀对经济的影响

关于通货膨胀对经济的影响，主要有促进论、促退论和促中论三种观点，即认为通货膨胀有利于促进经济的发展；认为通货膨胀对经济的发展有害无益；认为通货膨胀对经济的发展既有正面效应，又有负面效应。

1. 通货膨胀对经济的正效应

物价总指数年平均递增率在2%～3%时，基本上是稳定的。因此，通货膨胀在初期对经济增长确实有一定的促进作用。

（1）有利于调动闲置资源。通货膨胀表现为商品价格的普遍上涨，这就必然促使商品销售速度加快，商业利润和企业利润增加。在这种情况下企业就会扩大生产规模，增加就业，各种闲置的社会资源也会得以利用，从而促进社会再生产的发展。

（2）有利于扩大投资。通货膨胀有利于刺激投资，这主要表现在三个方面：一是政府可以利用通货膨胀额新增货币额直接投资；二是企业会为了扩大利润而增加投资；三是高收入阶层也可能将手中的闲置资金进行增值性的投资。

（3）有利于优化产业结构。在通货膨胀时期，畅销商品价格上升幅度大，销路差的商品价格上升幅度小甚至不上升。这就会使社会资金流向发生转变，社会资源重新配置，从而使产业结构和产品结构得到优化和调整。

2. 通货膨胀对经济的负效应

从世界范围来看，通货膨胀发生的时间越长、发生的程度越高，其对经济发展和社会秩序的危害性越大，具体来说主要有以下几个方面：

（1）通货膨胀危害生产的健康发展。通货膨胀长期存在，将导致生产成本上升，资金利润率下降和购买力下降，造成生产投资规模剧减，从而危害生产的健康发展。通货膨胀发生以后，市场的虚假繁荣使得生产盲目扩张，经济畸形发展，进而危害生产的健康发展。

（2）通货膨胀扰乱流通秩序。首先，在通货膨胀持续时期，由于人们对通货膨胀的预期，普遍存在物价“看涨”心理。人们为寻求保值手段，就会抢购惜售，重物轻币，囤积居奇，哄抬物价，从而导致商品供求关系扭曲，并进一步加剧商品流通的混乱；其次，如果一国通货膨胀率高于国际通货膨胀率，就会使原出口产品转为内销，并增加进口，导致国际贸易出现逆差；最后，由于通货膨胀，商品供求紧张，不可避免地会给一些投机倒把分子以可乘之机，于是会出现假冒伪劣、以次充好等混乱现象，同时，也给腐败犯罪的滋生创造条件。

（3）通货膨胀的再分配效应。通货膨胀长期存在将使经营者的非正常性收益大大增加，成为通货膨胀的受益者；非经营者，如享受固定收入的职员、退休人员、下岗失业人员，由于受到物价持续上涨的不断侵蚀，成为通货膨胀的受害者。如果这种不公平的收入分配得不到及时纠正，可能会激化社会矛盾，成为社会不稳定的因素。同时，由于通货膨胀的影响，还可以削弱货币的贮藏功能，使得财富发生隐性转移。

（4）通货膨胀导致资源配置失衡。长期性的通货膨胀使得市场价格不能反映真实的供求关系状况，利益的驱动使得资源配置失衡，甚至是进一步加剧了通货膨胀，促进了经济畸形发展。

（5）通货膨胀造成消费能力下降。通货膨胀发生以后，居民的名义货币收入增长速度赶不上物价上涨的速度，造成实际购买能力的下降、生活质量降低，尤其是对于固定收入人群而言。同时，可能使得贫富差距进一步拉大，加剧社会矛盾。

（6）通货膨胀引发信用危机。在当今社会信用货币流通的情况下，通货膨胀发生以后，货币的贮藏手段失去效用，债权人利益受损，信用遭到人们的普遍质疑，从而可能引起金融机构破产，加剧信用危机，影响经济的健康发展。

（7）通货膨胀造成国际收支不平衡。通货膨胀发生以后，国内物价水平的上涨使得出口成本上升，影响到本国出口商品的国际竞争能力，造成出口下降，进口商品因其价格相对较低而进口量增加，导致该国国际收支出现不平衡。

补充阅读

通货膨胀对股市的影响

影响股票市场以及股票价格的一个重要的宏观经济因素就是通货膨胀。通货膨胀对股票市场的影响既有刺激股票市场的作用，又有压抑股票市场的作用。通货膨胀主要是由于过多地增加货币供应量造成的。货币供应量与股票价格一般是呈正比的关系，即货币供应量增多使股票价格上升，反之，货币供应量减少则使股票价格下降，但在特殊情况下又有相反的作用。

货币供应量对股票价格的正比关系，有以下三种表现。

（1）货币供给量增加，一方面可以促进生产，扶持物价水平，阻止商品利润的下降；另一方面使得对股票的需求增加，促进股票市场的繁荣。

（2）货币供给量增加引起社会商品的价格上涨，股份公司的销售收入及利润相应增加，从而使得以货币形式表现的股利（即股票的名义收益）会有一定幅度的上升，使股票需求增加，从而使股票价格也相应上涨。

（3）货币供给量的持续增加引起通货膨胀，通货膨胀带来的往往是虚假的市场繁荣，造成一种企业利润普遍上升的假象，保值意识使人们倾向于将货币投向贵重金属、不动产和短期债券上，股票需求量也会增加，从而使股票价格也相应上涨。

由此可见，货币供应量的增减是影响股价升降的重要原因之一。当货币供应量增加时，多余部分的社会购买力就会投入到股市，从而把股价抬高；反之，如果货币供应量减少，社会购买力降低，投资就会减少，股市随之陷入低迷状态，因而股价也必定会受到影响。另一方面，当通货膨胀达到一定程度，通货膨胀率甚至超过两位数时，将会推动利率上升，资金从股市中外流，从而使股价下跌。

总之，当通货膨胀对股票市场的刺激作用大时，股票市场的趋势与通货膨胀的趋势一致；而其压抑作用大时，股票市场的趋势与通货膨胀的趋势相反。

（佚名）

（三）治理通货膨胀的有效对策

1. 控制需求

通货膨胀是社会总需求大于总供给的结果，因此，通过宏观紧缩政策控制社会需求，是各国抑制或治理通货膨胀的主要手段。具体有以下三个方面政策。

（1）紧缩性货币政策。该政策又称为“抽紧银根”。通货膨胀形成的直接原因是货币供应量过多，因此要降低通货膨胀率，中央银行可以通过减少流通中货币供应量的办法来实现。具体措施包括：提高商业银行的存款准备金率，削弱商业银行创造派生存款的能力；提高贴现率和再贴现率等。

（2）紧缩性财政政策。此政策可以从增加税收和压缩财政支出这两个方面入手。增加税收的通常做法是提高税率和增加税种，以压缩企业和个人的可支配收入；压缩财政支出主要是削减财政投资的公共工程项目，减少各种社会经济和补贴等。

（3）紧缩性收入政策。此政策是对付成本推进型通货膨胀的有效方法。其主要措施是采取强制性或非强制性的手段，限制提高工资和获取垄断利润，抑制成本的提高，从而控制物价的上涨。

2. 供给政策

发展生产，增加有效供给，是稳定币值、消除通货膨胀的根本出路。供应学派认为，通货膨胀和经济波动都是由产品供应不足引起的，因此，只要刺激生产，增加有效供给，就会遏制通货膨胀。改善供给的一般措施有以下几方面。

（1）降低税率，减税可以提高劳动者的工作意愿和劳动生产率，增加企业的投资愿望，从而带动总供给的增加。此外，还可以提高机械设备的折旧率，以刺激投资，促进生产发展，增加有效供给。

（2）实行有松有紧、区别对待的信贷政策。在压缩总需求的同时，货币当局实行产业倾斜政策。比如，对国民经济中的"瓶颈"部门、事关国际民生的主要产业和产品，实行比较优惠的信贷政策；而对那些积压产品，投入多、产出少的产业或产品，进行紧缩信用。这样做的目的，是使产业结构、产品结构得到优化，社会资源得到合理配置，货币流通状况得到根本好转。

（3）发展对外贸易，改善供给情况。通过对外贸易，不但可以调节供给总量，而且可以改善供给结构。当国内供求矛盾比较尖锐时，可动用黄金外汇储备进口商品，增加供给总量。当国内市场上某种商品供给过多，而另一些商品供不应求时，通过进出口贸易，可以调节供给结构。

3. 结构调整政策

这种政策在反通货膨胀的过程中，不仅能压缩社会总需求，而且在经济结构调整和增加社会有效供给方面，都能发挥重要的作用，使得各产业部门之间保持一定比例，以避免某些产品如粮食、原材料等的供求因结构性失调而推动物价上涨。结构调整主要包括差别利率、控制贷款流向和浮动税收。

4. 其他反通货膨胀的措施

（1）强制性的行政干预。这些措施主要被一些经济不太发达的国家所采用。其主要方法有：强制性停建一些工程项目，整顿市场流通，实行部分商品的经营垄断，实行某些产品的配额和限制管制，实行消费品的凭票供应等。

（2）保持经济低速增长。由于经济的高速增长往往伴随着通货膨胀，所以，近年来各国政府面临两种选择：或保持较高的经济增长速度，同时保持较高的通货膨胀率；或降低经济增长速度，甚至以经济的衰退来压低通货膨胀率。不少发达国家往往选择后者。

视野拓展

通货膨胀、紧缩不只是现代独有的现象，我国古代货币以铜钱为主，有"信用货币"属性，同样容易引起膨胀、紧缩，推荐阅读《中国历史上的通货膨胀》一文简单了解：http://www.chinafinancialyst.com/Html/JRWZ/0952016485872599.html

改革开放后至2014年，我国较严重的通货膨胀有三次，其中2007年开始的通货膨胀延续至2014年，此次因素最复杂，学者观点各不相同，推荐读者进一步阅读了解。

2013年5月21日《中国经济时报》《海外宽松货币下的中国通胀走势及其溢出》（梅新育）：
http://lib.cet.com.cn/paper/szb_con/156270.html（上）
http://lib.cet.com.cn/paper/szb_con/156330.html（下）

2012年6月28日《投资者报》《中国通货膨胀的三个故事》（张明），虎嗅网链接：http://www.huxiu.com/article/1256/1.html

《改革开放以来高通胀的比较分析》（中国人民银行调查统计司课题组），新华网链接：http://news.xinhuanet.com/fortune/2011-04/06/c_121272663.htm

二、通货紧缩

通货紧缩从本质上讲是一种货币现象。在市场化条件下，通货紧缩表现为物价水平的持续下跌，一般来说，对通货紧缩的分析和通货膨胀刚好相反，它们是两个相对的概念。通货紧缩是指商品和劳务价格水平的普遍持续下降。通货紧缩通常会引起一系列的经济现象，一般来说，通货紧缩期间有以下几种特征。

（1）物价水平持续下降。一般来说物价水平长时间的负增长才可以称为通货紧缩。

（2）货币供给量减少。通货膨胀是"太多的货币追逐太少的商品"，相应而言，通货紧缩伴随着货币供应量的不足。

（3）需求不足，投资萎缩。一方面货币供应量的减少降低了整个社会的有效需求，商品滞销，因而企业不愿进行投资；另一方面，通货紧缩使实际利率有所提高，因而投资成本上升。同时通货紧缩又会使投资的预期收益率下降，这是因为投资者预期物价水平会进一步下降，利润将进一步降低。投资成本的增加和预期投资利润的降低成为抑制投资的两大因素。

（一）通货紧缩产生的原因

通货紧缩的原因是多种多样的，从历年世界各国发生的通货紧缩来看，通货紧缩主要是由以下原因引起的。

1. 货币供应量不足

与通货膨胀相反，通货紧缩是货币供应量减少，不能满足社会上的货币需求量，同时商品又过多，从而导致物价水平的下降。而造成货币供应过少的主要原因可能是一国政府采取过度紧缩的财政与货币政策，大量减少货币发行或削减政府开支，导致货币供应的严重不足，社会需求的过分萎缩，使市场出现疲软。

2. 技术进步

技术进步使生产力有所提高，放松管制和改进管理降低了生产成本，因而会导致产品价格下降，出现成本压低型通货紧缩。如 19 世纪最后 30 年中，随着铁路的延伸和工业技术的进步，制成品的成本大幅下降，使美国的消费物价下降近 50%，而同期经济增长率年平均为 4%以上。

3. 生产能力过剩

无论是绝对过剩还是相对过剩，其必然结果都是产品面临的市场需求不足。只要这个市场是竞争性的市场，产品的价格就会下降。有些企业就会被迫减产或裁减职工，这又必然会导致企业投资和居民消费的减退，反过来又加剧了市场需求的不足，加大了物价下跌的压力；当市场经济中的大多数自由产业部门都出现了生产能力过剩时，在竞争条件下，一般物价水平的下降便不可避免。

4. 经济政策

在出现通货膨胀的情况下，国家实行紧缩的财政政策和货币政策，紧缩政策执行到一定阶段就要防止紧缩政策掌握不当而走向通货膨胀的反面——通货紧缩。世界各国的实践中，过度紧缩的财政政策和货币政策确实曾导致通货紧缩的出现。有的经济学家认为，通货膨胀被制止时，不出现一个经济增长迟缓和失业率超过平时的过渡时期，这样的例子在历史上还未见过。紧缩的财政政策和货币政策不可避免地要付出高昂的代价。

5. 心理预期

通货紧缩可能是由投资和消费预期变化所引起的。例如，当预期实际利率进一步降低时，消费和投资会出现有效需求不足，进而导致物价的持续下跌，造成通货紧缩。在中国，以往个人住房、养老、医疗、保险、教育全部由国家包揽，这也是计划经济"计划到每一个人"

的重要表现。传统制度改革之后，居民自行安排现在和将来的个人支出，这既有利于社会资源的优化配置，又有利于提高国家对宏观经济的调控能力。然而，正是由于制度变迁和转型，导致居民的心理预期和消费行为发生了深刻变化，即期支出大量地转化为远期支出，“少花钱，多储蓄”日渐成为一种行为取向。再加上就业压力、收入预期减少以及物价看跌等因素，消费需求就出现了严重的不足。

（二）通货紧缩对社会经济的不利影响

适当的通货紧缩有利于维护消费者的权益，有利于优秀企业脱颖而出，而且有助于产业结构的调整。通货紧缩的危害很容易被人忽视，因为从表面上来看，一般价格的持续下跌会给消费者带来一定的好处，在低利率和低物价增长的情况下，人们的购买力会有所提高。但当通货紧缩持续存在时，其负面作用将远远大于正面作用，会给国民经济带来不良影响，主要体现在以下几个方面。

1. 通货紧缩造成经济衰退

持续的、普遍的物价下跌使商家生产的产品价格不断下降，从而导致商家利润减少甚至出现亏损，这会严重挫伤生产者的积极性，使他们缩减产量或不愿生产，从而放慢经济增长的速度。商家减产的同时为了缩减成本，他们一方面会大量裁员从而使失业率增加，特别是在劳动力资源丰富的国家，通货紧缩使投资、生产、消费低迷，劳动力供给远大于需求，劳动力失衡的矛盾十分突出；另一方面会降低在职员工的工资水平，使其收入下降，而这又会进一步加重社会总需求不足的状况，总需求的严重不足最终会导致经济衰退。

2. 通货紧缩增强失业效应

从理论上讲，通货紧缩只有加重失业的可能而绝对没有促进就业的可能，其理由是：第一，通货紧缩意味着投资机会的锐减，也就是可能容纳就业的机会的锐减；第二，通货紧缩抑制了生产者的积极性，企业减产甚至停产的情况增多，在人浮于事的情况下，企业下岗人员自然就会增多；第三，我国人口众多，劳动力资源十分丰富，且近几年已经到了新增劳动力进入社会的高潮，在通货紧缩使投资与消费普遍不振的情况下，劳动力供求失衡的矛盾十分尖锐。

3. 通货紧缩引起收入的再分配

通货紧缩有利于固定工资收入者，而不利于生产者；有利于债权人而不利于债务人。由于生产者的原材料投入在前，价格高；而其产成品的销售在后，价格低。因此价格的下跌不利于生产者，即不利于生产。但固定工资的收入者，因产品价格的下跌而受益。对于债权人来说，债务发生时商品价格高，而偿还债务时，由于商品的价格下跌，债务人要销售成倍的商品偿还债务。

4. 通货紧缩引起银行危机

通货紧缩会引起货币的内在价值上涨，实际债务负担则因货币成本上涨而相应上升。通货紧缩时虽然名义利率未变甚至下降，但实际利率却上升，从而增加债务人的负担，使债务人无法按时还贷，导致银行的不良资产增加，加之难以找到赢利的项目提供贷款，使银行业面临困境，当银行业面临系统性恐慌时，一些资不抵债的银行会因存款人“挤兑”而被迫破产，形成“债务—通货紧缩陷阱”。

补充阅读

我国 1997—1999 年的通货紧缩

自 1997 年 10 月开始出现物价负增长以来，连续二十几个月出现了物价持续普遍下降的通货紧缩现象。但由于此次通货紧缩伴随着 GDP7.1%以上的增长，这次通货紧缩也就谈不上“严重”，但它确实给我国经济造成了诸多的不利影响。对此次通货紧缩的研究也成为我国学术界研究的热点，综合我国学者的研究成果，对此次通货紧缩的成因总结如下。

（1）上轮宏观经济“软着陆”的滞后效应，同时也是对之前几年通货膨胀时期形成的不合理物价水平的自动调整。从时间上看，认为 1997 年 10 月开始的物价负增长，是 1995 年 1 月开始的物价指数增长率下降的自然延续。

（2）经济运行的深层次原因。改革开放以来，中国经济在高速发展的同时，部门和地区间的重复建设及产业结构老化的问题也相应地积累，导致出现大多数商品供过于求的局面。相对于居民的购买欲望而言，出现的需求不足更多地表现为供需之间的结构性不对称。

（3）不能把出现的通货紧缩仅仅归结为有效需求不足。造成中国通货紧缩的根本原因在于企业亏损，在于企业成本上升所造成的企业利润率和资金回报率的下降。

（4）20 世纪 90 年代后期，中国加快了建立现代市场经济的步伐，在推进国有企业向现代企业制度转化的过程中，国家在个人住房分配制度、公费医疗制度、教育制度、养老和保险制度方面展开了较为深入的改革，而居民的收入并未与改革同步增长。由于未来不确定的支出大大增加和预期收益前景不佳，从而极大地限制了居民的消费支出。

（5）由于企业经济效益低下，三角债盛行而导致整个社会的信用基础脆弱，同时，由于各种主客观原因形成金融机构的大量不良资产，使金融机构信心不足，放贷的积极性下降，因此货币供应增幅也相应下降。

（6）随着现代市场经济框架基本建成，企业间的竞争日益激烈，于是实行价格战策略。同时，由于技术进步使劳动生产效率提高，产品成本相对下降，最终使这些产品价格拥有下降的空间。

（7）农业持续丰收，农产品的市场价格远低于国家的收购保护价，使得占零售价格指数权重较大的食品类价格持续下降，进而带动物价总水平下降。

（8）受世界经济调整特别是亚洲金融危机的影响，国内生产的商品和劳务的外部需求急剧下降；同时由于周边国家的货币贬值，我国出口竞争面临的压力增大，这两个方面都意味着国内商品和劳务供应增加，从而促使物价水平下降。

（9）由于进口快速增长，加之走私猖獗，国际市场的商品价格下跌直接带动国内市场价格的下跌。

由于我国这次通货紧缩的形成机制比较复杂，所以政府运用了多种宏观经济政策进行治理。

（1）积极的财政政策。从 1998 年开始，我国政府采取了一系列积极的财政政策，主要是以发行债券的方式来扩大建设性支出，如 1998 年，我国增发 1 000 亿元国债，专项用于基础设施投资。

（2）积极的货币政策。我国主要采取了降低存贷款利率、取消贷款规模限制、发展个人消费贷款等措施。存款利率在两年内连续 7 次下调。

（3）加快结构的调整。对国有企业实行了“抓大放小”，对长期亏损的国有中小企业进行彻底清理，把主要精力放在提高质量、提高水平上，而非外延的规模扩张上。另外，减少对纺织、煤炭等传统产业的投入，消除其过剩的生产能力，同时运用先进技术改造传统产业，加速传统产业

视野拓展

经历了2007年之后的几年的通货膨胀，2015 年似乎进入了通货紧缩的轨道，推荐读者阅读 2015 年 5 月 6 日《上海证券报》《从国际比较看我国的“通货紧缩”预期》（许鑫）一文，新华网转载：http://news.xinhuanet.com/finance/2015-05/06/c_127769054.htm

向现代产业的转化，不断提高产品的质量和档次，改善企业的经济效益。此外加大对电子、计算机、生物等高新技术领域的投资力度，加快产业结构的调整和升级。

（北京大学中国经济研究中心宏观组，2000）

（三）治理通货紧缩的有效对策

1. 扩张性的财政政策

要治理通货紧缩，最重要的是要阻止商品供求失衡的状态的进一步发展，实施扩张的财政政策。而要采取扩张的财政政策，主要是扩大财政支出，通过增加国家预算和增加国债发行来扩大投资。投资需求的增加有两条途径：一是政府增加公共投资，主要用于基础设施建设，以此拉动投资品市场的需求、增加就业，就我国来看，能源、交通运输、水利建设等基础产业、基础设施的发展落后，进行大规模的投资不会导致过剩，同时又可以避免重复建设，提高未来的有效供给。二是刺激私人部门或民间投资，主要是通过降低税收、降低利率、增加信贷等措施，提高企业经营者的投资收益率，增加其增加投资的机会和投资信心。

2. 扩张性的货币政策

扩张性的货币政策就是通过增加货币供应量，降低利率水平等来刺激有效需求的增加。具体措施是：一是降低金融机构法定存款准备金率，增强商业银行创造派生存款的能力；二是利用再贴现政策，降低再贴现率和贴现率，以减少商业银行的借款成本，进而降低市场利率，以刺激投资需求和消费需求；三是在公开市场买进政府债券，以相应增加经济体系中的货币量；四是扩大中央银行基础货币投放，扩大信贷发放规模，增加社会货币供给量；五是不断完善货币市场建设，疏通短期融资渠道，加快货币流通速度，完善货币政策运作环境。

3. 扩张性的收入政策

在通货紧缩的情况下，就业预期、工资预期等趋于下降，消费者普遍缩减支出，增加储蓄。所以，采用扩张的收入政策可以提高居民的收入预期，刺激居民的消费。加大向下岗职工、城乡低收入者的政策倾斜力度；加快农村扶贫攻坚和城镇社会保障体系建设，大幅度提高各类补助金标准，从而解决由于长期投资拉动所造成的产品生产能力过剩与居民消费能力不足之间的矛盾。

4. 调整产业结构

无论是扩张性的财政政策还是扩张性的货币政策，其作用都是有限的。对于因生产能力过剩等长期因素造成的通货紧缩，要从根本上解决问题，就必然进行生产结构的调整，以推进产业结构和产业组织结构的调整。就产业结构的调整来说，主要是推进产业结构的升级、培育新的经济增长点，同时形成新的消费热点。产业组织结构的调整也是在中长期内治理通货紧缩的有效手段。在生产能力过剩时，很多行业会出现恶性市场竞争，为了争夺市场，价格战会不断出现，行业利润率不断下降，如果价格战能够在较短的时间内使一些企业退出市场，或者在行业内部出现较大范围的兼并与重组，即产业组织结构进行调整，则在调整后的产业组织结构中，恶性市场竞争会被有效制止，因恶性竞争带来的物价水平大幅度下降的情况也就有可能避免。

案例阅读与分析

日本治理通货紧缩的对策

针对通货紧缩情况，日本政府采取以下多种措施以刺激经济增长：

（1）扩张性财政政策。为了刺激经济增长，抑制物价下降，从1992年起，日本政府连续10

次推出以减税和增加公共事业投资为主要内容的扩张性财政政策，涉及财政收支规模达130万亿日元之巨。例如，1998年4月，日本政府宣布了一项历史上规模最大的、价值16.6万亿日元的综合经济对策，包括的内容如下：1998年至1999年减少4.6万亿日元的所得税和其他税收，增加各类公共工程开支7.7万亿日元，增加各种政府开支4.3万亿日元。

（2）扩张性货币政策。在货币政策方面，日本政府也在不断推出以降息为中心的扩张性货币政策，力图通过降低利率来扩大货币发行量，刺激民间消费和投资的增长，达到抑制通货紧缩、促进经济增长的目的。从1991年7月起，日本银行连续下调官方利率。到1995年9月，日本的再贴现利率降到了0.5%，并一直持续了5年之久。此后，日本银行又于1999至2000年实行了“零利率”政策，到2001年2月又两次下调再贴现利率，再贴现率一度降至0.25%，处于历史最低水平。

（3）通过立法，整顿金融秩序。在运用财政和货币政策刺激经济增长的同时，日本政府采取了一些金融体制改革和结构调整措施。在1998年12月，日本国会相继通过了《金融重建关联法》和《金融功能早期健全法》，对濒临破产和已破产的金融机构由政府注入资金，取得控股权，由政府主导处理金融机构的不良资产。截至1999年3月末，日本政府已对15家主要银行投入近7.5万亿日元的资金，加上银行自身获得的2.2万亿日元，补充资本近9.6万亿日元。政府出面对金融机构进行整顿，可以保护存款人的利益，稳定民心，防止出现挤兑行为，同时也避免了这些金融机构的破产对日本经济和国际金融市场造成的危机。

问题：应该说，日本治理通货紧缩的政策有效果但并不明显，日本政府自称 1990 年后的 20 年在经济发展上是“失落的 20 年”，建议读者通过网络搜索引擎以关键词“日本通货紧缩”查询更多有关日本治理通货紧缩的文章，讨论其政策效果给我们的启示。

本章小结

货币供应是指一定时期内，一国银行系统通过信用活动向经济中注入货币的经济行为。货币供给是相对于货币需求而言的。货币供应量是指某一定时点上财政部门、各企事业单位和居民个人持有的现金和存款货币的总量，即实际流通中的货币数量。货币供给的形成是通过商业银行创造派生存款的实质是以非现金形式为社会提供货币供应量，以及中央银行的货币发行形成的。

货币需求是指在一定时期内，社会各阶层（个人、企业单位、政府）愿以货币形式持有财产的需要，或社会各阶层对执行流通手段、支付手段和价值贮藏手段的货币需求。人们产生对货币需求的根本原因在于货币所具有的职能。影响货币需求的因素有收入状况、物价水平及其变动、信用的发达程度、利率水平、货币流通速度、心理预期等因素。

货币均衡是指货币供给与货币需求的一种对比关系，是从供求总体上研究货币运行状态变动的规律。简而言之，货币均衡是在一段时期内一国的货币供应量与经济运行中客观所需要的货币数量相适应的关系。

通货膨胀是指在纸币流通的条件下，货币供应量超过商品流通中的实际需要量而引起的纸币贬值，物价普遍上涨的经济现象。治理通货膨胀的有效对策包括控制需求、供给政策、结构调整政策等方式。

通货紧缩和通货膨胀刚好相反，它们是两个相对的概念。通货紧缩是指商品和劳务价格水平的普遍持续下降。通货紧缩通常会引起一系列的经济现象，治理通货紧缩的有效对策有扩张性的财政政策、扩张性的货币政策、扩张的收入政策、调整产业结构。

综合练习

一、不定项选择题

1. 货币均衡的主要标志是（　　）。

A. 物价持续上涨　　B. 商品滞销　　C. 物价持续下跌　　D. 社会总供求平衡

2. 通货膨胀根据形成原因可以分为（　　）。

A. 需求拉上型通货膨胀　　B. 成本推进型通货膨胀

C. 供求混合型通货膨胀　　D. 结构型通货膨胀

3. 通货膨胀对策中，压缩财政支出属于（　　）。

A. 改善供给　　B. 紧缩性收入政策　　C. 收入指数化政策　　D. 紧缩性财政政策

4. 通货紧缩是指劳务和商品的（　　）。

A. 价格普遍持续上涨　　B. 价格普遍持续下降　　C. 贷款持续增加　　D. 贷款持续减少

5. 通货紧缩有利于（　　）。

A. 债权人　　B. 债务人　　C. 生产者　　D. 投资者

6. 货币均衡的标志具体体现在（　　）。

A. 商品市场上的物价稳定　　B. 商品供求平衡

C. 金融市场上的利率稳定　　D. 货币稳定

7. 影响货币需求的因素有（　　）。

A. 收入状况　　B. 物价水平及其变动　　C. 信用的发达程度　　D. 利率水平

8. 商业银行创造派生存款的前提条件是（　　）。

A. 实行部分准备金制度　　B. 资产业务　　C. 转账结算　　D. 中间业务

9. 从定义中可以看出，通货膨胀一般具有三个特征，包括（　　）。

A. 货币过量发行　　B. 货币贬值　　C. 物价上涨　　D. 物价下跌

10. 治理通货紧缩的有效对策有（　　）。

A. 扩张性的财政政策　　B. 扩张性的货币政策　　C. 扩张的收入政策　　D. 调整产业结构

二、名词解释

1. 货币供应　2. 货币需求　3. 通货膨胀　4. 通货紧缩

三、简答题

1. 简述影响货币需求的因素。
2. 通货膨胀对经济的影响都有哪些？
3. 简述治理通货紧缩的有效对策。

四、讨论题

2008年之后我国城镇房价暴涨，为抑制房价过快上涨，政府连续出台了多种政策。2010年4月17日，“新国十条”出台后，各地将根据其房地产现状逐渐出现“限购令”。2010年4月30日，北京市政府发布《北京市人民政府贯彻落实国务院关于坚决遏制部分城市房价过快上涨文件的通知》（即北京十二条），主要内容为：每个家庭只能再购买一套商品房，三套房和不合规的外地人购房贷款被叫停。“不让炒房”成为此项政策的根本意图。2010年9月29日多部门再次出台调控新措施，针对第一条中有关“房价过高、上涨过快、供应紧张的城市，要在一定时间内限定居民家庭购房套数”的规定，从此拉开了我国史上最严厉房地产调控措施。其后深圳、广州，西安等多个城市陆续公布限购令。

请查阅当时各地房地产市场限购令，讨论房价上涨、房地产市场限购令与货币供应量、通货膨胀的关系。

五、实训题

进入中国人民银行网站（链接及二维码见附录），查阅信贷、外汇收入以及货币供应变动的有关数据，分析判断我国的货币供给状况，提出建议。

第十一章　国际金融

目的和要求

1. 了解国际收支和外汇的概念。
2. 理解国际收支平衡。
3. 了解国际储备的概念。
4. 掌握汇率的标价方法及其变动的影响因素。

内容导入

希腊债务危机会引爆金融风暴吗

综合媒体报道2009年到2015年的6年时间，希腊为避免不能偿还到期债务一直接受国际救助，条件是实行改革和财政紧缩。然而，紧缩政策加剧了希腊经济衰退，2015年5月希腊动用该国在国际货币基金组织（IMF）的紧急储备偿还国际货币基金组织的7.5亿欧元到期债务。此后的谈判依旧无果，相关的救助计划于6月底到期，希腊因未能在6月30日向国际货币基金组织偿还15.5亿欧元贷款，成为国际货币基金组织史上首个违约的发达国家。

2015年7月5日，希腊举行全民公投决定是否接受国际债权人的新一轮救助提议，公投结果是60%的人反对欧盟的救助方案，反对更多紧缩措施。

德国和其他欧元区国家要求希腊退出欧元区呼声日高，公投的结果提高了希腊退出欧元区的可能性。如果希腊真的退出欧元区，很多人认为可能会重创欧元区经济，再次引发欧元贬值，欧元贬值尽管会使中国人到欧洲旅游的成本降低，但也会重创中国对欧元区的出口，从而对中国经济不利。

资本市场担心欧元区爆发全面危机，希腊公投出来后全球股市迅速暴跌，亚太股市也不例外。日经225指数周一（7月6日）收盘重挫2.08%，报20112.12点，创下6月18日以来收盘新低。恒生指数截至周一下午3:30暴跌3.25%。受其影响，中国A股股民们原以为救市政策组合拳出来后会高开高走，然而却迎来了高开低走。创业板继续暴跌4.28%，大盘蓝筹在上证50权重股支撑下，仅上涨2.41%。

国际货币基金组织的紧急储备是指什么资金？希腊为什么还不上外债？债务违约和我们常听到国际收支失衡是不是一回事？如果欧元贬值，真的也会影响万里之外的我们？为什么一个小国希腊的债务问题会引发全球性资本市场的动荡？本章的内容将有助于读者理解这些问题。

本例整理自多篇媒体报道，包括2015年7月6日搜狐网《希腊债务危机会引爆金融风暴吗》等文章，有兴趣的读者可阅读该文原文：http://mt.sohu.com/20150706/n416251706.shtml

第一节　国际收支

国际收支是指一个国家（或地区）在一定时期内（通常为1年）同其他国家（或地区）

在对外经济、政治、文化等诸方面的交往中所发生的国际间的资金收付行为。国际收支的概念自产生以来，经历了不断发展丰富的过程，有狭义概念和广义概念之分。

狭义的国际收支概念是指一个国家在一定时期内全部的外汇收支总和。这一概念是以收付作为基础的，只有以现金支付的国际经济交易和立即结清的外汇收支款项才能被确认为国际收支。随着国际间经济往来的发展变化，狭义的收支概念已不能准确全面反映一个国家国际收支的全部内容了，其局限性日趋明显。为了克服这种局限性，广义的国际收支概念应运而生。广义的国际收支概念是指一个国家在一定时期内全部的对外经济活动。这一概念是以交易为基础，既包括货币性交易，又包括非货币性交易；既包括立即结清的交易，又包括尚未结清的债权债务关系。目前广义的收支概念已被世界各国广泛采用。

国际收支的内容包括以下几项：一个国家与他国之间商品、劳务和收益等的交易行为；该国所持有的外币、黄金，特别提款权的变化以及与他国债权债务关系的变化；凡不需要偿还的单方面转移的项目和相对应的项目，由于会计上必须用来平衡的尚未抵消的交易以及不易互相抵消的交易。

一、国际收支平衡表

国际收支平衡表是反映一定时期一国同外国的全部经济往来的收支流量表。它是对一个国家与其他国家进行经济技术交流过程中所发生的贸易、非贸易、资本往来以及储备资产的实际动态所做的系统记录，是国际收支核算的重要工具。国际收支平衡表可综合反映一国的国际收支平衡状况、收支结构及储备资产的增减变动情况，能够为制定对外经济政策，分析影响国际收支平衡的基本经济因素，采取相应的调控措施提供依据，并为其他核算表中有关国外部分提供基础性资料。

国际收支平衡表是按照复式簿记的原理编制的。在表中，全部经济交易被划分为借方（或付方）、贷方（或收方）和差额三项，用以反映一定时期内对外经济活动的状况。一切收入或负债增加、资产减少记入贷方，一切支出或资产增加、负债减少记入借方。

国际收支平衡表的内容各国依自身经济状况不同而繁简不一，但大多数国家都包括经常项目、资本项目和平衡项目。

各国的国际收支平衡表尽管在项目设置上有些细微差别，但大体上并没有明显不同。都由三个大项目组成（可参见表 11.1）。

表 11.1　中国国际收支平衡表简表（年度表）　（单位：亿美元）

项目	2011	2012	2013	2014
1. 经常账户	**1 361**	**2 154**	**1 482**	**2 197**
贷方	22 087	23 933	25 927	27 299
借方	−20 726	−21 779	−24 445	−25 102
1.A货物和服务	**1 819**	**2 318**	**2 354**	**2 840**
1.A.a 货物	2 287	3 116	3 590	4 350
贷方	18 078	19 735	21 486	22 438
借方	−15 791	−16 619	−17 896	−18 087
1.A.b 服务	−468	−797	−1 236	−1 510
贷方	2 010	2 016	2 070	2 320
借方	−2 478	−2 813	−3 306	−3 830

续表

项目	2011	2012	2013	2014
1.A.b.1 加工服务	263	256	232	213
1.A.b.2 维护和维修服务	0	0	0	0
1.A.b.3 运输	−449	−469	−567	−579
1.A.b.4 旅行	−241	−519	−769	−1 079
1.A.b.5 建设	110	86	68	105
1.A.b.6 保险和养老金服务	−167	−173	−181	−179
1.A.b.7 金融服务	1	0	−5	−4
1.A.b.8 知识产权使用费	−140	−167	−201	−219
1.A.b.9 电信、计算机和信息服务	89	108	95	94
1.A.b.10 其他商业服务	72	87	99	155
1.A.b.11 个人、文化和娱乐服务	−3	−4	−6	−7
1.A.b.12 别处未提及的政府服务	−3	−1	0	−10
1.B 初次收入	**−703**	**−199**	**−784**	**−341**
贷方	1 443	1 670	1 840	2 130
借方	−2 146	−1 869	−2 624	−2 471
1.B.1 雇员报酬	150	153	161	258
1.B.2 投资收益	−853	−352	−945	−599
1.B.3 其他初次收入	0	0	0	0
1.C 二次收入	**245**	**34**	**−87**	**−302**
2. 资本和金融账户	**−1 223**	**−1 283**	**−853**	**−795**
2.1 资本账户	**54**	**43**	**31**	**0**
2.2 金融账户	**−1 278**	**−1 326**	**−883**	**−795**
资产	−6 136	−3 996	−6 517	−5 120
负债	4 858	2 670	5 633	4 325
2.2.1 非储备性质的金融账户	2 600	−360	3 430	383
资产	−2 258	−3 030	−2 203	−3 942
负债	4 858	2 670	5 633	4 325
2.2.1.1 直接投资	2 317	1 763	2 180	2 087
2.2.1.2 证券投资	196	478	529	824
2.2.1.3 金融衍生工具	0	0	0	0
2.2.1.4 其他投资	87	−2 601	722	−2 528
2.2.2 储备资产	−3 878	−966	−4 314	−1 178
2.2.2.1 货币黄金	0	0	0	0
2.2.2.2 特别提款权	5	5	2	1
2.2.2.3 在国际货币基金组织的储备头寸	−34	16	11	10
2.2.2.4 外汇储备	−3 848	−987	−4 327	−1 188
3. 净误差与遗漏	**−138**	**−871**	**−629**	**−1 401**

（一）经常项目

表 11.1 整理自国家外汇管理局网站统计数据—统计数据列表—中国国际收支平衡表栏目“中国国际收支平衡表时间序列数据（BPM6）”，读者可登录后阅读含有最新数据的完整表格：

http://www.safe.gov.cn/

经常账户也被称为经常项目，反映一国与他国之间的实际资产的转移，是国际收支中最重要的账户，包括货物、服务、收入和经常转移四个科目。经常账户和它的各个科目通常都列出了贷方额和借方额，以便计算差额。经常账户差额有时也被称为经常账户收支，经常账户盈余表示其贷方总额大于借方总额，说明经常账户交易的总收入大于总支出；经常账户赤字则相反。

1. 货物

货物是经常账户和整个国家收支平衡表中最重要的科目，记录一国的商品出口和进口，又称有形贸易。其中贷方记录出口值，借方记录进口值，商品出口值和进口值的差额称为贸易差额或贸易收支。

在进出口业务中，出口值习惯上使用离岸价格（FOB 价格）计算。进口值习惯上使用到岸价格（CIF 价格，即离岸价格加上保险费和运输费）计算。为了统一估算进出口的价值，IMF 规定：在国际收支统计中，一律使用离岸价格（FOB 价格）计算进出口价值，将进口商品的保险费和运输费从进口支出中剔除，并将它们列入服务项下。

2. 服务

服务记录服务的输入和输出，又称无形贸易。贷方记录服务输出值，借方记录服务输入值。这一科目记录的交易内容比较广泛，又分为运输、旅行、通信服务、建筑服务、保险服务、金融服务（保险除外）、计算机和信息服务、专利费和手续费、其他商业服务、其他私人服务、政府服务等细目。

3. 收入

收入账户记录了因生产要素在国际间流动而引起的报酬收入，包括职工报酬和投资收益两个细目。

职工报酬，是指常驻单位（如使领馆）以现金或实物形式支付给非居民职工（如在使馆工作的当地工作人员）的工资、薪金、补贴等各种支出。

投资收益，是指对持有外国金融资产所得的收益和对外国持有的本国债权所支付的费用，包括直接投资收益、证券投资收益和其他投资收益。

（二）资本和金融项目

资本和金融项目是指资本在国际间的流动，包括资本项目和金融项目。

1. 资本项目

资本项目包括资本转移和非生产、非金融资产交易。资本转移主要包括固定资产转移、债务减免、移民转移和投资捐赠等。非生产、非金融资产交易是指不是生产出来的有形资产（土地和地下资源）和无形资产（专利、版权、商标和经销权等）的所有权转移。

2. 金融项目

金融项目是一经济体对外资产负债变更的交易，包括直接投资、证券投资、其他投资和储备资产四类。

（1）直接投资。直接投资是指投资者以获取在本国以外经营企业的有效发言权为目的的投资。

（2）证券投资。证券投资包括股本证券和债务证券两大类证券投资形式。债务证券又可以分为中长期债券、货币市场工具和其他衍生金融工具三种形式。

（3）其他投资。其他投资是指直接投资和证券投资外的所有金融交易，分为贸易信贷、贷款、货币和存款、其他资产负债四种形式。

（4）储备资产。储备资产是指中央银行等货币当局拥有的对外资产，包括货币黄金、外汇、特别提款权和国际货币基金组织的储备寸头。

（三）平衡项目

一国国际收支平衡表的经常项目与资本金融项目经常处于不平衡状态，不是出现顺差就是出现逆差。当经常项目和资本金融项目收支合计出现差额时，就必须运用平衡项目进行调节，弥补差额，以取得平衡。平衡项目包括净误差与遗漏、储备资产变动两个子项目。

1. 净误差与遗漏

这是一个人为的平衡项目，其数额为经常项目加资本金融项目与储备资产增减额之间的那个差额。从原则上来说，国际收支平衡表的借方与贷方总额应是相等的。但由于国际收支统计口径不一、货币换算出现差额、资本外逃、资料不全、资料本身错漏以及有些数据处于保密不宜公开等原因，常常造成收支数字不平衡的情况。为此，设立“净误差与遗漏”这个特殊项目，进行人为的调整，弥补差额，使国际收支在账面上得以平衡。

2. 储备资产变动

所谓储备资产，是指一国政府所持有并可直接动用的国际储备货币及资产的存量，包括货币黄金、特别提款权（SDR）、在国际货币基金组织的储备头寸、外汇和其他债权等。

应当指出的是，国际收支平衡表中反映的储备资产，不是一国储备资产的存量，而是该年度储备资产的增减额，或者说，是为了弥补经常项目和资本金融项目收支差额、保持国际收支平衡而动用的那部分储备资产的数量。其数额为储备资产本年度与上年度余额之间的差额。储备资产增加用负号（-）来表示，储备资产的减少则用正号（+）来表示。

二、国际收支失衡及其调节

国际收支失衡是指一国与他国之间出现经常项目和长期资本项目的自主性交易所产生的借方金额与贷方金额不相等的现象，包括经常性收支和资本收支的结构不平衡、周期性不平衡、货币性不平衡及偶发性不平衡等。其中若收入大于支出应有盈余，则称为顺差；反之，则为逆差。

（一）国际收支失衡的原因

常见的国际收支失衡的原因有以下几种。

1. 经济周期性因素

经济周期的不同阶段对国际收支会产生不同程度的影响。在经济衰退阶段，由于国内需求萎缩，进口迅速消退，外汇储备相应增加，将会导致贸易顺差；在经济繁荣阶段，由于国内需求旺盛，进口迅速增长，外汇储备相应减少，容易引起贸易逆差。

2. 收入性不平衡因素

由于一国国民收入相对快速增长，容易导致进口需求的增长超过出口增长而引起国际收支失衡。各国处于经济周期的不同阶段和不同的经济增长率会导致收入水平不同，进而影响进出口需求。如一国的经济增长率相对较高，人们收入较高，进而需求增加，国际收支会产生逆差。

3. 经济结构调整因素

世界各国或地区由于经济地理环境、自然资源、劳动力素质、科技水平等经济条件不同，各自出口或输出有自己特色和竞争力的商品和劳务，形成自己的经济产业结构，各国经济结构的特色构成了世界性的经济结构。如果一个国家经济结构不能适应国际分工和国际经济结构的变化，就会出现国际收支失衡。

4. 货币性因素

货币性失衡是由于一国的价格水平、成本、汇率、利率等货币性因素变动所造成的国际收支失衡。如果一国货币量发行过多，该国的成本与物价普遍上升，必然导致出口减少，进口增加。另外，本国利息也会下降，造成资本流出增加，流入减少，使国际收支出现赤字，货币性失衡不仅与经常账户收支有关，也与资本账户收支有关。

> **视野拓展**
>
> 遍观世界各国，在国际收支上美国是个特例。20 世纪 70 年代后经常项目长期保持逆差，但经济依然稳定发展，其中原因建议读者阅读 2013 年 2 月 7 日《中国财经报》八版《美国经常账户为何长期逆差》（季倩）一文：http://www.cfen.com.cn/web/meyw/2013-02/07/content_949267.htm
>
> 

5. 偶然性不平衡

偶然性不平衡是指短期的或偶然因素引起的国际收支失衡。例如，自然灾害可能引起国内粮食产量大幅度下降，该国被迫增加粮食进口并引起国际收支逆差。这种性质的国际收支失衡，程度一般较轻，持续时间不长，带有可逆性，因此可以被认为是一种正常现象。

（二）国际收支失衡对经济的影响

无论是顺差还是逆差，国际收支失衡对经济都有一定的影响。

1. 国际收支逆差的影响

一国的国际收支出现逆差，一般会引起本国货币汇率下跌。这可能会提高本国商品价格竞争力，增加外汇流入。但本国商品的出口增加可能会使国内商品供不应求，导致国内物价上升。若一国国际收支长期持续逆差，该国经济实力就会相对下降，对外债务也相对地增加。外汇供应不足、国际储备减少，严重时会导致国际债务危机。该国货币当局如果不愿接受这样的后果，就要对外汇市场进行干预，即抛售外汇和买进本国货币。这样一方面会消耗外汇储备，甚至会造成外汇储备的枯竭，降低其对外支付能力；另一方面则会形成国内货币紧缩形势，促使利率水平上升，影响本国经济的增长，从而导致失业的增加和国民收入增长率的相对与绝对下降。

2. 国际收支顺差的影响

一国的国际收支出现顺差，固然可以增加其外汇储备，加强其对外支付能力，但也会产生不利影响。

顺差一般会使本国货币汇率上升，而不利于其出口贸易的发展，从而加重国内的失业问题。顺差固然可以加大国内的黄金和外汇储备，但也会使本国货币供应量增长，而加重通货膨胀。

还会加剧国际摩擦，因为一国的国际收支发生顺差，意味着有关国家国际收支发生逆差，易引起对方采取报复性措施。对于发展中国家来说，国际收支顺差形成往往是由于出口过多所形成的贸易收支顺差，则意味着国内可供使用资源的减少，因而不利于发展中国家经济的发展。

视野拓展

1990年之后，我国不仅在经常项目上长期保持顺差，资本与金融账户也经常保持顺差。截至2014年年底，较大的顺差积累了近4万亿美元的外汇储备，同时也常被一些国家责难。随着对外投资的加大，2014年、2015年双顺差格局在悄然发生变化，推荐读者阅读2015年2月4日《金融时报》《“双顺差”格局正在被改写 去年我国国际收支“一顺一逆”趋于平衡》（周琰）一文：http://www.financialnews.com.cn/yw/gd/201502/t20150204_70394.html

（三）国际收支失衡的调节

1. 财政政策

财政政策是指采取增加或缩减财政支出和调整税率的方式来调节国际收支的政策。当一国国际收支发生逆差时，政府可以削减公共支出，或提高税率以增加税收，使市场上通货紧缩，物价下跌。这在汇率不变的情况下，有利于出口，不利于进口，起到逐步减少国际收支逆差的作用。当国际收支出现顺差时，政府则可以增加公共支出，或降低税率，减少税收，以刺激投资和消费，从而带动物价上涨。这在汇率不变的情况下，鼓励进口，抑制出口，起到逐步缩小顺差的作用。

视野拓展

2009年暴发的希腊债务危机，2015年不但未见好转，危机还进一步恶化。为什么希腊政府克服“债务危机”如此困难？推荐读者阅读2011年9月17日《21世纪经济报道》《沉重的失衡 艰难的买单》（李伟）一文，看看希腊解决国际收支不平衡中缺少了哪几种手段。新浪网转载：http://finance.sina.com.cn/roll/20110919/090610500917.shtml

2. 货币政策

货币政策也称金融政策，它是西方国家普遍频繁采用的调节国际收支的政策措施，主要包括贴现政策和改变存款准备金比率政策。贴现政策通过改变再贴现率，影响市场利率。因为市场利率的升降，既影响资本流出的规模也影响投资、消费需求和贸易收支，从而影响国际收支。改变准备金率政策，逆差时调高存款准备金的比率，使信贷规模缩小，需求和进口下降，促使国际收支平衡达到平衡。

3. 对外缓冲政策

对外缓冲政策，是指一国政府为对付国际收支不平衡，把其黄金外汇储备作为缓冲体，通过中央银行在外汇市场上买卖外汇，来消除国际收支不平衡所形成的外汇供求缺口，从而使收支不平衡所产生的影响仅限于外汇储备的增减，避免导致外汇汇率的急剧变动和进一步影响本国的经济。

4. 汇率政策

汇率政策是指一国通过调整本币汇率来调节国际收支的政策。当一国发生国际收支逆差时，政府实行货币贬值可以增强出口商品的国际竞争力并削弱进口商品的竞争力，从而改善该国的贸易收支。当一国长期存在国际收支顺差时，政府可以通过货币升值来促使国际收支平衡。为了保证国际间汇率相对稳定，国际货币基金组织曾规定各会员国只有在国际收支出现基本不平衡时才能够调整汇率。

5. 直接管制措施

直接管制措施是政府运用行政手段直接干预经济交易所采取的政策措施，包括贸易管制、外汇管制、关税管制等。直接管制的最大优点是可以直接而迅速地改善国际收支状况。

第二节　外汇与汇率

外汇的概念具有双重含义，即有动态和静态之分。

外汇的静态概念，是指以外国货币表示的，为各国普遍接受的，可用于国际间债权债务结算的各种支付手段，如外国货币、外币存款、外币有价证券（政府公债、国库券、公司债券、股票等）、外币支付凭证（票据、银行存款凭证、邮政储蓄凭证等）。某种货币要想成为外汇，必须具备可支付性（必须以外国货币表示的资产）、可获得性（必须是在国外能够得到补偿的债权）和可换性（必须是可以自由兑换为其他支付手段的外币资产）三个特点。

外汇的动态概念，是指货币在各国间的流动，以及把一个国家的货币兑换成另一个国家的货币，借以清偿国际间债权、债务关系的一种专门性的经营活动。它是国际间兑换的简称。

一、成为外汇的条件和外汇的分类

1. 成为外汇的条件

一般意义上，对于一国或地区而言，一国的货币要成为外汇，除了货币发行国的经济实力雄厚，融合于世界经济体系，币值相对稳定外，还应具备下列两个条件。

（1）以外币表示的国外资产，例如，美国进口商用美元购买日本商品，这种支付手段对美国人来说，不是外汇，因为美元对于美国人来说是本币。但对于日本出口商来说，则是外汇。

（2）外汇必须是能为各国普遍接受并可以转让、可以自由兑换成其他形式的资产或支付手段，能在国际上得到偿付。

凡是不能在国际上自由兑换、不能在国际上得到偿付，如空头支票、拒付的汇票等均不能视为外汇，因为如果这样，国际兑换的过程也就无法进行。同时在多边结算制度下，在国际上得不到偿还的债权显然不能用做本国对第三国债务的清偿。

2. 外汇的分类

外汇一般可按以下几种方式进行分类。

外汇按是否可以自由兑换划分，可分为自由外汇和记账外汇。

（1）自由外汇，是指可以对任何国家自由支付或在国际金融市场上可以自由兑换成其他国家货币的外汇。例如，美元、欧元、英镑、瑞士法郎等主要西方国家的货币，可以广泛地在国际金融市场上流通使用，不需经过外汇管理当局的批准，即可自由兑换成其他国家的货币，或作为支付手段，直接对第三国办理支付。

（2）记账外汇，又称协定外汇，是指两国政府签订的支付协定项下所使用的外汇。这种外汇不经货币发行国批准，不能自由兑换成其他国家的货币，也不能对第三国进行支付，只能根据协定规定在签约的两国之间使用。记账外汇多为友好国家之间或外汇短缺国家之间所采用。

外汇按照来源和用途，分为贸易外汇和非贸易外汇。

（1）贸易外汇，是指一国对外贸易中商品进出口及其从属费用所收付的外汇。如商品出口时收入的外汇、进口时支出的外汇，以及由此引起的样品费、宣传广告费、推销费、运输费、保险费等外汇费用。贸易外汇是一国外汇收支的主要项目。

（2）非贸易外汇，是指进出口贸易以外收入或支出的外汇，包括侨汇、旅游、港口、航空、铁路、海运、海关、保险、银行、对外工程承包等方面收入和支出的外汇，以及捐赠与援助外汇等。非贸易外汇是指一国外汇收支的重要组成部分。

外汇根据买卖的交割期限可分为即期外汇和远期外汇。

（1）即期外汇，又称现汇，指即期支付的外汇，一般要求成交双方在两个营业日内交割完毕。

（2）远期外汇，又称期汇，是指外汇市场上用以远期付款或交割的外汇。远期外汇由外汇远期交易产生。所谓远期交易，是指买卖双方在未来的预定日期才进行实际交割的外汇交易。远期外汇的期限按月计算，一般为 3 个月、6 个月和 9 个月。

视野拓展

截至 2015 年，人民币尚不是完全意义上的“外汇”，但国际化势不可当，推荐读者关注以下信息。

百度百科“人民币国际化”词条，本页面内可能有新信息：http://baike.baidu.com/view/2099520.htm

2015 年 6 月 23 日《第一财经日报》《人民币已为登上国际舞台做好准备》（埃斯瓦·普拉萨德），和讯网转载：http://forex.hexun.com/2015-06-23/176931920.html

中国人民银行“跨境人民币业务 5 周年专栏”：http://www.pbc.gov.cn/publish/redianzhuanti/4248/index.html

二、汇率的标价方法

汇率是指两国货币之间的折算比率，也可以说，是以一国货币单位表示另一国货币单位的价格。

国家间的贸易和非贸易往来，一个国家对其他国家进行支付或结算，需要将本国货币折合成其他国家的货币。也就是说，不同国家的货币之间应当有一个比价，作为外汇结算的依据。这个比价就是汇率。

汇率也称汇价、外汇行市、兑换率、外汇牌价等，尽管说法不一，但含义相同，都是汇率的同义词。不过外汇牌价，一般是指官方，如中央银行公布的外汇兑换率。

在国际上有三种标价方法，直接标价法、间接标价法和美元标价法。

1. 直接标价法

直接标价法是以一定单位的外国货币（一、百、万等）为标准，折合若干单位的本国货币，如 1 美元=6.1811 元人民币。

直接标价法的特点是，一定单位的外国货币的数额固定不变，折合本国货币的数额则随着外汇行市的变化而变化。如果一定单位外币换得的本国货币的数额增加了，例如，原来 1 美元=6.1811 元人民币，假设现在 1 美元=6.1823 元人民币，就叫做外汇汇率上涨，说明外国货币对本国货币的币值上升，或本国货币对外国货币的币值下降；反之，如现在1美元=6.1806元人民币，就叫做外汇汇率下跌，说明外国货币对本国货币的币值下降，或本国货币对外国货币的币值上升。

直接标价法表示买进一定数额外汇需要支付多少本国货币，所以又叫应付标价法。

即学即练

某年某月某日，一家中国公司要在国外投资，需要购入500万美元，通过中国银行该公司最终支付3 110万人民币完成交易。问人民币对美元的汇率是多少呢？

2. 间接标价法

间接标价法是指用一定单位的本国货币（一、百、万等）作为基准，折算为一定数额的外国货币，即以外币表示本币的价格。假设某时期英国伦敦外汇市场的行市为1英镑兑换1.6972美元，那么就表示1个英镑的价格为1.6972美元。

在这一方式下，本币好似“商品”，作为单位货币，外币好似“货币”，作为计价货币，两者对比后的汇率，表示银行买卖一定单位的本币应收或应付多少外汇。英国、美国和欧元采用间接标价法。

其特点有：第一，本币的数量固定不变，折合成外币的数额则随着本币和外币币值的变动而变动；第二，汇率的涨跌都以相对的外币数额的变化来表示。如果一定单位的本币折成外币的数量比原来多，则说明本币汇率上升，外币汇率下跌。

视野拓展

请登录中国银行外汇牌价页面，查看人民币对其他货币汇率和标价方法：http://www.boc.cn/sourcedb/whpj/

3. 美元标价法

美元标价法就是把一定单位的美元折合成若干数额的其他国家货币的一种标价方法，汇率的升降是以一定单位的美元固定不变，只调整其他国货币的数额，而其他货币之间的汇率则通过美元进行套算。目前，世界各金融中心的国际银行都采用的是美元标价法。

补充阅读

“国际金融之谜”

有这样一个被传为“国际金融之谜”的故事：在美国和墨西哥边境住着一个村民，该村民拥有1美元现金。每天早晨他在美国境内的酒馆里用10美分买一杯酒，喝完这杯酒他只剩下0.9美元。晚上他越过边界来到墨西哥，按1美元＝3墨西哥比索的汇率把0.9美元换成2.7比索。然后他花0.3比索买一杯酒。第二天早晨他再到美国酒馆按1美元＝2.4墨西哥比索的汇率，用所剩下的2.4比索换成1美元，然后重复前一天的行动。这样，他在只拥有1美元财产的情况下可以经久不息地每天享用两杯酒，且能保持1美元财产不变。那么是谁为他支付每天的酒钱呢？

酒钱来自汇率差。由于在两个酒馆能按不同汇率兑换货币，这个差价恰好是他每天赚取的酒钱。外汇汇率的地点差产生了著名的“国际金融之谜”，这个谜也说明了外汇投资的利润来源。

三、影响汇率变动的因素

一国汇率的变动要受到许多因素的影响，既有经济因素，又有政治因素；既有国内因素，又有国际因素，而且诸因素之间又有着密切的联系。因此，汇率的变动是一个复杂的问题。一般而言，影响汇率变动的因素有以下几种。

1. 通货膨胀

通货膨胀是影响汇率变动的一个长期、主要而又有规律性的因素。通货膨胀可以通过以下三个方面对汇率产生影响。

（1）商品、劳务贸易。一国发生通货膨胀，该国出口商品、劳务的国内成本就会提高，进而必然影响其国际价格，削弱了该国商品和劳务在国际市场的竞争力，影响出口外汇收入。同时，在汇率不变的情况下，该国的进口成本会相对下降，且能够按已上涨的国内物价出售，由此便使进口利润增加，进而会刺激进口，外汇支出增加。这样，该国的商品、劳务收支会恶化，由此也扩大了外汇市场供求的缺口，推动外币汇率上升和本币汇率下降。

（2）国际资本流动。一国发生通货膨胀，必然使该国的实际利率降低，投资者为追求较高的利率，就会把资本移向海外，这样，又会导致资本项目收支恶化。资本的过多外流，导致外汇市场外汇供不应求，外汇汇率上升，本币汇率下跌。

（3）人们的心理预期。一国通货膨胀不断加重，会影响人们对该国货币汇率走势的心理预期，继而产生有汇惜售、待价而沽与无汇抢购的现象，其结果会刺激外汇汇率的上升，本币汇率的下跌。

2. 国际收支

国际收支情况对一国汇率的变动发生直接影响。当一国国际收支出现较大顺差时，该国外汇收入大于支出，即外汇的供给大于需求，在外汇市场上引起外汇汇率下跌，本币汇率上升；当国际收支出现逆差时，外汇支出大于收入，即外汇需求大于供给，在外汇市场上引起外汇汇率上升，本币汇率下跌。例如，1976—1979 年，日本的经常项目收支曾出现顺差后逆差的格局，与此同时，日元汇率也出现了先上升后下跌的情形。一般来说，暂时的、小规模的国际收支差额可以较容易地被国际资本流动等有关因素抵消或调整，只有巨额的、长期存在的国际收支差额才会影响本国汇率。国际收支是影响汇率变动的长期因素。

3. 经济增长率

经济增长率同未来的汇率变动有着更为复杂的关系，主要有两种情形。如果一国的出口保持不变，经济增长加速，国内需求水平提高，这将增加该国的进口从而导致经常项目逆差。如果一国经济是以出口导向型为主的，经济增长是为了生产更多的出口货，在这种情形下，经济增长率的提高，可以使出口的增长弥补进口的增加。一般来说，高增长率会引起更多的进口，从而造成本国货币汇率下降的压力。但是经济增长率的变化也反映一国经济实力的变化，经济增长快、经济实力强的国家可以加强外汇市场上对其货币的信心，因而货币汇率也有上升的可能。

4. 利率水平

一个国家利率水平的高低是反映借贷资本供求状况的主要标志。一个国家利率水平相对提高，会吸引外国资本流入该国，从而增加对该国货币的需求，该国货币汇率就趋于上浮；反之，一个国家的利率水平相对降低，会直接引起国内短期资本流出，从而减少对该国货币的需求，该国货币汇率就下跌。

5. 国家的干预政策

国家的各种经济政策都可能直接或间接影响汇率的变动。国家对外汇市场进行干预所采取的主要措施是通过中央银行在外汇市场上买卖外汇，改变外汇的供求关系，从而影响汇率的变化。

6. 政治与突发因素

由于资本首先具有追求安全的特性，因此，政治及突发性因素对外汇市场的影响是直接和迅速的，包括政局的稳定性，政策的连续性，政府的外交政策以及战争、经济制裁和自然灾害等。另外，西方国家大选也会对外汇市场产生影响。政治与突发事件因其突发性及临时性，使市场难以预测，故容易对市场构成冲击，一旦市场对消息做出反应并将其消化后，原有消息的影响力就大为削弱。

补充阅读

影响外汇行市短期波动的政治因素

外汇市场的政治风险主要有由政局不稳引起经济政策变化，国有化措施等。从具体形式来看，有大选、战争、政变、边界冲突等。从资本安全角度出发，由于美国是当今世界最大的军事强国，其经济也仍处于领先地位，所以，一般政治动荡产生后，美元就会起到“避风港”的作用，会立刻走强。政治事件经常是突发性事件，出乎外汇市场的意料，这又使外汇市场的现货价格异常剧烈地波动，其波动幅度大大超过外汇价格的长期波动幅度。下面选择美国攻打伊拉克的“沙漠风暴”计划为例子，说明政治事件对外汇行市短期走势影响的一些规律。

美国攻打伊拉克解放科威特的“沙漠风暴”计划很典型地反映出美元和黄金作为资金的“避风港”作用。世界局势的动荡不安全使美金和黄金大涨，以前人们所说的“大炮一响，黄金万两”应该就是这个意思。

外汇市场的许多投资者都认为，外汇价格的走势有其一定的规律。但是在“沙漠风暴”计划前后，外汇市场的价格走势忽上忽下，显得非常凌乱。美国进攻伊拉克是 1991 年 1 月 17 日，在这以前的一个月内，外汇市场围绕美国究竟会不会打的猜测，大起大落，很明显地说明了上述特点。每当美国政府要员发表态度强硬的讲话，表示要采取军事行动，美元就会在一天内大涨一波；而外汇市场听到有西欧国家出面调解的传闻，似乎和平解决可望实现时，美元就会下跌一次。

在 1991 年 1 月 17 日战争爆发这一天，美元一开始也是猛涨。从英镑对美元的走势来看，英镑跌到过 1.899 0。但没隔多久，新闻界传来美国已很快控制局势，稳操胜券时，美元的“避风港”作用立刻消失，市场便开始抛售美元，英镑对美元的价格猛涨到 1.935 3，以后的一个月内便一路上涨。

其实，根据对美国和伊拉克两国的军事实力分析，以及国际上舆论的倾向，任何理智的结论都会认为美国会达到把伊拉克赶出科威特的军事目的。然而，外汇市场并不接受这种逻辑判断，而是根据人们第一产生的心理和期待去寻找价格。只有在事实被人们接受之后，市场价格才会猛然回到原来趋势上去。黄金的美元价格更能说明这一点，在美国向伊拉克进攻后，黄金价格出人意料地涨到 410 美元 1 盎司，但在美军取得绝对优势的消息传出后，黄金又猛泻到 373.70 美元，期间的跌幅高达 9.7%，大大出乎人们的预料，许多市场的小投资者顿时全部被“套”在里面，而且又由于黄金以后又持续下跌，使这部分投资者的损失十分惨重。

从任何一种主要外汇对美元的汇率走势 10 年图中，人们大都可以发现这 10 年国际政治、经济格局的变化情况。由于每次突发事件，每项重要的经济统计数据都会在每天的外汇市场上引起剧烈的波动，使汇率涨跌史成为国际政治经济发展史的缩影这一结论更具有说服力。在外汇市场投资，在把握住外汇走势的长期趋势时，更要十分注意它在短期的波动，只有认清它的短期波动规律，才能在外汇市场立于不败之地。

本例原作者不详，许多网站有转载，原文还涉及其他几则政治因素影响汇率事件，读者可通过外汇网阅读：http://forex.cnfol.com/090623/134,1508,6072861,00.shtml

四、汇率制度

传统上，按照汇率变动的幅度，汇率制度被分为固定汇率制度和浮动汇率制度两大类型。

固定汇率制度是以某些相对稳定的标准或尺度，如货币的含金量作为依据，以确定汇率水平的一种制度。由于据此确定的汇率水平一般不轻易变动，故称为固定汇率制度。从历史上看，国际性的固定汇率制度，即被各国普遍实行的固定汇率制度，主要有两种类型：一是金本位制度下的固定汇率制度；二是第二次世界大战后建立的纸币流通制度下的固定汇率制度，即以美元为中心的固定汇率制度。

浮动汇率制度是指一种汇率的变动主要由外汇市场上的外汇供求决定，因而不受任何指标限制的汇率制度。以美元为中心的固定汇率制度崩溃后，西方各国普遍实行了浮动汇率，由此形成了国际性的浮动汇率制度。在完全的浮动汇率制度下，政府不再规定本国货币与外国货币的黄金平价，不规定汇率波动的上下幅度，中央银行也不承担通过外汇干预维持汇率稳定的义务，汇率根据外汇市场的供求情况自由波动。

第三节　国际储备

国际储备是指各国政府为了弥补国际收支赤字，保持汇率稳定，以及应付其他紧急支付的需要而持有的国际间普遍接受的所有流动资产的总称。作为国际储备资产，一般必须同时具有三个条件。第一，一国金融当局必须具有无条件地获得这类资产的能力；第二，该资产必须具备高度的流动性；第三，该资产必须得到国际间的普遍接受。

一、国际储备的构成

目前，国际储备一般由黄金储备、外汇储备、在国际货币基金组织（IMF）的储备头寸和特别提款权四种资产构成。

1. 黄金储备

黄金储备是一国货币当局作为金融资产持有的黄金，显然，非货币用途的黄金不包括在内。在金本位制度下，黄金是全世界最主要的国际储备资产，但由于其开采量受自然条件的限制，而且私人窖藏、工业与艺术用途的黄金需求不断增长，黄金难以满足世界贸易和国际投资的扩大对国际储备的需要。1976 年根据国际货币基金组织的《牙买加协议》规定，黄金同国际货币制度和各国的货币脱钩，黄金不再成为货币制度的基础，也不用于政府间的国际收支差额清算，但长期以来，黄金一直被人们认为是一种最后的支付手段，它的贵金属特性使它易于被人们接受，黄金的非货币化浪潮并没有使黄金退出世界历史舞台，各国依然把黄金储备列入国际储备之中。

2. 外汇储备

外汇储备是指一国货币当局所持有的、没有流通障碍的国外可兑换货币。能够充当国际储备的外汇，必须具备两个基本特征：一是能够自由兑换为其他货币，作为国际计价手段和支付手段为世界各国所普遍接受；二是内在价值相对比较稳定。

历史上，英镑和美元曾先后作为世界各国主要的储备货币。20 世纪 70 年代布雷顿森林体系崩溃后，国际储备货币出现了多样化的局面，但美元作为最主要的国际储备货币，仍处于国际储备体系的中心。1999 年 1 月 1 日欧元面世后，外汇储备出现了欧元挑战美元地位，而日元、英镑居辅的新格局。

3. 在国际货币基金组织的储备头寸

储备头寸是指一成员国在国际货币基金组织的储备部分提款权余额，再加上向基金组织提供的可兑换货币贷款余额。储备头寸数额的大小主要取决于该会员国在国际货币基金组织认缴的份额，会员国可使用的最高限额为份额的 125%，最低为 0。

成员国可以无条件地提取储备头寸用以弥补国际收支逆差。一国若要使用其在国际货币基金组织的储备头寸，只需向基金组织提出要求，国际货币基金组织便会通过提供另一国的货币予以满足。

根据《国际货币基金协定》原来的规定，会员国份额的 25%需用黄金支付，因此这 25%额度范围的贷款也叫黄金份额贷款。另外 75%用本国货币给付，当基金组织持有该国的货币，由于他国的购买关系而降到份额的 75%以下时，即属超黄金部分提款，会员国也可以自己动用。

4. 特别提款权

特别提款权是基金组织分配给成员国的一种用来补充现有储备资产的手段，是成员国在基金组织的账面资产。因为普通提款权即储备头寸以外的一种特别使用资金的权利，故称特别提款权，另名纸黄金，它也是一国国际储备的重要构成部分。

当某一成员国发生国际收支逆差时，可以动用特别提款权，把它转让给另一成员国，换取可兑换货币，弥补逆差，并且可直接用特别提款权偿还基金组织的贷款。

二、国际储备的作用

1. 弥补国际收支逆差

理论与经验证明，当一个国家在国际交易中出现出口减少或因特大自然灾害以及战争等突发情况而造成临时性国际收支逆差，而这部分逆差又无法依靠举借外债来平衡时，人们的选择就是动用国际储备来弥补此逆差。这样做，既可维护本国国际信誉，又可避免事后被迫采取诸如限制进口等“削足适履”的措施来平衡逆差而影响本国经济的正常发展。此时，运用部分国际储备来平衡逆差，会减缓逆差国政府为平衡国际收支而采取的一些剧烈的经济紧缩政策对国内经济所产生的负面影响。国际储备在此可以起到缓冲作用。但是，如果一国国际收支出现根本性的不平衡，动用国际储备并不能彻底解决问题，相反，会导致国际储备的枯竭。因此，当一国经济因政策失误或经济结构不合理而造成国际收支持续性逆差时，对包括外汇储备在内的储备资产的动用，必须谨慎进行。

2. 维持本国货币汇率的稳定

国际储备可用于干预外汇市场，影响外汇供求，将汇率维持在一国政府所希望的，即对本国有利的水平上。一般地说，外汇干预只能在短期内对汇率产生有限的影响，但无法从根本上改变汇率变动的长期趋势。当然，国际储备干预汇率功能的发挥，要以充分发达的外汇市场和本国货币的完全自由兑换为前提条件。有些国家通常将一部分用于干预外汇市场的储备基金称作“外汇平准基金”。当外汇汇率上升，本币汇率下跌，并超出政府的目标区间时，即抛出外汇换回相应的本币，以平抑汇率。而当外汇汇率下跌，本币汇率上升过快时，则进行反方向的操作。

3. 增强国际清偿力，提高向外借款的信用保证

一国所拥有的国际储备数量的多少，是一个国家国际清偿力强弱的一个重要体现。国际储备多，就意味着国际清偿力高，国际清偿力高，该国向外借款的保证就得到加强，同时也表明该国金融实力和国际地位的提高。尽管从理论上讲，一国国际清偿力高就无需向外借款，但由于各种资金用途的不同以及借款者的不同看法，一个国家不管持有的国际清偿力是高还是低，都会或多或少向外借款。实际上，一国持有的国际储备尤其外汇储备的状况，一直是评定一个国家偿债能力和资信的重要指标之一。一般认为，国际储备对考察一国的国际信誉与偿债能力，具有十分重要的作用。

视野拓展

承担我国国家外汇储备、黄金储备的部门是国家外汇管理局，其网站“统计数据”栏目内有丰富的数据可供查询，有兴趣的读者可关注：http://www.safe.gov.cn/

三、国际储备的管理

国际储备资产管理是一项庞大的系统工程，它既涉及宏观上确定最适度储备量的管理，也涉及微观上对储备资产进行风险分散的技术性操作问题。各国在实际经济工作中都加强了对国际储备的管理，从而提高自身在处理国际收支问题上的能力。

本章小结

国际收支是指一个国家（或地区）在一定时期内（通常为 1 年）同其他国家（或地区）在对外经济、政治、文化等诸方面的交往中所发生的国际间的资金收付行为。

国际收支平衡表是反映一定时期一国同外国的全部经济往来的收支流量表。它是对一个国家与其他国家进行经济技术交流过程中所发生的贸易、非贸易、资本往来以及储备资产的实际动态所做的系统记录，是国际收支核算的重要工具。

外汇的静态概念，是指以外国货币表示的，为各国普遍接受的，可用于国际间债权债务结算的各种支付手段；外汇的动态概念，是指货币在各国间的流动，以及把一个国家的货币兑换成另一个国家的货币，借以清偿国际间债权、债务关系的一种专门性的经营活动。

外汇汇率则是两国货币之间的折算比率，也可以说，是以一国货币单位表示另一国货币单位的价格。影响汇率变动的主要因素有通货膨胀、国际收支、经济增长率、利率水平、国家的干预政策、政治与突发因素等。

汇率制度有两种，一种是固定汇率制度，另一种是浮动汇率制度。

国际储备是指各国政府为了弥补国际收支赤字，保持汇率稳定，以及应付其他紧急支付的需要而持有的国际间普遍接受的所有流动资产的总称。国际储备的作用包括弥补国际收支逆差；维持本国货币汇率的稳定；增强国际清偿力，提高向外借款的信用保证。

综合练习

一、不定项选择题

1. 影响汇率变化的最为直接的经济因素是（　　）。

A. 利率　　B. 政治　　C. 国际收支　　D. 经济增长

2. 间接标价法下，本币兑换外币的数额比原来多，说明外汇汇率（　　）。

A. 下跌　　B. 上涨　　C. 未变　　D. 贴水

3. 国际储备一般由（　　）构成

A. 黄金储备　　B. 外汇储备

C. 在国际货币基金组织（IMF）的储备头寸　　D. 特别提款权

4. 国际收支失衡的原因有（　　）。

A. 经济周期性因素　　B. 收入性不平衡因素　　C. 经济结构调整因素　　D. 货币性因素

5. 汇率制度有（　　）。

A. 固定汇率制度　　B. 代理制度　　C. 存款制度　　D. 固定汇率制度

6. 按外汇是否可以自由兑换划分，可分为（　　）。

A. 随意外汇　　B. 自由外汇　　C. 强行外汇　　D. 记账外汇

7. 国际收支平衡表中的经常项目由（　　）构成。

A. 货物　　B. 服务　　C. 收入　　D. 进项

8. 在国际上有三种汇率标价方法，包括（　　）

A. 直接标价法　　B. 间接标价法　　C. 英镑标价法　　D. 美元标价法

9. 国际收支失衡的原因有（　　）。

A. 经济周期性因素　　B. 收入性不平衡因素　　C. 经济结构调整因素　　D. 货币性因素

10. 国际收支是指一个国家（或地区）在一定时期内，通常为（　　）年同其他国家（或地区）在对外经济、政治、文化等诸方面的交往中所发生的国际间的资金收付行为。

A. 1　　B. 2　　C. 3　　D. 4

二、名词解释

1. 汇率　　2. 直接标价法　　3. 间接标价法　　4. 国际收支

三、简答题

1. 国际收支如何调节？

2. 国际储备的作用都有哪些？

3. 影响汇率变动的因素都有哪些？

四、实训题

1. 根据汇率对经济的影响和结合对外贸易状况，讨论人民币升值会对哪些产业有利，对哪些产业产生负面影响，提出自己的见解，你是否认为中国政府应该放弃对货币的管制政策。

2. 金鑫公司是我国一家生产向美国出口休闲服装的厂家，其出口产品的人民币底价原来为每箱 8 000 元，按照原来市场汇率 USD1 = CNY6.80，公司对外报价为 1 025.64 美元。但是由于外汇市场供求不变，美元对人民币贬值，美元对人民币汇率变动为 USD1 = CNY6.13。金鑫公司若按照原来的美元报价，其最终的人民币收入势必减少。因此，公司经理决定提高每箱休闲服装的美元定价，以保证最终收入。公司要把美元价格提高到多少，才能保证其人民币收入不受损失？

3. 截至 2014 年年底，我国积累的外汇储备超过 3.8 万亿美元，庞大的外汇储备让人欢喜让人忧，多年来争议不断，国际储备多元化的呼声甚高。2015 年前几个月外汇储备开始减少，为什么会减少？“多元化”如何做？推荐读者阅读 2015 年 7 月 6 日《国际商报》《中国外汇储备减出了质量》（刘明）一文，讨论我国国际储备多元化问题。

《中国外汇储备减出了质量》

http://journalist.comnews.cn/shangbao/liuming/webinfo/2015/07/1437595001422490.htm

第十二章　财政政策与货币政策

目的和要求

1. 理解货币政策和财政政策的概念。
2. 掌握货币政策和财政政策的工具。
3. 了解货币政策和财政政策的目标。

内容导入

2008年中国宏观调控政策转变幅度之大，史所罕见

2008年，中国经济不平凡的一年。这一年，国际大宗商品价格剧烈变化，全球金融危机持续恶化，与全球经济联系日益紧密的中国经济遭遇了外部环境“过山车”般的巨大波动。同时，年初的雨雪冰冻灾害和“512”汶川大地震，也让持续五年两位数高增长的世界最大新兴市场——中国经济市场感受到了意料之外的压力。

与此同时，决策层密切观察国际国内形势，审慎而灵活地实施了一系列果断有力的宏观调控措施。从年初的“双防”到年中的“一保一控”，再到9月的“保增长”，以及11月的“保增长、扩内需”，再到中央经济工作会议上，基调被完善为“保增长、扩内需、调结构”。这些面对国内外环境众多不确定因素而采取的应对策略，使得中国2008年国内生产总值增长保持了9.6%的较高水平，避免了断崖式下跌，成为稳定世界经济的基石。

自古以来，特别是资本主义兴起后，各国的经济就是在繁荣与萧条中交替发展的。20世纪中后期，各国普遍认识到单纯依赖市场机制的自发调节，无法克服经济危机、失业与通货膨胀等问题，难以实现经济的平稳增长。回顾2008年，在巨大挑战面前，中国政府积极利用财政政策和货币政策逆势而上、积极作为，其利弊值得继续深入研究。

财政政策和货币政策是政府调节宏观经济最主要的手段，如果运用恰当，一定程度上可以弥补、纠正市场机制的缺陷。本章将进行简要介绍财政政策和货币政策的相关知识。

第一节　财政政策

财政政策是政府根据客观经济规律的要求，为实现一定目标而制定的指导财政工作的基本方针和准则。作为国家经济政策的重要组成部分，财政政策主要是通过财政支出与税收政策来调节总需求，以保持国民经济的正常运行的。

财政政策作为一个有机的整体，主要由三个要素组成：一是财政政策的目标，即通过财政政策的实施所要达到或实现的目的，它构成财政政策的核心内容，使财政政策具有确定的方向和指导作用；二是财政政策的主体，是指财政政策的制定者和执行者，即各级政府，政府主体的行为是否规范，对于政策功能的发挥和政策效应的大小都具有直接的作用；三是财政政策的工具，是指财政政策主体所选择的用以达到财政政策目标的各种财政手段。财政政策的主体主要是通过控制财政政策的工具来实现预期的目标。

一、财政政策的目标

财政政策目标是指政府制定和实施财政政策所要达到的预期目的。财政政策目标可以是一元的，也可以是多元的。一般来说，一个国家的财政政策目标往往不止一个，而是由多重目标构成的体系。诸多目标在方向上可能一致，也可能有矛盾，这就要求政府根据不同历史时期面临的主要问题，在政策目标的选择上有所侧重和协调。

现代市场经济条件下，财政政策目标概括起来主要包括以下几方面。

1. 经济稳定持续增长

经济稳定持续发展是指在国民经济发展中结构比例协调合理，经济增长适度均衡，避免大幅起落。实现经济稳定持续增长是保持一国经济长期良好发展态势的基本前提。我国是发展中国家，迫切需要加快经济发展速度，以尽早实现现代化。但是，受基本国情的制约，人口多，基础差，人均资源占有量少，面临着提高人民生活水平和发展生产的双重任务，经济增长速度既不能保守缓慢，也不能急躁冒进，大起大落，这就需要借助财政政策及其工具的强有力的干预，达到对经济平稳增长的有效控制。宏观经济持续稳定增长的关键是要做到社会总供给与总需求的总量平衡和结构平衡。

为此，在以市场为基础配置资源的同时，要充分运用财政手段对资源分配做辅助调节，以弥补和改善市场调节的不足。具体来说，要发挥财政预算收支调节功能调节社会总需求与总供给的总量平衡；运用财政投资工具，调整改善经济结构，增加有效供给；通过财政制度性建设，发挥财政“内在稳定器”的作用。

2. 物价相对稳定

物价相对稳定是经济稳定的标志，因此它成为多数国家政府追求的一个目标。所谓物价相对稳定，不是冻结物价，物价稳定并不排斥个别商品价格的剧烈波动，也并非是物价总水平的固定不变，而是把物价总水平的波动约束在经济稳定发展可容纳的范围内，即避免和抑制恶性通货膨胀的发生。稳定物价是财政政策和货币政策的共同目标，从政策传导机制看，货币政策在这方面发挥的作用更直接有力，而财政政策在这方面相对较弱，因此，这一目标应该作为货币政策的首选目标，作为财政政策的次选目标，财政政策应配合货币政策实施。

3. 合理配置资源

合理配置资源是通过财政分配引导人力、物力的合理流向，实现人、财、物等社会经济资源的合理调配，最终达到资源结构合理化的目的，使社会经济资源得到最有效地使用，从而获得最大的经济效益和社会效益。不同的经济体制，其资源配置的方式也各不相同。在高度集中的计划经济条件下，对整个经济进行集中控制，并通过国家计划的方式分配所有的资源是该时期财政资源配置的典型形式。在市场经济条件下，市场机制在资源配置过程中起基础性作用，政府干预经济活动的范围基本上是同市场失灵的范围相适应的。

4. 社会分配公平

公平分配是市场经济条件下实现经济稳定与发展的关键因素。市场经济奉行的是按要素贡献大小进行分配的原则，它虽然能调动积极性，但也能带来收入分配的悬殊差别。为了解决收入分配上的矛盾，需要政府在按要素贡献的基础上实行再调节，通过财政收入再分配政策实现社会公平分配目标。国民收入的初次分配是在微观层次内，按要素投入获得相应要素收入的对称要求进行的，在此基础上，进行国民收入的再分配，最终形成社会各部门、各单位和各阶层居民的收入。财政分配是国民收入分配体系中的主导，直接影响国民收入的分配。

二、财政政策的工具

财政政策工具是为财政政策目标服务的，如果没有财政政策工具，财政政策目标就无法实现。我国目前财政政策的工具主要有税收、国债、国家预算、财政投资以及公共支出等。

1. 税收

税收是国家凭借政治权力参与社会分配的重要形式，它具有强制性、无偿性和固定性的特征，是财政政策的主要工具。与其他财政政策工具相比，税收有以下几个显著的特点。

（1）调控权威性强。税收依法征收，具有强制性，能完整地体现调控意图。

（2）作用范围广。税收涉及国民经济各领域、社会再生产各环节，既包括对个人征税，也包括对法人征税，能全面地实施调控意图。

税收是通过税种设置、税目范围调整、税率高低调节、计税范围确定、税收优惠和税收惩罚等多种形式发挥政策工具作用的。例如，通过开征或停征某些税种，扩大或缩小税目的范围，提高或降低适用税率来传递抑制或鼓励的政策目标意图，体现政府的各种政策调控要求，引导人们的经济行为。

2. 国债

调节国债的发行规模，可以调节政府和市场主体的财力结构，从而调节政府稳定经济的能力和市场主体投资发展经济的能力。理论上称之为“排挤效应”。调节国债的发行规模，可以改变社会资金的使用方向和流通中货币的数量，从而影响社会总供求。理论上称之为“货币效应”。政府发行国债必须还本付息，政府应用国债资金兴建公共设施，无差别地满足全体社会成员的公共需要。这样在一般纳税人与国债持有人之间就产生了收入转移问题。理论上称之为“收入效应”。

> **视野拓展**
>
> 2011年至2015年中国税收方面的大事是“营改增”，推荐读者阅读2015年6月26日《中国联合商报》1版《“营改增”万亿减税或助经济企稳》（记者 孙先锋），进一步了解税收这一财政政策工具的作用：http://www.cubn.com.cn/News3/news_detail.asp?id=23682
>
> 

合理运用国债的三种效应，可以调节社会总供求，为实现宏观调控的目的服务。如在国民经济处于经济发展周期的经济高涨期时，可以扩大国债发行规模；减少流通中的货币量；降低经济发展的温度；缓解通货膨胀的压力。

3. 国家预算

国家预算是财政政策的主要手段，国家预算通过财政收支规模、收支差额和收入结构，直接介入社会经济的运行和收入分配，调节社会总供给与社会总需求的变化。其调控作用主要表现在两个方面：第一，通过预算收支规模的变动，可以有效地调节社会总供求关系。一般来说，在总需求大于总供给时，可以通过紧缩预算规模和实行预算收入大于支出的结余预算政策进行调节；当总供给大于总需求时，可以通过扩张预算规模和实行预算支出大于收入的赤字政策进行调节；在总供求基本平衡时，为保持这种平衡状态，国家预算应实行收支平衡的中性政策与之配合。第二，通过预算支出结构的调整，可以调节国民经济中各种比例关系，从而形成合理的经济结构。国家预算增加对某个部门的资金支出，就能促进该部门的发展；反之，国家预算削减对某部门的拨款则会限制该部门的发展。通过预算支出结构的调整，相应影响国民经济中有关的比例关系，从而调整经济结构。

4. 财政投资

财政投资是指由国家预算安排的生产建设性支出，是国家重点建设和大中型建设项目的主要资金来源。其调节作用主要表现在两方面：首先，调整国民经济结构。财政投资建设的项目都是关系国民经济全局的重点建设项目，这些项目直接关系到我国经济的持续、稳定、协调发展。因而，财政投资是调整和改善国民经济结构的有力手段。其次，调节总需求与总供给的关系。财政投资从当前看，形成社会总需求；从长远看，又会增加总供给。因此，其具有既调节供给又调节需求的双重功能。财政投资手段的运用要注意三点：一是合理确定投资规模；二是正确把握投资方向和投资重点；三是综合运用投资、税收和贴息等各种政策手段，引导社会投资方向。

5. 公共支出

公共支出是政府满足社会公共需要的一般性支出，包括购买性支出和转移性支出两部分。购买性支出是政府直接购买用于投资的资本品和用于社会公共消费品的支出，而转移性支出是政府单方面的无偿的资金支出，如社会保障支出和财政补贴支出等。国家财政依据社会经济形势需要增加或减少公共支出，可以调节社会公共福利供给量，影响社会公众生活质量；可以调节最低收入居民水平，保障他们的基本生活，维持生活稳定；可以调节总需求量，平衡总供给矛盾，保持经济平稳运行。

三、财政政策的类型

财政政策种类繁多，为了更好地研究、运用财政政策，充分发挥财政政策的作用，必须对财政政策进行科学分类。根据财政政策对社会经济总量的影响，可以将财政政策划分为扩张性财政政策、紧缩性财政政策和中性财政政策三种类型。

1. 扩张性财政政策

扩张性财政政策又称为“松”的或“膨胀性”的财政政策。在经济萧条、有效需求不足时，政府采取扩张性财政政策刺激总需求进而增加就业和国民收入。最典型的方式是通过财政赤字来扩大政府支出的规模。政府采取扩张性的财政政策的主要措施有以下几种。

（1）减税。政府减税可以通过税收乘数效应实现创造多倍的国民收入的目的，进而形成经济的扩张。

（2）增加政府的公共支出。以政府公共支出是否直接从市场上购买商品和劳务为依据，可以将政府公共支出划分为购买支出和转移支出。

（3）增加政府投资。增加政府投资，能增加社会总需求和就业岗位。

（4）扩大国债发行规模。在实施积极的财政政策时，扩大国债发行规模是增加政府公共支出和投资规模，调整政府与市场主体在国民收入中所占比重的重要保证。

2. 紧缩性财政政策

紧缩性财政政策是指通过增加财政收入或减少财政支出以抑制社会总需求增长的政策。由于增加财政收入、减少财政支出的结果往往表现为财政结余，因此紧缩性财政政策也称盈余性财政政策。具体措施包括提高税率、提高国有企业上缴利润的比例、降低固定资产折旧率、缩小投资规模、减少财政补贴以及实现盈余预算。

紧缩性财政政策是作为反通货膨胀的对策出现的。由于一些国家实行赤字政策后，引起了巨额财政赤字，导致通货膨胀的出现。为了避免通货膨胀对国民经济的破坏性影响，一些国家开始实行紧缩性财政政策，力图通过缩小财政赤字来缓和通货膨胀及其对国民经济的冲击。

3. 中性财政政策

中性财政政策又称为“平衡性”财政政策。中性财政政策是在政府与市场分工框架下的一种基本政策或常规政策，它不同于扩张或紧缩那种在特定条件和特定时期的特定政策。中性财政政策应该包括总量和结构两层含义。从总量上来看，中性财政政策意味着财政政策的实施对宏观经济的影响既不扩张，也不紧缩，表现在预算收支上是基本平衡，不搞赤字；从结构上来看，财政实行“有保有控”，通过一定的财政手段一方面促进经济发展瓶颈和短缺部门的发展；另一方面控制偏热行业的发展，以减少经济增长过程中出现的结构性扭曲。

视野拓展

2015 年上半年中国经济下行压力较大，当时的财政政策被称为“积极财政政策”，推荐读者阅读 2015 年 5 月 13 日《经济日报》《积极财政政策持续加力增效》（记者 曾金华），分析“积极”一词的实质。http://finance.ce.cn/rolling/201505/13/t20150513_5347528.shtml

第二节 货币政策

货币政策是指中央银行为实现其特定的经济目标，在金融领域内所采取的控制和调节货币供应量的各种金融措施的总称。货币政策是国家宏观经济政策的重要组成部分，主要通过中央银行在国家法律授权的范围内独立地或在中央政府领导下制定并组织实施货币政策。

货币政策主要由三个要素组成：一是货币政策的目标，即通过货币政策的实施所要达到或实现的目的；二是货币政策的主体，是指货币政策的制定者和执行者，即政府或代表政府的中央银行；三是货币政策的工具，是指政府或中央银行为实现货币政策目标而使用的各种调控手段。

视野拓展

推荐读者课外阅读 2015 年 7 月 6 日《国际金融报》第 19 版《中美货币宽松的效果比较》一文：http://paper.people.com.cn/gjjrb/html/2015-07/06/content_1584130.htm

一、货币政策的类型

常见的货币政策可分成以下几类。

1. 扩张性货币政策

扩张性货币是指中央银行通过增加货币供应量，使利率下降，从而增加投资，扩大总需求，刺激经济增长，主要措施有以下几种：①降低法定准备金率，以提高货币乘数，增加货币供应量；②降低再贴现利率，以诱使商业银行增加再贴现，增强对客户的贷款和投资能力，增加货币供应量；③公开市场业务，通过多购进证券，增加货币供应；④用“道义劝告”方式来影响商业银行及其他金融机构增加放款，以增加货币供应。在我国，扩张性货币政策常表现为扩大贷款规模。

2. 紧缩性货币政策

紧缩性货币政策是指中央银行通过减少货币供应量，使利率升高，从而抑制投资，压缩总需求，限制经济增长。所采用措施是扩张性货币政策的反向操作：①提高法定准备金率；②提高再贴现利率；③公开市场业务，通过多卖出证券，减少货币供应。

3. 中性货币政策

中央银行在社会总供求基本平衡，物价稳定，经济增长以正常速度递增时，中央银行应采取中性货币政策。中性的货币政策表现为货币投放量适度，基本上能够满足经济发展和消费的需求。利率和汇率基本不变，存款准备金和央行再贴现率维持正常水平，即不调高也不降低。

二、货币政策的目标

货币政策作为国家宏观经济政策的重要组成部分，是为促进国民经济发展服务的。因此，货币政策所要追求的目标，就是国家经济发展的目标，两者应当是一致的。货币政策的目标一般有物价稳定、经济增长、充分就业和国际收支平衡四个。

1. 物价稳定

保持货币流通正常，防止通货膨胀和通货紧缩，稳定物价是货币政策的重要目标。货币供应量伸缩直接关系到社会总需求量变化，当社会总供给不变时，总需求的增加会增加通货膨胀的压力，而总需求的减少，则会引起经济萎缩。无论是通货膨胀还是经济萎缩，都会扰乱正常的社会经济秩序，延缓经济增长速度，提高失业率，影响社会稳定，对一国的经济运行构成威胁。为此，各国政府和中央银行都配合调控物价稳定的目标，动用各种可能的政策手段，按经济发展的需要，调节货币供应量，达到稳定物价的目的。

2. 经济增长

经济增长就是要求国民经济保持一定的增长率，尽可能不出现停滞或负增长。不论哪个国家，都把经济作为经济政策的重要目标之一。没有一定的增长速度，整个国民经济就会处于停滞或萎缩的状态，增加国民经济实力、提高人民生活水平的愿望就会落空。当然，作为货币政策目标的增长率，应当是一个可以持久的、稳定的经济增长率。

3. 充分就业

西方国家把充分就业作为货币政策的目标之一，是从一个国家的劳动力能否充分利用来衡量该国各种资源是否达到充分利用的标志，也是反映社会经济发展的一个目标。所谓充分就业，并非要达到社会上所有劳动力都有固定职业的理想境界。因为市场需求和经济结构的变化影响劳动力市场供求关系，为数不多的劳动力暂时失业也是正常现象。

4. 国际收支平衡

国际收支是一国在一定时期内与其他国家之间产生的全部国际经济交易的系统记录。国际收支平衡则是国际收入与支出的基本平衡，即略有顺差或略有逆差。保持本国国际收支的基本平衡是维护本国经济稳定发展的必要条件，这是因为过度的顺差和逆差都会对一国经济形成冲击。长期巨额逆差，使本国外汇储备下降，国际清偿能力不足，影响该国正常的内外交往，对本国货币形成贬值压力。长期巨额顺差，外汇过度储备闲置，浪费本国的资源，并会因大量外汇流入，增发本国货币，形成通货膨胀的压力。一国中央银行为保证与外国的正常经济交往和本国的经济利益，会借助货币政策对本国国际收支进行干预，通常通过控制货币供应量和外汇储备量以及其他手段调节，维持国际收支平衡状态的稳定。

三、货币政策的工具

货币政策工具是中央银行为实现货币政策的目标而对货币供给量、信用量进行调控的手段，因此货币政策工具也可称为货币政策手段。中央银行通过对货币政策工具的直接控制和运用，可以对货币政策中介目标产生直接影响，进而促进货币政策最终目标的实现。货币政策工具种类繁多，各有其特点和适用条件，必须根据其政策目标的要求、经济体制和经济运行的客观条件有针对性地选择使用。在此主要对一般性货币政策工具进行介绍。

1. 存款准备金制度

存款准备金制度是指中央银行通过规定和调整商业银行缴存中央银行的存款准备金比率，控制商业银行信用创造，从而间接控制社会货币供应量，影响国民经济的活动。存款准备金制度也可以称为法定存款准备金政策。若中央银行降低法定存款准备金率，则商业银行会有更多的剩余准备用于投资和贷款，银行的信用创造能力增强，整个社会的货币供应量增长。反之，如果中央银行提高法定存款准备金率，则会引起存款货币的紧缩，产生相反的效果。

存款准备金制度最大的优点是中央银行具有完全的自主权，它是货币政策工具中最容易实施的一种，而且中央银行利用存款准备金率这个工具，可以有效地调节整个社会的货币供应量。但是这种政策的作用过于猛烈，准备金率微小的变动都会使货币供应量发生重大变化，可能给国民经济带来巨大的震荡，因此应谨慎使用。

2. 再贴现政策

再贴现政策就是中央银行通过变更再贴现率和再贷款利率的办法，来影响借款的成本，促使商业银行实现信用扩张或收缩的一种政策措施。中央银行降低再贴现率（包括放宽贴现条件），可以降低商业银行向中央银行借款的成本，起到鼓励商业银行向中央银行增加借款，进而增加其超额准备金和扩大放款的作用，从而增大其扩张信用的能力，增加货币供应量。同时，随着中央银行贴现率的降低，商业银行放款的利息也将随之降低，从而导致放款增加和信用规模的扩大。而中央银行提高贴现率（包括严格贴现条件），势必增加商业银行的借款的成本。于是，商业银行便减少向中央银行的借款，超额准备金也随之减少，从而削弱了商业银行的信用创造能力，减少了货币供应量。同时，随着中央银行贴现率的提高，商业银行的利息率也随之提高，从而导致对工商企业放款的削减，信用规模的收缩。

> **视野拓展**
>
> 中国人民银行网站“货币政策”栏目可查询现行货币政策，推荐读者关注：
>
> http://www.pbc.gov.cn/publish/main/2954/index.html
>
> 

3. 公开市场业务

公开市场业务指中央银行通过在金融市场上买卖有价证券，来控制货币供应量和社会总需求的行为。中央银行在证券市场购入证券，不论售出者是商业银行、企事业单位或居民个人，证券变现后都会增加流通中的货币量，带动投资需求和消费需求。中央银行在证券市场出售证券，会吸纳社会上的现金和银行的存款，会减少货币供应量。中央银行利用公开市场业务的作用机制，能有效地为政策目标服务。当中央银行要紧缩银根，抑制需求膨胀时，中央银行在证券市场售出债券，回笼货币，导致资金供应收缩，利率上涨，进而债券价格下降，抑制资金需求。反之，扩张资金需求，刺激经济发展。采用公开市场业务手段调节，中央银行拥有完全的操作主动权和控制权，在实施中具有较大的灵活性，调控弹性大，且具有较强的隐蔽性，因此，公开市场业务成为各国主要的货币政策工具。

第三节　财政政策与货币政策的配合

一、财政政策与货币政策配合的必要性

财政政策和货币政策是国家实行宏观调控的主要手段，然而，无论是财政政策还是货币政策，都具有一定的局限性，如果单纯运用其中某一项政策，很难全面实现宏观调控的目标。这就客观上要求两者互相协调、密切配合，以充分发挥其综合调控能力。

1. 财政政策和货币政策作用领域不同

财政政策调节的范围主要在社会分配领域，是通过税收、国债、公共支出和政府投资等政策工具，对国民收入进行分配和再分配，调整政府、企业和居民个人的各自收入规模，来影响社会投资需求和消费需求的。货币政策作用的范围是在货币流通领域，它主要是通过信贷规模的伸缩造成货币供应量的变动，来影响社会投资需求和消费需求的。财政政策通过增减税收，调整支出规模可能引起社会总需求的扩张或收缩，但其操作上有一定的限度。如为抑制需求而提高税率，压缩支出，要受到纳税人承受能力和已形成的支出规模的限制，力度过大会挫伤微观经济主体的积极性甚至破坏正常的经济运行，这就要求货币政策从流通领域加以配合；就货币政策而言，其政策松紧能增减社会需求，但要受到已经形成的信贷规模及相应的投资规模的限制，力度过大会引起资金短缺并进而导致整个流通过程梗阻，使经济秩序紊乱，这也要求财政政策从分配领域与之配合。

2. 财政政策和货币政策作用的机制不同

财政主要以无偿方式直接参与国民收入的分配，并对集中起来的那部分国民收入在全社会范围内进行再分配。因此，财政可以从收入与支出两个方向上影响社会需求的形成。相应地，财政政策可以通过对税收和政府支出两个方面进行调控，从而影响社会总需求。而信贷是以有偿方式集中和使用资金的，主要是在资金盈余部门和资金短缺部门之间进行余缺的调剂。也就是说，银行不可能像财政那样，无偿地集中一部分国民收入进行再分配，直接去满足某种社会需要。这就决定了货币政策只能通过利率、货币供给和信贷规模等变动，间接地影响社会总需求。

3. 财政政策与货币政策的透明度和时滞性不同

财政政策的透明度高，财政的收入或支出、盈余或赤字，都是公开的；货币政策的透明度低，除了存贷款利率是公开的之外，银行信贷收支平衡的真实状况难以从银行信贷平衡表上反映出来。因为银行贷款可以创造派生存款，整个银行系统信贷投放的合理规模、借贷差额状况、货币发行的合理界限等都不能及时从数字上永远是平衡的信贷收支平衡表中显示出来，从而会掩盖许多矛盾。财政政策的制定与修订必须经过立法机关的审批，决策时滞长；货币政策通常由相对独立的中央银行直接制定，决策时滞短。财政政策通常由政府直接组织实施，效果时滞短；货币政策则通常要通过货币政策操作工具并经过中间目标的传导过程才能实现其最终目标，效果时滞长。

4. 财政政策和货币政策调节的侧重点不同

财政政策和货币政策都是为宏观经济调控目标服务的，但在政策目标的具体调节上侧重点有区别。货币政策主要通过控制货币供应量，侧重于调节社会总供给和总需求的总量平衡，解决通货膨胀或通货紧缩矛盾。银行系统是社会信贷资金的主要供应者，财政金融体制改革以来，企业的流动资金和固定资产投资资金的相当一部分来自银行贷款，银行信贷规模按货

币政策要求调整发生变化，直接使社会投资需求和生产供应发生相应变动，使货币政策在调控总量平衡上具有相当大的回旋余地。财政政策主要通过分配关系，侧重于调节社会总供求的结构平衡，解决经济结构矛盾。财政通过收支总量变化来调控社会总供给和总需求的总量平衡的能量空间压缩，财政收入或支出总量发生较大的调整，都直接牵动社会方方面面的经济利益得失，引发社会经济不稳定因素，因此，财政政策对总量调节的弹性余地有限。相反，财政政策可充分运用各种财政政策工具的强制无偿特点，通过收支结构调整，引导投资结构、产业结构、需求结构和国民经济各主要比例关系的变化调整，推动经济结构的合理化。

二、财政政策与货币政策配合的方式

采取何种财政政策与货币政策的配合方式，取决于不同国家不同时期的宏观经济环境状况，并且随着宏观经济运行的变化而变化。一国经济发展所要达到的目标不同也决定着该国采取何种财政政策与货币政策的配合方式。财政政策和货币政策的配合方式主要有以下三种。

1. “双松”“双紧”政策

“双松”政策是指“松”的财政政策和“松”的货币政策，“松”的财政政策是指通过减少税收和扩大政府支出规模，来扩大社会总需求，刺激经济增长；“松”的货币政策是指通过降低法定准备率、降低利率来增加货币供给，扩大信贷规模。“双松”政策适用于有效需求严重不足的通货紧缩时期，但要注意运用时间不能过长，以防止引发经济过热和通货膨胀。“双紧”政策是指“紧”的财政政策和“紧”的货币政策，“紧”的财政政策是指通过增加税收、削减政府支出等，来限制投资与消费，抑制社会总需求；“紧”的货币政策是指通过提高法定准备率、提高利率来减少货币供给、紧缩银根，进而抑制需求，压缩支出规模。这种政策组合作为紧急调控方式，适用于需求膨胀、经济过热、供给严重短缺、物价急剧上涨的情况。其好处是可以有效地制止需求膨胀和通货膨胀，但很可能会带来经济停滞、衰退的后果。所以，应慎重地加以采用，并要注意紧缩的力度。

2. “一松一紧”政策

“一松一紧”政策主要指“松”的财政政策和“紧”的货币政策或者“紧”的财政政策和“松”的货币政策。

“松”的财政政策和“紧”的货币政策主要是指当经济增速过快，通货膨胀严重，结构失衡明显时，采用“紧”的货币政策紧缩银根，抑制消费需求和投资需求，控制经济增长速度和通货膨胀压力，同时利用“松”的财政政策筹集的资金，调整经济结构，预防货币供应量减少带来的可能的通货紧缩，有效需求不足的矛盾。总之，在社会供求总量基本平衡或失衡程度不严重的条件下，通过采取“松”“紧”措施的组合，有利于在保持货币基本稳定的同时，通过调节各种结构比例关系，促进经济的稳定增长。

“紧”的财政政策和“松”的货币政策。“紧”的财政政策可以减少因赤字带来的财政性货币发行，减少投资和消费需求，减轻通货膨胀的压力。“松”的货币政策能推动投资，促进经济增长。这种政策组合的效应在于刺激投资需求，增加有效供给，保持经济适度增长的同时以“紧”的财政政策效应控制消费需求，防止扩张性货币政策产生的潜在通货膨胀，达到经济适度增长和低通货膨胀的政策目标。

3. 中性的政策配合

中性的政策配合主要是按适中的政策目标同时采取或侧重采取中性的财政政策与中性的

货币政策。这有三种配合方式：一是“双中”政策。二是侧重采取中性的财政政策，这其中又有两种具体形式：中性的财政政策与“松”的货币政策配合；中性的财政政策与“紧”的货币政策配合。三是侧重采取中性的货币政策，这也有两种具体形式：中性的货币政策与“松”的财政政策配合，中性的货币政策与“紧”的财政政策配合。

补充阅读

1990—2014 年我国财政货币政策总结分析

财政政策与货币政策是政府调控经济的主要手段，1990—2014 年以来货币政策与财政政策组合的方式大致经历了以下几个阶段。

第一阶段（1990—1997）“双紧”财政政策与货币政策。这一阶段宏观经济政策的方向为刺激经济增长。央行在 1990 年下调存贷款利率，扩大货币供应和信贷规模，地方和企业的积极性更是高涨，争先恐后投入开发区的建设。经过连续两年的“刺激”，从 1991 年开始，国民经济从低谷中向上爬升，1992 年就迅速到了高点。但与此同时，物价指数也急剧上升，1994 年达到历史最高点，其中重要的涨价因素是食品价格大幅上升。国家从 1993 年开始采取宏观调控措施，当年 9 月发布 16 条措施：严格控制货币信贷总量，强化固定资产贷款管理，规范信贷资金拆借行为，严格控制财政支出，压缩社会集团购买力，严格控制税收减免，加强税收征管，坚决制止乱收费行为。1994 年，各项措施都更为严厉，并且对部分产品实行直接的价格管制。1995 年，又两次提高贷款利率。紧缩在 1996 年之后取得了明显效果，物价指数下降；国内生产总值增长率也有所下降，但仍然保持在 10%左右的高位，到 1996 年年底，通货膨胀得到控制，国民经济实现“软着陆”。实践证明，这次调控是正确和成功的，不仅有力地控制了通货膨胀，通货膨胀率从 1993 年的 13.2%和 1994 年的 21.7%，回落到 1995 年的 14.8%、1996 年的 6.1%和 1997 年的 0.8%。而且经济持续保持较高速度增长，国民经济实力不断增强。1993—1996 年的经济增长率分别为 13.5%、12.6%、10.5%和 9.6%，有效地实现了稳定增长目标，同时经济振荡幅度很小，国民经济总量趋于平稳，经济结构得到进一步改善，宏观调控的预期目标基本实现。

第二阶段（1998—2003）“双松”的财政政策与货币政策。1997 年东南亚金融危机，1998 年特大洪涝灾害，体制转轨和经济转型，国内商品供求由卖方市场转向买方市场，物质产品相对过剩，物价水平持续下跌，出现了明显的通货紧缩。因此，1998 年开始实施的扩张性的财政政策与稳健的货币政策，其着力点在于扩大内需，治理通货紧缩，防范金融风险，摆脱经济萧条，促进经济增长和努力降低失业率，实现充分就业，保持经济平稳发展。在货币政策方面，表现为增加贷款规模，放宽贷款方向，下调存款利率，降低存款准备金，取消贷款限额控制，降低法定存款准备率，连续 5 次下调存贷款利率，逐步扩大公开市场业务，改革存款准备金制度，扩大对中小企业贷款利率的浮动幅度等各种手段的协调配合。在财政政策方面，大力发行国债；大规模地增加基础设施建设；扩大政府采购规模和投资力度；大幅度提高职工的工资，开征储蓄存款利息所得税；扩大转移支付；实施财政赤字政策。经过 5 年左右的宏观调控，我国经济增速由 1998 年的 7.8%逐步而波动式地提高到 2002 年的 9.1%；而居民消费价格指数保持在 1998 年的-0.8%水平变化不大，直到 2003 年才摆脱价格负增长局面上升到 1.2%；阻止了经济严重下滑，我国经济开始进入新一经济周期的上升阶段。

第三阶段（2004—2007）双“稳健”的财政政策与货币政策。前一阶段我国政府实行双松政策使国民经济摆脱了通货紧缩的阴影，取得了巨大的发展，但在宏观经济运行方面也产生了新的矛盾和问题，主要是结构性失衡，即经济结构和产业结构不合理，社会分配差距有拉大倾向，经济粗放式增长，市场经济体制改革尚需进一步深化。积极财政政策以刺激投资为主，直接结果就是投资增长过快，消费物价指数屡创新高，房地产和资产价格上涨过快，经济过热，出现通货膨胀。为了防止经济过热进一步加剧，中共中央、国务院于 2004 年 12 月 3—5 日在北京召开的中央经济工作会议中，提出实行“稳健的财政政策和稳健的货币政策”，主要措施是多次上调利率和存款准备金，缩减长期国债规模和中央财政赤字，改革出口退税制度，减少部分商品出口退税率等。双稳健政策成为宏观调控的主基调，将主导“十一五”规划期间至今后一个较长时期的经济走向，并确保国民经济平稳快速健康发展。

第四阶段（2008—2010）“双松”的财政政策与货币政策。2008 年以来的财政政策与货币政策其实经历了一个转变过程。2008 年全球金融危机发生以后，宏观经济政策向全面宽松转变。这其中包括：4 万亿财政支出、降息、降低住房首次贷款比例等。2008 年以来宏观经济政策转变的本意是刺激总需求、防止经济全面下滑。实际政策执行的结果，2009 年第二季度，我国经济迅速复苏，在房地产市场迅速升温的影响和带动下，我国物价指数也一路攀升。房价在经历了短暂的下跌之后，于 2009 年年中恢复上涨态势，而且 2009 年和 2010 年两年，北京、上海等一线城市房产价格在迅速恢复 2008 年以前水平的情况下，开始了新一轮上涨。2010 年，国家宏观经济政策基调实际上已经发生了转变，由过度宽松转向适度宽松，主要表现是：国家数次上调存款准备金率，2010 年下半年，存款准备金率接近历史最高点；同时为了改变负利率的状况，分几次上调了存贷款利率，但是由于上调幅度过小，利率依然为负。

第五阶段（2011—2014）双“稳健”的财政政策与货币政策。中国经济走出 2008 年下半年以来的经济危机困境之后，希望通过货币政策转变，来转变经济增长方式，调整经济结构来寻找新的、持久的经济增长动力。也就是说，政府希望为中国经济重新寻找新的经济增长点，控制物价水平再上涨，有效地管理通货膨胀预期，遏制资产价格快速上升。这几年通过下调存款准备金率、贷款基准利率等政策，中国经济发展呈现稳中有升的良好态势，消费需求稳定，固定资产投资较快增长，物价涨幅总体回落，就业形势基本稳定，消费平稳增长，投资增长较快，进出口结构化，农业生产再获丰收，工业生产增速稳回升。

本章小结

财政政策是政府根据客观经济规律的要求，为实现一定目标而制定的指导财政工作的基本方针和准则。

作为国家经济政策的重要组成部分，财政政策主要是通过财政支出与税收政策来调节总需求，以保持国民经济的正常运行。

财政政策的目标主要是经济稳定持续增长、物价相对稳定、合理配置资源、社会分配公平。

货币政策是指中央银行为实现其特定的经济目标，在金融领域内所采取的控制和调节货币供应量的各种金融措施的总称。

货币政策是国家宏观经济政策的重要组成部分，主要通过中央银行在国家法律授权的范围内独立地或在中央政府领导下制定并组织实施货币政策。

货币政策的目标是达到物价稳定、经济增长、充分就业、国际收支平衡。

财政政策和货币政策是国家实行宏观调控的主要手段，然而，无论是财政政策还是货币政策，都具有一定的局限性，如果单纯运用其中某一项政策，很难全面实现宏观调控的目标。这就客观上要求两者互相协调、密切配合，以充分发挥其综合调控能力。

综合练习

一、不定项选择题

1. 一般性的货币政策工具主要有（　　）。

A. 存款准备金率　　B. 再贴现率　　C. 公开市场业务　　D. 信用控制

2. 财政政策工具包括（　　）。

A. 税收　　B. 公债　　C. 公共支出　　D. 政府投资

3. 扩张性货币政策的主要措施之一是（　　）。

A. 提高法定准备金率　　B. 提高商业银行存贷款利率

C. 降低再贴现利率　　D. 有赖于公开市场上卖出证券

4. 扩张性财政政策的典型方式是（　　）。

A. 减税　　B. 减少财政支出　　C. 减少政府投资　　D. 减少国债发行

5. 实施紧缩的财政政策，一般采用的措施是（　　）。

A. 增加税负或增加支出　　B. 增加税负或压缩支出

C. 降低税负或增加支出　　D. 降低税负或压缩支出

6. 货币政策的目标包括（　　）。

A. 经济增长　　B. 充分就业　　C. 币值稳定　　D. 国际收支平衡

7. 货币政策的制定者和执行者是（　　）。

A. 中央政府　　B. 商业银行　　C. 财政部　　D. 中央银行

8. 目前越来越多的国家都把（　　）作为其宏观调控的首要目标，甚至是唯一的目标。

A. 稳定物价　　B. 经济增长　　C. 充分就业　　D. 国际收支平衡

9. 财政政策工具包括（　　）。

A. 国家预算　　B. 税收　　C. 国债　　D. 公共支出

10. 财政政策和货币政策的配合方式主要有以下几种（　　）。

A. “双松”“双紧”政策　B. “一松一紧”政策　C. “双中”政策　D. “两放”政策

二、名词解释

1. 财政政策　2. 货币政策　3. “双松”“双紧”政策　4. “一松一紧”政策

三、简答题

1. 简述财政政策的目标。

2. 简述货币政策的目标。

3. 简述财政政策和货币政策的类型。

四、实训题

1. 2015 年 3 月 1 日起国家下调金融机构人民币贷款和存款基准利率。金融机构一年期贷款基准利率下调 0.25 个百分点至 5.35%；一年期存款基准利率下调 0.25 个百分点至 2.5%，同时结合推进利率市场化改革，将金融机构存款利率浮动区间的上限由存款基准利率的 1.2 倍调整为 1.3 倍。央行称，此次利率调整的重点就是要继续发挥好基准利率的引导作用，进一步巩固降低社会融资成本的成果，为经济结构调整和转型升级营造中性适度的货币金融环境。

通过网络查阅能反映 2015 年上半年的经济发展状况的新闻（推荐通过附录中财经报刊电子版查阅往期报刊），分析央行下调金融机构人民币贷款和存款基准利率的意义，并提出如何进行相应的财政政策。

2. 通过搜索引擎（链接及二维码见附录）分别以关键字“中国货币政策”“中国财政政策”查询相关新闻，利用本章所学知识点进行相应分析、讨论。

附录　常用财政与金融网站

常用搜索、查询网站

国家数据库

国家数据库（http://data.stats.gov.cn/）是由国家统计局所提供的全国性基本统计数据集合系统。2013年国家统计局建立了新版统计数据库，该数据库包含月度、季度、年度数据，以及地区数据、部门数据、普查数据、国际数据七类统计数据。

登录国家统计局网站首页，单击首页“数据查询”链接，单击“帮助”链接，在“帮助”的各子链接中提供了详细的数据库使用操作方法。

百度新闻搜索

使用百度直接搜索，会显示所有页面，推荐切换到新闻搜索页面，以缩小搜索范围：

http://news.baidu.com/

世界银行（中文网）“数据”栏目

本栏目可查询世界各国（地区）历年债务总额、税收、贷款利率等各种数据，还可按图、表、地图等形式显示：

http://data.worldbank.org.cn/indicator

新浪财经 中国宏观经济数据

本页面内“金融信息”和“国家财政”选项可查询我国历年财政与金融相关数据：

http://finance.sina.com.cn/mac/

财政与金融相关机构网站

中华人民共和国财政部	中国人民银行	国家外汇管理局	国家税务总局
http://www.mof.gov.cn/index.htm	http://www.pbc.gov.cn/	http://www.safe.gov.cn/	http://www.chinatax.gov.cn/
中华人民共和国中央人民政府网	中国银行业监督管理委员会	中国证券监督管理委员会	中国保险监督管理委员会
http://www.gov.cn/	http://www.cbrc.gov.cn/index.html	http://www.csrc.gov.cn/pub/newsite/	http://www.circ.gov.cn/web/site0/

财政与金融相关报纸、杂志官网及财经新闻网站

人民网财经频道 http://finance.people.com.cn/ 	财经网 http://www.caijing.com.cn/ 	中国财经报网 http://cfen.mof.gov.cn/ 	中国金融新闻网 http://www.financialnews.com.cn/ 
金融界 http://www.jrj.com.cn/ 	中国经济新闻网 http://www.cet.com.cn/ 	第 1 财经 http://www.yicai.com/ 	中国经济网 http://www.ce.cn/ 
中国经济时报 http://jjsb.cet.com.cn/ 	每经网 http://www.nbd.com.cn/ 	东方财富网 http://www.eastmoney.com/ 	和讯网 http://www.hexun.com/ 
新浪财经 http://finance.sina.com.cn/ 	经济参考网 http://jjckb.xinhuanet.com/ 	中财网 http://www.cfi.net.cn/index.aspx? 	中国证券网（《上海证券报》） http://www.cnstock.com/ 

主要参考文献

[1] 北京大学中国经济研究中心宏观组．2000．1998—2000 年中国通货紧缩研究．北京：北京大学出版社.

[2] 曹龙骐．2013．金融学．4 版．北京：高等教育出版社.

[3] 陈共．2015．财政学．8 版．北京：中国人民大学出版社.

[4] 陈鹏飞．2008．经济学的 100 个故事．北京：新华出版社.

[5] 邓子基．2010．财政学．2 版．北京：中国人民大学出版社.

[6] 郭晖．2012．金融学概论．北京：人民邮电出版社.

[7] 郭金刚，姜月香．2010．金融学．北京：财经科学出版社.

[8] 哈维・S・罗森．2003．财政学．赵志耘译．北京：中国人民大学出版社.

[9] 黄达．2012．金融学．3 版．北京：中国人民大学出版社.

[10] 寇铁军．2015．财政学．4 版．北京：中国人民大学出版社.

[11] 刘邦驰，王国清．2013．财政与金融．5 版．成都：西南财经大学出版社.

[12] 刘溶沧，赵志耘．2000．中国财政理论前沿Ⅱ．北京：社会科学文献出版社.

[13] 刘同旭．2009．财政与金融．4 版．北京：中国财政经济出版社.

[14] 马瑞平，李国芹，郭志艳．2013．财政与金融．3 版．北京：对外经济贸易大学出版社.

[15] 米什金．1998．货币金融学．李扬等译．北京：中国人民大学出版社.

[16] 托马斯・梅耶．1988．货币、银行与经济．洪文金等译．上海：上海三联书店.

[17] 吴艳华，任丽萍．2010．财政与金融．北京：清华大学出版社.

[18] 严成根，王晓庆．2009．财政与金融．2 版．合肥：中国科学技术大学出版社.

[19] 易纲．1999．货币银行学．上海：上海人民出版社.

[20] 张伟芹．2013．金融基础．2 版．北京：中国人民大学出版社.

[21] 周海燕．2012．财政与金融．北京：中国水利水电出版社.

[22] 周阳．2005．新游资时代的金融玩家．商界，(10)：28.

配套资料索取说明

购买本书的读者可在 www.ptpedu.com.cn 注册后下载配套学习资料。

采用本书授课的老师可发邮件至 13051901888@163.com 或 education_book@163.com 索取配套教学资料。

扫一扫，发邮件

13051901888@163.com

姓　　名：________性别：____职称：________ 职务：__________

办公电话：______ 手机：________ 电子邮箱：______________

学　　校：____________________ 院　　系：______________

通信地址：____________________ 邮　　编：______________

本课程开设于______学年______学期，原采用__________出版社出版__________主编的《__________》为本课程教材，______________专业______个班共______人使用该教材。

证 明 人：________ 办公电话：________ 手机：__________ 电子邮箱：________

21 世纪高等院校经济管理类规划教材

已出版教材

书　　名	主　编	书　号	编 辑 推 荐
管理学——原理与实务（第 2 版）	李海峰	978-7-115-35395-5	2013 年陕西普通高校优秀教材二等奖；提供课件、教案、实训说明、教学体会、案例分析集（文字、视频）、习题集及参考答案、补充阅读，作者开通有教学博客
生产运作管理	程国平	978-7-115-28840-0	内容全面、注重实务、案例丰富；提供课件、教案、习题答案、模拟试卷和教学案例集
公司文化管理	吴柏林	978-7-115-37650-3	专题学习网站同步展示授课视频、电子课件和教学大纲；提供课件、大纲、教学方案、答案、教学视频案例、试卷等
客户关系管理理论与应用	栾　港	978-7-115-39343-2	60 组案例助力理论联系实际，33 个二维码打通网络学习通道，在线 Xtools 软件方便实践训练；提供课件、教案、教学日历、免费教学账号、习题库、试卷等
组织行为学	丁　敏	978-7-115-27265-2	精品课程配套教材，注重实用性；提供课件、教案、模拟试卷
经济学基础	邓先娥	978-7-115-39039-4	近 300 个实例连接理论与生活，130 余个二维码打通网络学习通道，70 余项扩展阅读指南指引学习方向；提供课件、教案、答案、文字和视频案例、试卷等
微观经济学（第 2 版）	胡金荣	978-7-115-39400-2	简明易懂，关注热点；二维码扩展网络视野；提供课件、答案、案例、试卷
劳动经济学	杨爱元	978-7-115-33309-4	80%以上案例取自中国 2010 年至 2013 年社会现实事件；提供教案、课件、视频案例、参考答案、补充教学素材、模拟试卷
财务管理	王积田	978-7-115-28482-2	吸收相关学科的最新成果，与企业财务管理实践接轨；提供课件、习题答案、试卷
中级财务会计（第 2 版）	吴学斌	978-7-115-33887-7	四川省“十二五”普通高等教育本科规划教材；涉及营改增等最新知识点；章后设置大量习题并提供电子版习题集；提供课件、教案、案例库、试卷等资料
中级财务会计教程	裴永浩	978-7-115-35981-0	提供课件、答案、试卷，《财务会计实训教程》为本书配套实训教材
财务会计实训教程（上、下册）	裴永浩	978-7-115-32580-8	上册包括实训常用知识和实训要求，下册提供实训用账簿、凭证、报表等；提供答案、部分电子稿、课件、教案

续表

书　名	主　编	书　号	编 辑 推 荐
成本会计（第 2 版）	张　林	978-7-115-39288-6	近百道例题详解要点，近 450 道习题助力读者学习，20 项计算题例释详解计算难点；提供课件、教案、答案、试卷等
审计理论与实务	崔　飚	978-7-115-31064-4	紧扣资格考试大纲，注重案例解读；提供课件、教学大纲、习题集及参考答案、模拟试卷
应用统计学（第 2 版）	潘　鸿	978-7-115-38994-7	以 Excel 为实验软件，适应未来职场需求；提供全套实验资料，提升读者应用能力；提供课件、教案、上机操作数据、常函数实现用统计表、补充阅读资料等
国际市场营销	李　爽	978-7-115-39077-6	80 余个实例追求学以致用，80 余个二维码拓展读者学习空间；提供课件、教案、案例（文字、视频）、实训资料、答案、试卷
国际贸易理论与政策	毛在丽	978-7-115-37138-6	包括新新贸易理论等新内容，将非关税措施分为技术性和非技术性两类，提供课件、教案、答案、试卷和教学案例等
国际贸易实务	吕　杜	978-7-115-37235-2	提供课件、答案、单证样本、习题集、模拟试卷、模拟操作训练材料和常用规则文本等
中国对外贸易	杨清震	978-7-115-39436-1	近百个案例/讨论追求实践应用，近 80 个二维码开拓网络学习空间；提供课件、补充教学案例、参考答案和模拟试卷等
报关实务	朱占峰	978-7-115-28352-8	提供上百个课件用视频和课件、教案、习题答案、模拟试卷等资料；内容紧跟《报关员资格考试大纲》，侧重实务
电子商务概论（第 2 版）	白东蕊	978-7-115-32117-6	2013 年度山西省省级资源共享课程配套教材；强调实践与实训；提供课件、教案、实训资料、习题库、案例集（含视频案例）
电子商务概论	仝新顺	978-7-115-38748-6	七十余个二维码拓展学习空间，近百组案例、实训促进学练结合；提供大纲、课件、案例（文字、视频）、自测试题、试卷等
商品学	陈文汉	978-7-115-35374-0	将服务商品纳入研究范围；大量采用 2013 年的现实案例；提供电子课件、教学大纲、习题答案、模拟试卷
金融法	李良雄 王琳雯	978-7-115-30980-8	吸收截至 2012 年 12 月的最新法律法规，高度融合职业资格考试要求，提供课件、教案、视频案例、习题答案、补充练习题
现代金融学	刘　伟	978-7-115-36897-3	提供教学大纲、课件、答案、习题库和试卷等
财政与金融	袁晓梅 陈　宁	978-7-115-40465-7	数百实例追求学以致用；百余二维码连接网络世界；提供课件、案例、答案、试卷等
保险学	刘永刚	978-7-115-31048-4	以大量案例解读相关内容，提供课件、教案、习题答案、教学补充案例和模拟试卷
证券投资学（第 2 版）	杨兆廷 刘　颖	978-7-115-34302-4	河北省省级精品课程配套教材；根据 2013 年证券业变化调整相应内容，集合证券业从业资格考试重点，提供课件、教案、视频案例、答案、补充学习资料等
证券投资学	陈文汉	978-7-115-28271-2	针对非金融类读者，内容紧跟时代；提供课件、教案、视频教学案例、习题答案、模拟试卷
外汇交易原理与实务（第 2 版）	刘金波	978-7-115-38372-3	着重突出外汇实际业务，二维码打造立体化阅读环境，参照实验指导可进行外汇交易模拟操作；提供课件、教案、答案、试卷、习题册、实训指导
期货交易实务	曾啸波	978-7-115-39021-9	80 余个二维码拓展无限学习空间，百张图表、40 个案例/讨论突出实务操作；提供课件、教案、大纲、教学要点、视频指导、最新数据、参考答案、补充习题库、试卷等
国际金融理论与实务（第 2 版）	孟　昊	978-7-115-34697-1	新增国际资本流动管理等内容；提供课件、大纲、教案、习题库、试卷库、视频案例库等
金融专业英语	刘铁敏	978-7-115-39042-4	旁注、尾注和大量练习提升学习效率，以二维码指出丰富的网络学习资源；提供课件、部分译文、习题答案和试卷等
财政学	唐祥来	978-7-115-31521-2	以丰富的案例提升学习兴趣，提供课件、教案、习题答案、教学案例（文字、视频）和试卷等
商务礼仪	王玉苓	978-7-115-36091-5	图文并茂，追求学以致用；提供教案、课件、答案、补充教学案例（文字、视频）、课外阅读资料等
现代社交礼仪（第 2 版）	闫秀荣	798-7-115-25681-2	图文并茂，二维码链接网络资源；提供课件、教案、教学案例（文字、视频）、实训手册、练习题及参考答案等
商务沟通与谈判	张守刚	978-7-115-23786-6	能实现学生课堂教学与课外学习的统一，提供配套教学网站、教案、课件